LE DERNIER VIVANT

I

LES CISEAUX DE L'ACCUSÉE

OUVRAGES DU MÊME AUTEUR

Collection in-18, jésus, à 3 fr. le volume

Le Capitaine Fantôme, 7e éd.	1 vol.	Les Mystères de Londres, nouvelle édition	2 vol.
Les Filles de Cabanil (suite du Capitaine Fantôme), 7e édit.	1 —	Le Mari embaumé	2 —
		La Cavalière, 2e édition	2 —
Le Drame de la jeunesse, 4e édition.	1 —	L'Homme de Fer, 2e édit.	1 —
		Les Belles de nuit, 5e édit.	2 —
Annette Laïs, 2e édition	1 —	La Pécheresse, 2e édit.	1 —
Les Habits noirs, 2e édition.	2 —	Le Château de Velours, 2e éd.	1 —
Jean Diable, 3e édition.	2 —	Les Revenants, 2e édit.	1 —
Bouche de fer, 7e édition.	1 —	L'avaleur de sabres, 2e édit.	1 —
Madame Gil Blas, 3e éd.	2 —	Mademoiselle Saphir, 2e éd.	1 —
Aimée, 4e édition.	1 —	Le Volontaire, 2e édit.	1 —
La Fabrique de Mariages, 4e édition.	1 —	La rue de Jérusalem, 4e éd.	2 —
		Le Jeu de la mort, 4e édit.	2 —
La Garde noire, 2e édition, sous presse	1 —	Le Cavalier Fortune, 2e éd.	2 —
		Les Parvenus, 3e édit.	1 —
Roger Bontemps	1 —	La Province de Paris, 3e éd.	1 —
Les Gens de la noce	1 —	L'Arme invisible, 2e éd.	1 —
Cœur d'acier	2 —	Maman Léo, 2e éd.	1 —
Les Errants de nuit, 2e éd	1 —	Le Quai de la Ferraille	2 —
Les deux Femmes du Roi, 4e édition	1 —	Contes Bretons, nouvelle édition illustrée	1 —
La Duchesse de Nemours, 5e édition	1 —	La Tache rouge, 2e éd.	2 —
		Les Compagnons du Trésor.	2 —
La Cosaque, 2e édition	1 —	L'Homme du Gaz	1 —
L'Hôtel Carnavalet	1 —	La Quittance de minuit	1 —
Le Bossu, 27e édition	2 —	Le dernier Vivant	2 —

LA FÉE DES GRÈVES

Nouvelle édition illustrée, 1 volume in-8°, prix : 5 francs.

St-Amand. — Imp. de Destenay.

LE DERNIER VIVANT

PAR

PAUL FÉVAL

I

LES CISEAUX DE L'ACCUSÉE

PARIS
E. DENTU, ÉDITEUR
LIBRAIRE DE LA SOCIÉTÉ DES GENS DE LETTRES
PALAIS-ROYAL, 17 ET 19, GALERIE D'ORLÉANS

1873
Tous droits réservés

AU LECTEUR

J'ai reçu mission de livrer à la publicité le récit d'un événement auquel je pris dans le temps une part indirecte. Mon rôle, au milieu des singulières aventures qui vont être mises sous les yeux du lecteur, n'eut qu'une importance tardive, mais contribua quelque peu au dénouement inespéré du drame.

Le malheureux éclat donné par la dernière guerre aux agissements de certains hommes d'argent, patriotes au point de manger la patrie, a rappelé l'attention publique vers l'origine souvent peu honorable — et parfois infâme — des fortunes acquises dans les fournitures militaires.

Il ne faut point chercher ailleurs la raison d'être de ce livre, où la question d'argent tient en apparence peu de place, noyée qu'elle est dans un véritable océan d'aventures. Chacun a intérêt à bien établir *qu'aucun argent volé n'est entré chez lui, soit anciennement, soit depuis peu, en un temps où les accusations pleuvent, remplaçant la grêle des balles et des obus.*

Le cours des années, en éclaircissant les rangs des compagnons de ma jeunesse, avait laissé un cher, un excellent ami, seul juge de la question de savoir s'il fallait taire à tout jamais cette histoire, plus curieuse que la plupart des romans.

Mon ami a décidé que l'histoire devait être écrite et j'ai pris la plume.

GEOFFROY DE RŒUX.

P. S. — *Les noms des personnes et ceux des localités sont, comme de raison, déguisés.*

LE DERNIER VIVANT

PREMIÈRE PARTIE

LES CISEAUX DE L'ACCUSÉE

RÉCIT PRÉLIMINAIRE

I

Comment je retrouvai Lucien. — Bureau de M. de Méricourt.

(Juillet 1866). Je connaissais vaguement, par les journaux et aussi par nos amis communs (qui avaient autant de répugnance à parler que moi à interroger), l'affreux malheur dont la vie de Lucien Thibaut était accablée. Jamais il ne m'en avait entretenu lui-même dans ses lettres, quoiqu'il m'écrivit assez souvent.

Cette réserve, qui pourrait paraître bizarre, car j'étais son meilleur camarade d'enfance, sera expliquée par les faits.

J'étais à Paris depuis plus d'une semaine, cherchant

l'adresse de Lucien du matin au soir, et ne faisant pas autre chose. Je m'étais enquis partout, même à la préfecture de police.

Lucien restait pour moi introuvable, lorsqu'on m'indiqua le bureau de M. Louaisot de Méricourt, rue Vivienne.

Je ne fus pas sans demander ce qu'était ce M. Louaisot. On me répondit que le quartier Vivienne produisait une certaine quantité de spécialités ou providences. Il y a le théâtre du Palais-Royal et ses annexes pour les Anglais, Mme Sitt pour les cors aux pieds, le Coq-d'Or pour rassortir les morceaux de soie, etc.

M. Louaisot de Méricourt avait la spécialité des renseignements. Il était providence pour les gens qui cherchent.

Il demeurait au cinquième étage, dans une assez belle maison, dont les derrières donnaient sur la toiture vitrée du passage Colbert. Son nom était franchement écrit sur sa porte.

Je fus reçu par une cauchoise des Bouffes-Parisiens, douée d'un embonpoint remarquable et d'une fraîcheur vraiment triomphante. Elle portait robe de soie et coiffe de dentelles; chacun de ses pendants d'oreilles devait peser trois louis.

Elle avait l'air brusque, mais gai, d'une servante-maîtresse, et beaucoup d'accent.

— Bonjour, ça va bien? me dit-elle, sans me laisser le temps de parler. Pas mal, et vous? Le patron est là. Ceux du gouvernement ont du temps pour déjeuner à la fourchette et le billard; mais lui, toujours sur le pont. Est-ce pour affaire de commerce ou plus délicate?

Elle me coupa la parole au moment où j'allais répondre, et ajouta, en clignant de l'œil :

— Entrez toujours; on ne paye qu'en sortant. Ceux du gouvernement, j'entends les renseignements, sont censés *gratis*, mais vas-y voir ! Rien sans pourboire, et des raides ! Ici, au moins, on ne fait pas d'embarras.

Elle ouvrit une porte intérieure et cria à pleins poumons :

— Eh ! patron ! en voilà un nouveau qui n'est pas encore venu, faut-il le faire entrer ?

Et sans attendre la réponse du « patron, » elle me poussa au travers de la porte, qu'elle referma sur moi.

J'étais seul avec le patron : un vigoureux gaillard d'une quarantaine d'années, qui faisait assez bien la paire avec sa robuste normande.

Il portait une magnifique robe de chambre écossaise, dont les couleurs éclataient comme des cris d'incendie, par dessus un pantalon de drap noir, abondamment crotté. Ses larges et forts souliers, non moins maculés de boue, étaient commodément posés auprès de lui sur une chaise, et il avait fourré ses gros pieds dans des pantoufles de drap écarlate, brodé d'or.

Une calotte turque, ornée d'une touffe gigantesque, reposait avec coquetterie sur ses cheveux très pommadés, mais mal peignés.

Je ne puis prétendre que le premier aspect de M. Louaisot de Méricourt fût tout à fait à son avantage. Je lui trouvai l'air par moitié d'un souteneur de libres penseuses, par moitié d'un notaire de campagne effronté, rusé, âpre à la mauvaise besogne et bravement filou.

Sa face volumineuse, presque aussi fraîche que celle

de la cauchoise, son nez court, charnu, mais recourbé comme un bec de perroquet entre ses deux grosses joues, sa petite bouche sans lèvres qui restait volontiers toute ronde ouverte, comme pour remplir convenablement l'énorme espace que la brièveté du nez laissait au développement du menton, tout cela aurait poussé au comique ultra-bourgeois et même un peu à la caricature, sans le regard de deux yeux bien fendus, deux très-beaux yeux, en vérité, qui vous faisaient subir un examen hardi, tranchant et plein d'autorité, quoi qu'ils fonctionnassent derrière une paire de lunettes.

Sans ses yeux, M. Louaisot de Méricourt aurait été un pur grotesque.

Avec ses yeux, ce pouvait être un charlatan très-déterminé et même un dangereux coquin.

Assis dans son fauteuil de cuir aux formes ramassées, il paraissait plutôt petit, mais quand il se leva pour me recevoir, je vis qu'il était de bonne taille ordinaire, grâce à ses jambes qu'il avait démesurément longues.

— Vous permettez, n'est-ce pas? me dit-il, continuant de manger un morceau de veau rôti, sous le pouce, tout en feuilletant avec la pointe de son couteau un dossier assez compact qui était devant lui sur la table, chargée de paperasses en désordre. Si vos journées, à vous, ont plus de vingt-quatre heures, mes sincères compliments; moi, je n'ai pas même le temps de brouter en repos : je mange l'avoine dans mon sac comme les chevaux de citadine... De la part de qui, s'il vous plaît?

Il me montra du doigt une chaise, et comme je ne comprenais pas sa question, il l'expliqua, disant :

— Je me fais l'honneur de vous demander quel est

celui de mes honorables amis ou clients qui vous envoie vers moi.

Je prononçai le nom de la personne qui m'avait indiqué sa maison.

Il prit aussitôt un petit carnet dont la tranche formait un escalier alphabétique, et l'ouvrit à la lettre voulue.

Pendant qu'il consultait ce livre d'or de sa clientèle, mon regard parcourut son bureau, qui était une chambre assez grande, mais basse d'étage, et dont les murailles, du plancher au plafond, se tapissaient de cartons.

Le mobilier, très-simple, avait dû être acheté rue Beaubourg, sauf deux consoles, ébène et écaille, toutes fleuries de pierres précieuses qui semblaient fort étonnées de se trouver en pareille compagnie.

De même, parmi les estampes communes que les cartons reléguaient aux deux côtés de la cheminée, je vis, non sans surprise, deux Théodore Rousseau de la meilleure manière, et un véritable bijou signé Isabey.

— Fort bien, me dit-il quand il eut consulté son livre : c'est un client qui doit être content de moi. A qui ai-je l'avantage de parler ?

— Je m'appelle Geoffroy de Rœux.

— Respectable noblesse ! murmura M. Louaisot avec un signe de tête amateur. Comte, marquis, baron ?...

— Simple chevalier-banneret, s'il vous plaît, interrompis-je un peu impatienté.

M. Louaisot de Méricourt avait ouvert son livre à la lettre R pour y inscrire mon nom, mais sa plume, chargée d'encre, resta suspendue au-dessus du papier, et il me dit avec quelque sévérité :

— Monsieur, la profession exige de la conscience !

Je m'inclinai. Sa plume grinça.

— Impérieusement, monsieur ! continua-t-il en écrivant.

Il referma le livre et reprit :

— Sans la conscience, la profession ressemblerait à n'importe quel métier. Qu'est-ce qu'il y a pour votre service ?

— On m'a fait espérer, répondis-je, que vous me prêteriez votre aide pour trouver l'adresse d'un ami à moi que je cherche vainement.

— On a eu raison, répliqua M. Louaisot. Aucune personne vivante n'échappe à l'organisation de mes bureaux. Pour les personnes décédées, j'indique non-seulement le cimetière, mais la position exacte du monument. Quel est le nom de votre ami ?

— Lucien Thibaut, juge... peut-être ne l'est-il plus... mais très-certainement ancien juge au tribunal de première instance d'Yvetot.

M. Louaisot de Méricourt avait fait un brusque mouvement qui était tombé juste sur le mot *juge*, et c'était là ce qui m'avait porté à me reprendre.

J'eus lieu de penser plus tard que ce n'était pas le mot juge, mais bien le nom lui-même qui avait troublé un instant le calme olympien de sa physionomie, au moment même où il venait de me laisser entrevoir la toute-puissance de son organisation.

Il s'agita sur son fauteuil, piqua du doigt l'armature de ses lunettes et fit mine de chercher quelque chose sur son bureau.

Je ne sais s'il le trouva, mais sa tranquillité était revenue quand il ramena sur moi le regard clair et affilé de ses grands yeux en prononçant cette phrase laconique :

— Pas d'autres détails ?

Je lui passai une note préparée à l'avance et qui contenait toutes les indications qu'il m'était possible de fournir.

Il dépensa un peu plus de temps que de raison à prendre connaissance de ma note.

Pendant qu'il lisait, je l'entendis fredonner très-bas, de façon à ne point manquer aux convenances, la romance bien connue :

>Ah ! vous dirais-je maman
>Ce qui cause mon tourment ?

Ses paupières étaient à demi fermées et sa petite bouche s'arrondissait comme pour lancer un vigoureux coup de sifflet, mais c'était une pure apparence.

Il me remit le papier et demanda :

— Pourquoi voulez-vous connaître l'adresse de ce monsieur ?

L'étonnement dut se peindre sur mes traits, car il s'empressa d'ajouter :

— Vous savez, la conscience ! Sans la conscience, autant abandonner la profession pour se faire agent de change ou même préfet. Suivez bien mon raisonnement : si vous avez eu tant de peine à trouver ce monsieur, depuis le temps, c'est qu'il se cache, hein ? Toutes les probabilités portent à le croire. Or, en principe, il a le droit imprescriptible de se cacher. Parallèlement, vous avez le droit également indiscutable de le chercher. Ce sont les deux côtés de la question. Mais moi, placé entre ces deux droits...

J'interrompis cette argumentation qui vous paraîtra comme à moi reculer les bornes de la délicatesse, en lui tendant tout ouverte la dernière lettre de mon pauvre Lucien.

Elle était ainsi conçue :

« Mon cher Geoffroy,

« J'ai grand besoin de toi. Tu m'entends : besoin, besoin ! Viens *tout de suite* ou écris-moi un mot qui me dise où je pourrai te trouver. La chose presse malheureusement. Viens vite. »

II

Pourboire de Pélagie. — Maison du docteur Chapart.

M. Louaisot de Méricourt lut ces quatre lignes attentivement.

Il me dit en me rendant le papier :

— Il y a la conscience, monsieur, et sans elle la profession serait ravalée indéfiniment. Je n'ai pas à vous faire subir d'interrogatoire; murons la vie privée. Mais la lettre a sept semaines de date : Pourquoi ce temps perdu ?

Au moment où j'allais répondre il m'arrêta par un de ces regards coupants qui modifiaient si étrangement l'expression débonnaire de sa physionomie et reprit :

— Je vous prie de vouloir bien m'excuser et surtout

me comprendre. La conscience implique la minutie dans la délicatesse. C'est la profession qui demande cela. Ma question a pour but de savoir si je puis me mêler de cette histoire sans contrevenir aux lois de la délicatesse la plus exagérée. Je suis un assez drôle de corps, hein? Je me flanquerais à l'eau pour ma conscience : c'est la profession.

— Votre conscience, répondis-je, sans trop montrer l'impatience qui décidément me gagnait, n'a rien à voir en ceci et peut dormir tranquille. Quand j'ai reçu cette lettre, en Irlande, dans la campagne de Galway, elle avait déjà plus d'un mois de date : le temps de courir après moi par les chemins du Connaught, qui sont terriblement capricieux. Et il y a loin de mon entresol de la rue du Helder jusqu'aux bords du lac Corrib.

— Un pays bien frais, fit observer M. Louaisot de Méricourt que l'explication sembla satisfaire. Connu! J'ai eu occasion de pousser une petite pointe jusque dans la « verte Erin, » comme dit Lamartine. Quel poète! ah! si j'avais sa lyre! J'ai suivi un banqueroutier frauduleux jusqu'au sommet du Mamturk. Jolie vue, ça m'avait essoufflé; mais mon homme fut pincé à 700 mètres au-dessus du niveau de la mer : je possédais un mandat du lord chef-juge. Il y a aussi des antiquités celtiques en quantité; mais ce n'est pas un pays fortuné, par exemple, et des quantités de coqueluches.

Ici, M. Louaisot mangea une bonne bouchée de veau rôti en ébauchant à bas bruit la mélodie célèbre qui accompagne le second distique de la romance.

> . . . Depuis que j'ai vu Sylvandre
> Me regarder d'un air tendre. . .

Puis il me remit ma lettre en disant avec beaucoup d'aménité :

— La conscience, monsieur, sans laquelle je ne comprendrais même pas la profession, peut se contenter de vos explications; donc j'ai l'honneur de vous remercier. Déposez trente francs et revenez demain.

Je pris congé. A la moitié de l'escalier j'entendis encore le mot conscience, enveloppé dans le cinquième vers :

> Mon cœur dit à chaque instant
> Peut-on vivre ?...

Le lendemain, de bonne heure, j'étais au rendez-vous. Je fus reçu par la cauchoise, qui avait déjà les joues écarlates et répandait à la ronde une bonne odeur de gloria.

Au lieu d'entrer chez M. Louaisot de Méricourt, elle ouvrit, dans l'antichambre, une porte latérale qui me montra un long bureau, où écrivaient quatre ou cinq pauvres diables.

Au bout de deux minutes, tout au plus, elle revint avec un papier qu'elle tint à distance en disant :

— Savez-vous comment le patron m'appelle ? sa mule. Il est drôle. Alors, il me faut mon picotin. C'est dix francs.

Je donnai le pourboire. Elle porta l'argent à ses lèvres, comme je l'ai vu faire aux mendiants des grandes routes en Normandie.

Le papier ne contenait que ces mots :

« Maison de santé du docteur Chapart, rue des Moulins, à Belleville. »

Une demi-heure après, un garçon à tournure d'infirmier m'ouvrait la chambre n° 9, corridor du deuxième étage, dans la maison Chapart, où Lucien était pensionnaire.

Il y avait maintenant près de dix ans que je n'avais vu Lucien Thibaut. Ma famille était de Paris, la sienne habitait le pays de Caux, où son père avait occupé un emploi de magistrature. Sa mère, restée veuve avec deux filles, y jouissait d'une modeste aisance.

Nous avions fait nos études ensemble au lycée Bourbon, Lucien et moi, et nous nous étions quittés, fort émus d' la séparation, mais nous promettant bien de nous revoir souvent, juste le dernier jour de sa vingtième année.

Je me souviens qu'il était tout fier de sa thèse passée, et le moins triste de nous deux.

Nous ne nous étions jamais rencontrés depuis lors, mais notre correspondance, quelquefois ralentie, n'avait point discontinué.

Il faut s'aimer beaucoup pour cela, c'est certain, et, en vérité, je ne saurais dire pourquoi je ne réalisai pas, au moins une fois, le projet si souvent caressé de l'aller voir, soit à Yvetot, soit à sa maison de famille où il passait les vacances avec sa mère et ses deux sœurs.

Ma vie, il est vrai, n'avait pas été sédentaire comme la sienne, et dans ma carrière un peu vagabonde, je ne faisais guère que toucher barres à Paris.

Quoi qu'il en soit, nous étions liés, Lucien et moi, par une amitié paisible, mais sincère. Je ne puis dire que cette affection eût été mise jamais à de sérieuses épreuves, mais elle existait depuis les jours de notre enfance et, pour ma part, j'en sentais instinctivement la véritable profondeur.

Nous étions encore l'un et l'autre au préambule de la vie. Dès ce temps là, quand il me venait par hasard des bouffées de sagesse et que je songeais à « l'avenir, » quel que fût mon rêve, Lucien y avait sa place.

Cela s'arrangeait tout naturellement; il ne me semblait pas possible de penser à moi sans penser à lui, et la première fois qu'il fut, pour lui, question de mariage, je me sentis vaguement jaloux.

L'instant d'après, je m'en souviens, je souriais à une blonde vision : de chers enfants sautaient en babillant sur mes genoux.

C'est assez ma vocation d'être oncle. Je suis vieux garçon de naissance, et comme je n'ai ni frère ni sœur, les enfants de Lucien étaient mes neveux prédestinés.

Ce mariage, du reste, dont il fut question très-longtemps après notre séparation (vers 1863, je crois) ne se fit pas. Mon avis n'y avait point été favorable, quoiqu'il s'agit d'une amie d'enfance dont Lucien nous avait rebattu les oreilles dès le collége.

Je trouvais Lucien trop jeune pour épouser une veuve, surtout une veuve qui était son aînée, car Mme la marquise Olympe de Chambray avait quarante-huit heures de plus que lui.

« *Belle comme un ange, spirituelle comme un diable — et ridiculement riche !* »

Je souligne la phrase, textuellement prise dans une lettre de Lucien Thibaut, parce qu'elle me paraît caractériser tout à fait le genre de sentiment à lui inspiré par la charmante veuve.

Plus tard, quand ses lettres me parlèrent de Jeanne Péry, ce fut un autre style. Que d'efforts il faisait pour se contenir! Mais à travers sa réserve, dont le motif m'échappait, je devinais le grand, l'irrésistible amour.

Lucien Thibaut épousa Jeanne vers l'automne de 1865.

J'en reçus la nouvelle quinze jours d'avance, à Vienne, où j'étais apprenti diplomate. Lucien avait alors vingt-neuf ans et quelques mois.

Depuis lors, il m'avait écrit à peine une couple de fois, comme par manière d'acquit et sans me rien dire.

Du reste, il y avait du temps que les lettres de Lucien me disaient peu de chose. Je l'avais accusé bien souvent de n'avoir point confiance en moi.

Il me cachait son cœur.

Ce fut neuf ou dix mois après son mariage, le 22 juillet 1866, que M. Louaisot me fournit l'adresse de Lucien à la maison de santé du docteur Chapart.

III

Grand paysage. — L'Âme de Lucien.

Quand le garçon à mine d'infirmier m'ouvrit la chambre du n° 9, il pouvait être dix heures du matin. Le déjeuner fumait sur la table à laquelle Lucien tournait le dos, occupé qu'il était à regarder par la fenêtre.

Je ne connais pas beaucoup de paysages comparables à celui qu'on embrasse, par une belle matinée d'été, des vilaines petites croisées, ouvertes sur les derrières de la maison de santé du docteur Chapart. (Système Chapart, sirop Chapart, liqueur Chapart, pour usage externe. On donne la brochure).

Ce paysage fut la première chose que je vis en entrant.

Il me frappa. Je découvrais la ville immense, enveloppée d'une brume diaphane dans un lointain qui poudroyait de lumière. Les dômes et les clochers, les pavillons et les tours semblaient nager au-dessus de ce brouillard aux ondes nacrées de gris, de rose et d'or tandis qu'à perte de vue, les campagnes de l'ouest et du sud relevaient brusquement leurs contours, détachés sur l'azur laiteux de l'horizon.

Je n'eus qu'un coup d'œil pour ce paysage, car Lucien Thibaut, appuyé sur la barre de la fenêtre, se redressa au bruit de mon entrée et se retourna lentement vers moi.

Tout le reste disparut à mes yeux. Je demeurai tout entier en proie au sentiment d'angoisse qui s'empara de moi à sa vue.

Angoisse ? Pourquoi ? ce mot peint-il ma pensée ? Dit-il trop ou ne dit-il pas assez ?

Je retrouvais Lucien *rajeuni*, après ces dix années qui faisaient juste le tiers de notre âge à tous les deux.

L'homme de trente ans m'apparut sous un aspect plus juvénile que l'adolescent achevant sa vingtième année.

Telle fut mon impression bien marquée. Cela me serra le cœur.

Ses traits avaient subi une sorte d'effacement ; son teint était plus clair et presque transparent. Tout en lui était affaibli et comme amoindri. Il y avait une insouciance d'enfant dans la souriante placidité de sa physionomie.

Au collège, Lucien était incomparablement le plus beau d'entre nous, mais comme il faut, de toute nécessité, trouver quelque tache à toute œuvre de Dieu ou des hommes, nous lui reprochions volontiers la perfection même de sa beauté.

C'était trop. Cela ne se devait pas. Le droit d'être joli à ce point-là n'appartient qu'à l'autre sexe.

Lucien avait la bravoure d'un lionceau. Il était magnifique quand il se ruait sur le tas des railleurs. Il châtiait surtout sévèrement ceux qui affectaient de le traiter en demoiselle. J'ai porté de ses marques.

Ce genre de moquerie avait attaqué son caractère. De l'enfant le plus doux qui fût au monde, il était devenu ombrageux, querelleur, presque cruel.

Non-seulement il n'avait aucune des coquetteries de son âge, mais sa trop jolie figure lui faisait honte positivement. Il essayait de s'enlaidir.

Plus tard, et pour protester encore contre le hasard de sa trop bonne mine, il s'était fait, à l'école de droit, une tête de puritain farouche, ce qui ne nuisait en rien au naturel le plus aimable et le plus gai que j'aie rencontré en ma vie.

Mais il était content positivement quand on lui disait qu'il avait la *touche* d'un mauvais gars.

Aujourd'hui, toute préoccupation de ce genre avait évidemment pris fin. Il se laissait être joli.

Je ne dirai pas qu'il était redevenu lui-même, car l'expression de son regard s'était dérobée et comme éteinte, mais à part ce rayon généreux qui brillait autrefois si gaiement dans sa prunelle, tout en lui avait fait retour vers l'adolescence.

Rien de tout cela n'était précisément de nature à vous serrer le cœur. Et pourtant, quand il me regarda, j'éprouvai d'une façon très-nette le contre-coup d'une douleur sourde, mais terrible.

J'eus froid.

Et j'eus peur.

Il me tendit la main comme si nous nous fussions séparés de la veille. Son regard ne laissait percer ni émotion ni surprise.

— Te voilà, me dit-il, tu viens tard.

Puis, désignant du doigt le panorama de la grande ville, noyé dans les lumières de son brouillard, il ajouta :

— Depuis que je demeure ici, Paris a encore grandi. Tiens, vois, sur la gauche, là-bas, au bout du troisième jardin, voilà deux maisons neuves qui percent les arbres. La semaine dernière on ne les apercevait pas, la semaine prochaine nous verrons un drapeau sur leur toiture. Paris pousse vite, mais Paris a beau grandir, grandir, je l'embrasse d'un coup d'œil. C'est à la lettre, regarde plutôt ! Il n'y a pas un autre endroit comme celui-ci : rien ne m'échappe. Je suis venu ici pour la chercher. Penses-tu que je la retrouverai ?

Ses yeux se détournèrent de moi et il reprit un peu plus bas :

— Comment vas-tu ce matin ?

Ayant dit cela, il secoua ma main avec cette cordialité paisible des gens qui se rencontrent tous les jours.

Je n'avais pas encore ouvert la bouche.

Malgré moi, j'interrogeais son visage et c'était là peut-être ce qui avait détourné de moi ses yeux. Je cherchais en lui quelque signe de maladie, car j'eusse presque désiré le trouver malade.

Mais rien. Ses lèvres étaient fraîches ; ses joues ne me

paraissaient ni trop rouges, ni trop pâles; son front s'éclairait, à la fois poli et mat, comme celui d'une fillette.

Il me dit encore :

— Tu as peut-être bien fait de rester garçon, toi, Geoffroy, avec ton caractère. Si tu voulais faire un choix, c'est le bon âge. Y songes-tu? moi, j'aurais eu des idées de mariage...

Il hésita, et son regard furtif revint vers moi.

— Oui, reprit-il, c'était dans mes goûts. J'aurais pensé à me marier sans l'exemple de ce pauvre Lucien... Lucien Thibaut. Tu ne l'a pas oublié, je suppose?

Il prononça ainsi son propre nom comme s'il eût parlé de quelque autre camarade à nous.

A part la furtive œillade qu'il venait de me lancer, toute sa physionomie peignait la sérénité et même l'indifférence.

Quant à moi, la vague impression de terreur qui me poursuivait depuis mon entrée, prit un corps. La pensée me vint qu'il était fou. Et, aussitôt né, ce soupçon prit les proportions d'une certitude.

L'étonnement qui se peignait sans doute dans mes yeux le trompa. Il me demanda d'un ton de reproche affectueux :

— Est-ce que tu aurais oublié Lucien? Ce serait mal, Geoffroy. Lucien était notre meilleur ami.

— Non, certes, répondis-je, en faisant effort pour me remettre. Ce bon, ce cher Lucien! Je n'ai eu garde de l'oublier.

— A la bonne heure, à la bonne heure! fit-il par deux

fois. C'est que tu as tant couru le monde ! Ta vie a été bien heureuse, et les heureux, vois-tu...

Il n'acheva pas et reprit :

— Je suis content, très-content que tu n'aies pas oublié Lucien. Il est dans l'embarras. Tu pourras nous être très-utile et il avait compté sur toi.

Sa voix baissait peu à peu, arrivant au ton de la confidence.

— C'est, continua-t-il, une affaire assez malaisée. Beaucoup de circonstances un peu extraordinaires. Lucien s'y perd. Il n'en parle jamais et il ne faut pas même qu'il se doute...

Cette phrase resta inachevée.

Ses grands yeux de malade qui brillaient d'un fugitif éclair s'étaient fixés tout à coup quelque part dans le lointain de Paris. J'essayai de suivre leur direction, mais je ne vis rien, sinon le paysage parisien à la fois resplendissant et confus.

Après une minute de silence, Lucien secoua la tête avec lenteur en disant :

— Je crois parfois l'entrevoir là-bas...

Il s'arrêta encore pour me lancer ce même regard rapide et craintif.

— Je sais très-bien, reprit-il un peu sèchement et comme pour repousser une objection inopportune, je sais parfaitement bien que c'est un enfantillage. D'abord il y a trop loin. Ensuite, ce brouillard gêne. Néanmoins, il ne faudrait pas prendre un ton tranchant pour dire : c'est impossible. Serais-je ici, si c'était impossible ? Elle y est, voilà le fait certain. Je le sais, j'en suis sûr. Puisqu'elle y est, en cherchant bien, on peut la trouver.

Je me rapprochai de lui, tâchant de prendre un air de gaie rondeur qui était à mille lieues de moi.

— C'est clair, dis-je, on peut, on doit la trouver. Est-ce que je la connais ?

— Au fait, répliqua-t-il en rougissant tu ne sais pas de qui je parle.

— J'allais te le demander.

Tout cela était pour cacher mon trouble, car je savais d'avance la réponse.

— Eh bien ! fit-il très simplement, tu aurais pu le deviner. Je parle de Jeanne, la pauvre petite femme de Lucien, son âme plutôt. Quand tu verras Lucien, tu reconnaîtras cela d'un coup d'œil : il n'a plus d'âme.

Etait-ce là l'explication de ce grand poids qui, depuis mon arrivée, m'oppressait le cœur si lourdement ?

Et fallait-il croire à cette définition que la folie donnait d'elle-même ?

Le malade poursuivit tranquillement.

— C'est là le mal de Lucien. Les médecins l'ont traité et le traitent encore pour ceci ou pour cela. Des misères ! Moi, je ne suis pas médecin, mais j'ai la certitude que nous le guéririons en lui rendant son âme.

Il eut son bon rire d'autrefois, dont la sonore douceur mouilla ma paupière.

Et il se mit à déclamer de sa voix pleine d'harmonie les strophes italiennes où Arioste raconte le voyage d'Astolphe dans la lune, à la recherche de l'âme de Roland.

— A présent, ajouta-t-il d'un ton dogmatique et en secouant la tête, ce n'est plus dans la lune que les âmes se cachent : les âmes, comme Jeanne, c'est là !

Son doigt tendu montrait Paris.

IV

Le cas de Lucien Thibaut.

Au moment où mon pauvre malade me montrait ce Paris, qui cachait l'âme de Lucien, la porte s'ouvrit sans qu'on eût pris la peine de sonner ni de frapper.

Un vilain petit homme plus rond qu'une boule, entra dans la chambre en bourdonnant et en tournant comme une toupie.

Il avait un habit noir, dont son ventre relevait mollement les revers, il avait une cravate blanche sur laquelle son menton triple fluait comme une cascade de beurre fondu.

Il avait un gilet de satin noir qui semblait une outre mal remplie, tant il ballotait drôlement; il avait enfin un pantalon de bébé, bien large, mais trop court, qui montrait l'embonpoint tremblant de ses jambes sans chevilles.

Vous eussiez dit un poupart, sculpté dans de la gelée de viande, habillé pour un enterrement et monté en toton.

Je ne trouve aucun mot pour exprimer combien ce petit homme était à la fois impatientant et joyeux.

C'était le docteur Chapart, maître après Dieu de la maison Chapart, recommandée dans les articles. (Voir aux annonces.)

Il me salua poliment de son chapeau qu'il tenait à la main, et tapa un coup égrillard sur sa cuisse en clignant de l'œil à mon adresse.

— Gaieté, santé, me dit-il d'une voix cuivrée de baryton qui lui allait à miracle. Ça rime, mon cher monsieur. Jamais de mélancolie, si vous m'en croyez. Tout roule, ma poule. Treize centimes à la bourse : de hausse, s'entend. Je ne joue pas de peur de perdre mon argent, mais ça m'intéresse tout de même à cause des affaires. Donnez voir votre pouls, bijou. Ça rime.

D'une main il prit le poignet de Lucien, de l'autre il atteignit une belle montre à secondes qui paraissait tout heureuse de reposer sur un estomac si moëlleux.

— Chronomètre à secondes détachées, poursuivit-il, 1,500 francs en fabrique. Avec ça on peut tâter le pouls sans cesser de causotter pour amuser le sujet. Ma position me permet un objet de ce prix-là. Ce n'est pas comme le meurt-de-faim d'en face, qui fait ses quatre visites à pied et qui n'a dans sa poche qu'un oignon de dix écus. Malheur !... quel temps des dieux ! Beau fixe au baromètre, 28 degrés au thermo-idem ! En Beauce, des blés superbes ! des pommes en Normandie, des betteraves dans le Nord ! J'ai vu des gens de Bourgogne : le raisin cuit... 62 pulsations, dites donc ! ça rime. Est-ce assez gentil, cette circulation-là ! Mais aussi quel air chez nous ? ça embaume. Et quelle vue ! ça ravigotte. Votre bouteille de sirop-Chapart est bientôt à sec, vous savez ? On va vous en monter une autre. Où trouveriez-vous un paradis comme ici, bibi ? Je ne parle pas des soins, c'est moi qui les donne.

Il se tourna vers moi, clignant toujours de l'œil, je n'ai jamais su pourquoi.

— Mon cher monsieur, poursuivit-il sans s'arrêter, je n'ai pas l'honneur de vous connaître, mais nous avons eu une jolie séance à la Chambre : 102 voix de majorité, rien que cela, sur je ne sais plus quelle question. Ça ne fait rien. Attrape ! 102 voix ! Nous les écrasons, tout uniment. Avec ça, le prince Napoléon voyage. A vous revoir. Quand on a une clientèle comme la mienne, ce n'est pas le cas de prendre racine.

Il n'y avait eu, depuis le commencement de ce discours, ni un point, ni une virgule. Tout avait été dit d'une seule lampée.

Le docteur Chapart reprit ici haleine, agita son chapeau pour la seconde fois, fit la toupie en ronflant et en tournant, et se dirigea finalement vers la porte.

En passant près de moi, il me dit d'un air fin :

— Un parent ? un ami ? Parfait ! Enchanté d'avoir fait votre connaissance ! Va bien notre pensionnaire ! Ah ! le gaillard ! Ecoutez donc, soyons juste, le système Chapart en a ravaudé bien d'autres ! Avec notre air, notre vue, avec un spécialiste comme votre serviteur et le sirop-Chapart à discrétion, il faudrait avoir tué père et mère pour résister. Seulement, dame...

Il se toqua ici le front d'un air encore plus fin.

— Vous comprenez, poursuivit-il, l'équilibre! Fouillez-moi plutôt! Où il n'y a rien le roi perd ses droits. Mais on vit des éternités avec ça, frais, gras et très-bien portant. Jusqu'au plaisir de vous revoir. Vous me faites l'effet d'un charmant garçon, et j'espère cultiver votre connaissance.

Il me glissa un assez gros paquet d'adresses et sortit toujours ronflant.

Pendant tout le temps que le docteur Chapart avait été là, Lucien n'avait ni fait un mouvement, ni prononcé une parole.

Après le départ du docteur, il resta silencieux quelques minutes encore.

— La famille n'est pour rien là-dedans, dit-il enfin avec un embarras évident. Il ne faudrait pas s'en prendre à elle. C'est moi seul qui ai mis notre pauvre Lucien dans la maison de ce bonhomme. Tu l'as trouvé ridicule? On est assez bien chez lui, je t'assure.

— Tout m'y semble très-bien, fis-je d'un ton pénétré.

— Mais oui, très-bien... aussi bien que possible. La mère et les sœurs auraient peut-être choisi un autre établissement; mais j'avais mes raisons pour venir ici. Il fallait un endroit haut, d'où l'on pût tout voir...

Son doigt timide me montrait Paris, et il semblait solliciter mon approbation d'une façon presque suppliante.

— Tu as bien fait, déclarai-je aussitôt.

— N'est-ce pas ! s'écria-t-il avidement. Nous avons la même opinion tous deux : c'est certain, il fallait voir !

Un instant, son regard se baigna dans la brume qui enveloppait Paris, puis il passa la main sur son front et rapprocha de moi son siége.

— Geoffroy, me dit-il d'une voix tremblante, Lucien n'est pas fou, je t'affirme cela sur mon honneur. Seulement écoute bien : Jeanne était son cœur, on le lui a arraché. J'ai promis de lui rendre son cœur, ai-je encore bien fait, Geoffroy ?

Ses yeux, de plus en plus inquiets, étaient toujours fixés sur moi.

— Tu as parfaitement fait ! répliquai-je avec chaleur.

— Aurais-tu fait comme moi ?

— Certes, et de toute mon âme !

Il me saisit la main et la secoua fortement.

— Je suis bien auprès de toi, Geoffroy, dit-il, je voudrais que tu fusses là toujours. Il y a des choses que tu ne sais pas, et peut-être trouverais-je le courage de te les apprendre.

— Ah ! ah ! se reprit-il tout à coup en relevant la tête et d'un air presque fanfaron, j'ai quelquefois de bonnes pensées ! le malheur, c'est que je n'ai pas confiance en moi-même.

— Tu as tort, prononçai-je au hasard.

— Ai-je tort ? murmura-t-il.

— Pourquoi n'as-tu pas confiance en toi-même ?

— Parce que... ne l'as-tu pas deviné ?

Il s'arrêta. Sa joue était très-pâle, et ses yeux se baissaient avec un redoublement de timidité.

Cette fois, n'ayant aucune idée de ce qu'il voulait dire, je ne savais comment l'encourager.

Il reprit bientôt de lui-même :

— Je crois que tu as raison, Geoffroy; c'est vrai, j'ai tort d'avoir défiance. Je ne suis pas encore mort. Puisque je pense, je puis agir... mais... mais...

Il s'interrompit de nouveau et finit par balbutier si bas que j'eus peine à l'entendre :

— Geoffroy, c'est que je ne sais pas bien qui je suis.

Je me mis à rire et je répliquai :

— Je vais te le dire, mon pauvre Lucien...

Il ne me laissa pas achever ce nom.

Ce fut avec une véritable violence qu'il sauta hors de son siége pour appuyer sur ma bouche sa main qui était glacée et qui tremblait.

— Tu mens ! s'écria-t-il. Je ne suis pas celui-là !

Et il ajouta par trois fois, secoué par une émotion fiévreuse :

— Non ! non ! non ! je ne suis pas celui-là ! Celui-là a condamné une femme à mort. Si j'étais celui-là, il me faudrait donc tuer cette femme !

V

Sommeil. — Apparition.

Lucien parlait-il encore de Jeanne Pery? Et pourquoi Lucien aurait-il tué Jeanne Péry qui était son âme?

Je n'osais plus interroger parce que je le voyais en proie à une surexcitation croissante. Ses lèvres tremblaient et ses cheveux s'agitaient sur son crâne.

Tout à coup sa tête s'inclina si bas que ses deux mains croisées sur ses genoux furent inondées par les boucles de ses cheveux.

Il dit d'un ton d'accablement :

— Condamner! tuer! une femme! Peut-être que Lucien Thibaut ne devrait pas se montrer si sévère. Il a eu des torts. Je sais qu'il a eu de grands torts. Êtes-vous encore là, Geoffroy ?

Ma main toucha la sienne.

— Merci, prononça-t-il tout bas et sans se redresser. Je n'aurais pas été surpris si vous m'aviez abandonné. Ecoutez-moi, Geoffroy : En un jour dans sa vie, un seul jour, il est vrai, et précisément à l'égard de cette femme, la conduite de Lucien Thibaut ne fût pas celle d'un galant homme.

A ces derniers mots, il s'arrêta pour prêter l'oreille, puis il se redressa furieusement et me regarda en face, comme si l'accusation fût venue de moi et non pas de lui-même.

Sa colère était si violente que tout son corps frémissait. Sa main crispée s'agitait. Je crus qu'il allait me frapper au visage.

Mais il se contint par un effort puissant qui gonfla les veines de sont front, et me dit avec amertume :

— Je n'ai pas à défendre Lucien Thibaut. Ce sont des choses fatales. Il est juge il a jugé et il a condamné. Pensez de lui ce que vous voudrez, il doit la tuer, il la tuera ! voilà.

Sa tête retomba lourdement et il ne bougea plus.

Je crus d'abord qu'il éprouvait un spasme ou même un évanouissement, car son immobilité ne cessait point, mais je m'aperçus bientôt qu'il dormait tout simplement.

La force de son émotion l'avait brisé comme il arrive aux enfants de tomber dans le sommeil après la colère ou les larmes.

Tantôt son souffle était égal et doux, tantôt il subissait une oppression soudaine. Un rêve lui rendait peut-être, non pas seulement l'émoi qui venait de secouer sa faiblesse engourdie, mais d'autres commotions plus anciennes et plus douleureuses aussi.

Une fois il laissa échapper des paroles confuses, entremêlées de sanglots.

Je crus distinguer deux noms, deux noms de femme: Jeanne, Olympe...

Mme la marquise de Chambray s'appelait Olympe. Je savais cela dès le collége.

Etait-ce cette Olympe qu'il avait condamnée !

Il dormit longtemps. Je ne songeais ni à l'éveiller ni à me retirer. J'avais pris un livre que je tenais ouvert, mais je ne lisais pas.

A peine puis-je dire que je pensais. Quelque chose de lourd pesait sur mon cœur et sur mon intelligence.

Quand cette idée de me retirer me vint à la fin, je la repoussai comme une impossibilité.

Il me sembla que j'étais ici à mon devoir tout naturellement et que j'y devais rester jusqu'à ce qu'un événement quelconque vint me relever de ma faction.

Faction est bien le mot: je me sentais de garde.

Lucien m'avait appelé; je le trouvais malheureux et seul; car je ne sais si d'autres partagent ce sentiment: c'est surtout dans ces faux hospices, ouverts par la spéculation, que l'isolement semble navrant.

Je crois que Lucien m'eût parut moins abandonné dans un trou campagnard ou dans un grenier parisien.

Partout où le docteur Chapart, quel que soit son vrai nom, débite son sirop, il y a odeur de séquestration.

Depuis que j'avais passé le seuil de cette cellule, j'étais chargé de Lucien. Je l'entendais, je l'acceptais ainsi.

A la longue, pendant qu'il reposait, ses mains s'étaient écartées, et je voyais cette pauvre figure enfantine dans son cadre de cheveux bouclés, dont bien des femmes eussent envié la finesse et l'abondance.

Etait-ce là un homme de trente ans? un homme que j'avais connu joyeux, intelligent et fort?

Quel pouvait être l'étrange mystère de cette décadence?

Je ne puis dire que mon envie de percer le mystère fût très vive en ce moment. J'étais beaucoup plus désolé que curieux.

Il y avait là une énigme, et toute énigme qui se pose porte avec soi son aiguillon; mais l'aiguillon ne m'avait pas encore piqué.

La preuve, c'est que je me souviens de l'instant précis où ma curiosité, soudainement éveillée, secoua les langueurs de ma tristesse.

Il pouvait y avoir une heure et demi que Lucien dormait. Le soleil de midi se cachait sous des nuées orageuses. Des bouffées de tièdes parfums montaient du parterre qui fleurissait sous la fenêtre.

La voix lointaine de Paris arrivait comme un sourd murmure dans la maison muette. La feuillée des grands arbres assombrissait encore le jour pâle et gris.

Je dis tout cela parce que tout cela me gênait et m'opprimait.

A force de regarder le sommeil de Lucien, j'avais fermé les yeux moi-même, rêvant confusément au mélancolique début de notre revoir.

J'étais ainsi, n'ayant plus qu'une conscience très vague des choses extérieures, lorsque je crus entendre un faible craquement dans la chambre même, à quelques pas de moi.

Je rouvris les yeux à demi. Une porte que je n'avais pas aperçue (ce n'était pas celle par où le docteur Chapart et moi nous étions entrés) roula lentement sur ses gonds.

Je regardai mieux, pensant que c'était l'œuvre du vent, car l'orage commençait à agiter les feuilles ; mais je vis paraître au seuil une jeune femme d'une remarble beauté, élégamment vêtue de noir et appartenant, selon les apparences, à ce qu'on appelle la classe distinguée.

Elle ne me vit point, d'abord, parce que son regard inquiet cherchait Lucien.

Inquiet ne dit certes pas tout ce qu'il y avait dans ce regard, et pourtant j'hésite à écrire le mot tendre.

Ce regard était aussi une charade, mais je puis affirmer qu'il partait des plus beaux yeux noirs que j'eusse vus de ma vie.

Quand la dame m'aperçut, elle recula avec un visible effroi.

Croyant la servir, je fis un mouvement pour éveiller Lucien, mais elle joignit aussitôt les mains d'un air suppliant.

Je me levai et j'allai vers elle.

— Laissez-le reposer, balbutia-t-elle, je ne lui veux rien, sinon le voir.

Ses paupières battaient comme pour contenir des larmes.

Elle dit encore :

— C'est l'heure où il sommeille. J'entre un instant, il ne me voit pas. S'il savait que je suis si près de lui...

Elle s'arrêta. L'accent de ses paroles était douloureusement résigné.

Elle ajouta pourtant avec encore plus de tristesse :

— Il n'aurait pas de plaisir à me voir. Sa maladie est de haïr ceux qu'il devrait aimer....

Lucien s'agita. Elle mit un doigt sur ses lèvres et disparut derrière la porte doucement refermée.

Lucien ne s'éveilla pas ; mais il continuait de s'agiter.

Je restai, moi, sous le charme de cette vision, car l'inconnue était d'une beauté rare.

Je m'étais donc trompé : Lucien n'était pas abandonné.

Pourquoi n'éprouvais-je aucun plaisir à me dire cela ?

Et qui était cette splendide créature ? Une de ses sœurs ? Non. Jeanne Péry ? Oh ! certes, on ne pouvait appeler celle-là « ma petite Jeanne. »

Lucien semblait se débattre contre un cauchemar. Ses mains repoussaient un ennemi invisible, et de la voix étranglée des gens qui rêvent, il criait :

— Olympe ! Olympe !

VI

Réveil.— Mon roman.

Je touchai Lucien, il ouvrit aussitôt les yeux et passa la main sur son front baigné de sueur.

J'hésitai ne sachant s'il fallait parler le premier.

Quand son regard tomba sur moi, il eût l'air profondément surpris.

— Geoffroy! prononça-t-il à voix basse, Geoffroy de Rœux! à Paris!

Sa physionomie, en ce moment, avait subi une transformation tout à fait extraordinaire. Il ne lui restait rien de cette *joliesse* enfantine et presque féminine, qui m'avait étonné naguère et surtout chagriné.

C'était un homme, à cette heure. Il avait l'air très souffrant, mais froid et ferme.

Il me tendit la main.

— Je n'espérais plus vous voir, Geoffroy, me dit-il. Je vous ai longtemps attendu.

Manifestement, il ne se souvenait pas de m'avoir vu tout à l'heure.

Ceci rentre dans l'ordre des faits admis scientifiquement.

Les médecins aliénistes professent, en effet, que les malades du cerveau ont *deux mémoires*. Aux heures lucides, ils ne se souviennent jamais de ce qui a eu lieu pendant la crise. Pendant la crise ils oublient profondément ce qui s'est passé dans les heures lucides.

Lucien continua en touchant ma main sans la serrer.

— Je ne devrais pas vous avouer cela : je vous attendais plus tôt. J'ai craint plus d'une fois, depuis ma lettre écrite, d'avoir trop compté sur une amitié de jeunesse qui, de votre part, Geoffroy, n'était sans doute qu'une simple camaraderie.

Au lieu de répondre, je lâchai sa main pour ouvrir mes deux bras, et je le pressai de bon cœur contre ma poitrine.

Il parut content de cela, mais, comment dirai-je? content froidement.

Et il mit une certaine réserve à me rendre mon étreinte.

— A la bonne heure! fit-il de ce ton bas qu'il gardait depuis son réveil, à la bonne heure, Geoffroy, mon cher Geoffroy. Après tout, nous étions à peu près des amis. Tout à fait, même, moi, du moins. Et je ne sais rien que

4

je n'eusse fait pour vous au temps où j'avais encore du sang chaud dans les veines.

— Parbleu ! Lucien m'écriai-je, on ne peut faire beaucoup plus que de se jeter à l'eau tête première quand on ne sait pas nager, et tu t'es rendu coupable, pour moi, de cette folie !

Il sourit. Ce fut comme si notre lointaine jeunesse s'éclairait. Je reconnus mon Lucien d'autrefois.

Il ne protesta pas contre ce nom de Lucien qu'il avait si violemment répudié naguères.

Je ne suis pas un docteur, mais deux circonstances de ma vie, l'une et l'autre bien funestes, m'ont donné quelque expérience des affections mentales.

Je fus moins étonné que ne l'eussent été les purs profanes à la vue du changement vraiment extraordinaire que deux heures de fiévreux sommeil avaient produit chez mon malheureux ami.

— Tu es encore tout jeune, me dit-il en parcourant ma personne d'un bon regard affectueux, car je vais te tutoyer, moi aussi, puisque tu as commencé. Moi, j'ai bien vieilli, n'est-ce pas !

— Toi, tu es un malade, répondis-je, et je compte bien te guérir.

Il sourit encore, mais moins franchement.

— Alors, Geoffroy, reprit-il comme s'il se fût repenti d'avoir engagé l'entretien dans cette voie, tu n'as pas oublié cette redoutable occurence où je bravai les flots irrités du lac d'Enghien pour te tirer de l'eau ? Il y avait bien quatre pieds de fond, au bas mot, et nous gagnâmes deux gros rhumes.... Je ne comprends pas pourquoi on ne m'a pas éveillé quand tu es entré. As-tu déjà vu le docteur? ou sa femme? ou leur fille? Réponds franc: lequel des trois s'est chargé de te dire que je suis fou?

Cette dernière question lâchée à brûle pourpoint, ne laissa pas de m'embarrasser beaucoup. Lucien vint lui-même à mon secours gaiment et avec une présence d'esprit pleine de finesse.

— Je vois qu'on ne t'a rien dit, reprit-il, je vais donc te renseigner moi-même. Ce sont d'assez braves gens, ici. Le docteur aime l'argent, sa femme adore l'argent, sa fille idolâtre l'argent: c'est une famille très unie. On me soigne juste pour mon argent et je n'en demande pas davantage. Je passe pour fou. C'est peut-être vrai. Peu importe, comme tu vas le voir. Il ne s'agit de moi que fort indirectement, abordons nos affaires.

J'avais essayé de l'interrompre quand il avait prononcé le mot fou, mais j'avais eu la bouche fermée par son geste net et péremptoire.

Il voulait la parole, il la garda.

Et ce fut pour me demander, les yeux dans les miens, avec une certaine brusquerie :

— Avais-tu entendu parler de ma femme, autrement que par moi, avant d'écrire ton roman?

Il ne faudrait pas que le lecteur prît cette question pour un nouveau symptôme d'aliénation mentale.

C'est ici le cas d'avouer que, tout en me livrant avec assiduité aux rudes travaux qui sillonnent avant l'âge le front des jeunes attachés d'ambassade, j'avais trouvé le temps d'écrire et de publier, sous un pseudonyme suffisamment transparent, un livre très étudié: tableau joliment réussi de nos mœurs modernes.

J'ajoute avec candeur que certain public de choix, le seul auquel j'aie souci de plaire, n'avait pas trop mal accueilli ma tentative.

Je ne me serais donc pas étonné outre mesure de me voir connu ici en qualité d'auteur, lors même que ma mémoire ne m'eût point rappelé à propos l'attention amicale que j'avais eue d'envoyer à Lucien Thibault un exemplaire de ma quatrième édition, avec portrait de l'auteur, photographié dans une pose agréable.

— Bah! fis-je du bout des lèvres et sans me priver de feindre l'indifférence voulue, t'es tu donné le tort de parcourir cette fredaine de jeunesse?

Il sourit pour la troisième fois, mais pour le coup, en vérité, en mélangeant la politesse avec la raillerie aussi correctement qu'eut put le faire un critique régulier du *Figaro* ou de *Paris-Journal* à pareille naïve question.

— Mon suffrage n'ajoutera pas beaucoup à ta gloire, répondit-il, mais j'ai lu en effet ton roman depuis la première page jusqu'à la dernière, et tu sauras bientôt, si tu les ignores, les raisons personnelles que j'avais pour trouver ton récit puissamment,— cruellement attachant. Réponds à ma question, je te prie : Avant que ton livre fût composé, d'autres que moi t'avaient-ils parlé de Mme Lucien Thibaut?

— Non, jamais, répliquai-je.

Et j'ajoutai après réflexion.

— Je ne connais de ta femme que ce que tes lettres m'en ont dit.

— Je me souviens de mes lettres, fit Lucien qui baissa les yeux. Mes lettres ne disaient rien du tout... rien qui eût trait aux événements, du moins.

— Puisque tu me mets sur ce sujet, voulus-je dire, je me suis souvent plaint en moi-même du vide de tes lettres qui semblaient...

— Elles ne semblaient pas, c'était vrai. Je te cachais quelque chose. Mais ce n'était pas ce dont il est question. A l'époque où je t'écrivais ainsi, j'ignorais tout moi même.... car tu n'aurais pas cru, plus que moi, n'est-ce pas, à des dénonciations anonymes?

Il rapprocha son siége délibérément, en homme qui n'attend pas de réponse, et reprit en affermissant sa voix.

— Je te crois, tu ne savais pas, tu ne pouvais pas savoir. Tu as mis au jour un récit de pure imagination. Si tu avais connu, ne fût-ce qu'une parcelle du mystère si terriblement curieux qui est entré dans ma vie, comme le ver pénètre la saine écorce d'un arbre condamné à mourir; si tu avais entrevu, ne fût-ce qu'un petit coin de ma misère inouïe, ton drame aurait pris tout aussitôt une réalité, une consistance, une passion.... Ne te fâche pas Geoffroy, ton livre est très bien tel qu'il est.

— Par exemple! protestai-je. Moi! me fâcher! allons donc!

Il avait toujours ce diable de sourire des princes qui rendent compte dans les journaux.

— Je dis très bien, répéta-t-il, comme je le pense. L'histoire a de l'originalité. Tu l'as faite avec quelques réminiscences d'Edgar Poë...

— Je te jure... m'écriai-je.

— As-tu lu, par hasard, interrompit-il à son tour, un livre anglais qui laisse peut-être quelque chose à désirer sous le rapport de l'ordonnance et de la clarté, mais qui offre une des charpentes dramatiques les plus étonnantes qu'on ait assemblées de nos jours ? La *Woman in White* de Wilkie Collins ?

— *La femme en blanc* ?... répétai-je, non sans rougir un peu.

— Je ne t'accuse pas de plagiat, Geoffroy, ton livre ressemble encore à bien d'autres livres, mais tel qu'il est, il me suffit. Il me prouve que tu es mon homme.

Je relevai sur lui mon regard inquiet et plein de points d'interrogation, car je ne savais pas si j'allais recevoir encore quelques pierres dans mon pauvre jardin d'auteur.

— Je dis, répéta-t-il gravement, que tu es mon homme, si toutefois tu veux être mon homme, bien entendu. Ce que tu as fait une fois avec ton imagination toute seule, tu peux le refaire, aidé de renseignements, de pièces...

Tout en parlant, il avait reculé son fauteuil de façon à se mettre à portée d'un coffre qui était derrière lui, et dont il prit la clef dans un petit trou pratiqué sous un des pieds de sa table.

— Je suis entouré d'espions, me dit-il, en forme d'explication, et tous ces gens-là voudraient bien me voler mon roman !

La serrure du coffre fut ouverte sans bruit. Il en souleva le couvercle avec lenteur.

Il faut pourtant bien dire ce que j'éprouvais. Je croyais son accès revenu. L'idée d'accepter une besogne littéraire frivole dans cette chambre qui était comme le tombeau d'un charmant esprit et d'un noble cœur m'inspirait une répugnance dont aucun mot ne saurait rendre l'amertume.

— Mais, continua Lucien avec une fermeté solennelle, je veille. Ils ont beau faire. Je ne perds jamais de vue cette malle qui contient, il est vrai, toutes mes misères, mais qui renferme aussi mon dernier espoir!

VII

Jeanne.

Le coffre était plein de papiers en liasses. La main de Lucien s'y plongea avec une sorte de frémissement nerveux. Il poursuivit :

— Laisse-moi te dire ceci qui a son importance : le roman de Wilkie Collins m'a beaucoup frappé, frappé jusqu'à l'angoisse. Il y a dans son récit des lacunes qui me donnaient la chair de poule, parce que je les remplissais avec ce qui m'appartient de douleurs et de terreurs. Il y a aussi des invraisemblances si naïves qu'on les croirait préméditées pour prêter à la fiction une couleur entière de vérité. Je connais ces invraisemblances.

Elles abondent dans ma propre histoire qui est vraie.

Il mit sur moi son regard fixe et demanda :

— As-tu rencontré de ces gens nerveux qui ne peuvent entendre parler d'une maladie sans en ressentir aussitôt les symptômes? Moi, je suis comme cela, non pas pour ma santé, mais pour mes aventures, ou plutôt pour *mon* aventure, car je n'en ai eu qu'une seule en toute ma vie. J'y rapporte ce que je lis, ce que j'entends, ce que je vois, j'y rapporte tout. Il y a des moments où il me semble que mon aventure m'a poursuivi jusqu'au fond de ce refuge, et que j'y suis entouré par de misérables subalternes à la solde du démon en chef qui a joué le principal rôle dans la comédie de mon malheur. Ce M. Wilkie Collins n'a jamais entendu parler de moi, c'est certain; il ignore le premier mot de ma triste biographie, et pourtant, j'ai nourri souvent et longtemps la fantaisie de l'aller trouver en Angleterre, de l'interroger pour savoir si, derrière le travail de son imagination, il y a un fait, un tout petit morceau de mon fait à moi... Veux-tu voir Jeanne?

Ces derniers mots me donnèrent un tressaillement.

Je ne sais pourquoi ils ramenèrent devant mes yeux l'image charmante de l'inconnue qui tout à l'heure s'était montrée au seuil de l'appartement voisin.

Je l'ai dit, je ne croyais pas que ce fût Jeanne, et pourtant ce nom, prononcé à l'improviste, me fit revoir le visage noble et triste de celle qui venait voir Lucien, mais qui ne voulait pas être vue.

Lucien me tendait un portrait, je le pris avec empressement. C'était une simple carte photographique, encadrée de papier verni.

Jamais je n'avais rien vu de si joli que la fillette qui me souriait dans ce pauvre cadre.

Celle-là était bien « la petite Jeanne. »

Et certes, elle n'avait rien de commun avec la belle dame inconnue.

Pourquoi le regard doux et profond de cette dernière restait-il entre moi et la gaieté enfantine du portrait?

Je fus longtemps à regarder Jeanne, détaillant avec un intérêt que je ne pouvais définir l'exquise délicatesse de ses traits. J'avais plaisir à admirer la bonté vraiment angélique de sa joyeuse figure. Chez Jeanne tout était bon, même sa petite pointe d'espièglerie.

La main de Lucien remuait les papiers du coffre, et il disait :

— C'est ce mois-ci qu'elle va avoir ses vingt ans.

Il ajouta d'un accent impatient :

— Dis donc au moins comment tu la trouves?

Le mot ne me vint pas, et je répondis :

— Comme on doit bien l'aimer !

Il fit mine d'activer sa recherche parmi les papiers. Je ne pouvais voir l'émotion de son visage qu'il détournait avec une sorte de honte.

Sa voix trembla quand il reprit :

— Oui, on l'a bien aimée !

Il s'interrompit, puis ajouta :

— Trop aimée !... mais ce portrait ne dit rien. C'est du noir et du blanc. Qui pourrait deviner, en voyant cette chose muette et morte, la vie du regard, la grâce du mouvement, l'attrait du repos? et la voix? et l'accent? et l'ineffable harmonie de l'ensemble? qui pourrait deviner cela?

— Moi, murmurai-je involontairement, les yeux toujours fixés sur le portrait de Jeanne.

Certaines vues ont la faculté de produire, par l'intensité du regard, le phénomène stéréoscopique.

Je voyais la photographie s'arrondir et prendre des reliefs comme si un souffle mystérieux eût soulevé et gonflé les plans de la pauvre chère image. J'avais devant moi la ravissante enfant, et je ne mentais même pas en parlant de vie, de mouvement, d'harmonie, car il me semblait que ma volonté pouvait animer les divins contours de la statue.

Lucien ne se tourna pas encore de mon côté, mais tout son corps avait des frémissements, et il balbutia d'un accent troublé :

— Toi! toi aussi, Geoffroy! Rends-moi ma petite Jeanne!

Puis, riant péniblement et, à ce que je crus, refoulant un sanglot, il ajouta :

— Non, garde-la. Je ne suis pas jaloux. Qui sait? Il y a peut-être de la terre dans ces cheveux blonds si doux, si parfumés, qui remuaient leurs boucles flexibles au moindre mot de sa bouche plus rose que les roses. Qui sait? Ses grands yeux bleus comme le ciel ont peut-être éteint la flamme adorée de leurs prunelles. Ma Jeanne! ma Jeanne! Oh! qui sait? Dieu ne veut rien me dire! Peut-être que son pauvre mignon petit corps est rongé par les vers au fond d'une tombe. Non, non, je ne suis pas jaloux. Je suis mort, si elle est morte!

Il avait quitté son siége pour s'agenouiller auprès du coffre sur lequel il se penchait.

Je croyais qu'il continuait sa recherche parmi les papiers, mais bientôt, je le vis immobile, puis tout à coup il chancela, et je n'eus que le temps de le prendre dans mes bras pour l'empêcher de s'affaisser sur le plancher.

C'était un fardeau, hélas! bien léger : tout au plus le poids d'une femme.

Quand je l'eus relevé, il resta un instant appuyé contre ma poitrine. Il respirait avec effort. Sa parole était celle d'un agonisant.

J'eus peur. J'avais vu mourir quelqu'un ainsi debout.

Mais, s'il est possible, quelque chose me frappait plus douloureusement encore que cette pâleur menaçante, c'était le *vieillissement* soudain, extraordinaire, je dirais volontiers magique, qui s'était opéré dans tout son être.

J'ai dû dire que, contre la coutume, les années avaient rajeuni mon malheureux camarade de collége jusqu'à lui donner presque la tournure d'un enfant. Tout en lui, au premier aspect, m'avait paru amoindri, effacé, réduit à ces apparences indécises qu'on retrouve parfois dans l'extrême vieillesse, mais qui sont surtout le propre de l'adolescence, luttant contre le travail de formation.

Maintenant il avait son âge.

Plus que son âge : c'était un homme mûr. La crise d'angoisse qui tendait chaque fibre de son être lui restituait la virilité et la fierté.

Ce n'était pas la force revenue qui le faisait homme, c'était la douleur.

Son aspect éveillait l'idée de cet héroïsme passif qui est la gloire des martyrs.

J'essayais de le réchauffer contre ma poitrine, car son contact me faisait froid et j'étais secoué par ses frissons.

Il me dit, et je n'oublierai jamais cela :

— C'est bon de s'appuyer sur un cœur.

Pauvre, pauvre Lucien ! J'eus remords comme s'il m'eût reproché sa solitude.

Au bout d'un instant, ses paupières humides découvrirent le profond regard de ses yeux. Il essaya de sourire, et reprit doucement :

— Je ne mourrai pas encore de cette fois. Merci, Geoffroy. Je n'ai pas le droit de mourir. Tu peux me lâcher maintenant, je me tiendrai bien debout.

En effet, il se mit sur ses pieds sans trop d'effort, après quoi il me serra la main en murmurant :

— Ce n'est pas gai un ami comme moi. Merci encore. Je veillerai à ne plus t'effrayer ainsi; car tu es tout blême, Geoffroy, mon bon Geoffroy.

Je pressai sa main entre les miennes sans répondre. Son sourire persistait. Il se figeait sur ses lèvres et faisait mal à voir.

— N'est-ce pas, demanda-t-il tout à coup en prenant un ton dégagé qui sonnait faux, n'est-ce pas qu'il est gentil mon cher petit portrait ? C'est tout ce qui me reste d'elle. On ne devinerait guère que c'est le portrait d'un assassin.

Je crus avoir mal entendu.

Et pourtant, j'avais ouï dire... Etait-ce donc vrai ?

Des lèvres, plutôt que de la voix, je répétai ce mot : Assassin !

Lucien détourna la tête, ne pouvant plus garder son navrant sourire. L'effort qu'il faisait pour ne pas pleurer le brisait.

VIII

Assassin.

— Voyons, dis-je, je suis là, moi, ce cœur où il est bon de s'appuyer.

— Merci, fit-il encore, merci ! Ah ! je ne me croyais pas si faible. C'est que j'étais bien heureux, vois-tu, Geoffroy, si heureux que le pressentiment de mon malheur tournait sans cesse autour de moi. On ne peut pas avoir tant de joie sur la terre.

Ses larmes enfin venues dégonflèrent sa poitrine.

— Mon Dieu ! reprit-il en me laissant l'asseoir dans son fauteuil, mon pauvre Geoffroy, ce n'est pas que je sois tombé de bien haut : un juge de première instance, ce n'est certes pas le Pérou. Mais si on tient compte de l'allégresse bien aimée qui débordait de mon cœur, personne au monde, entends-tu : personne n'était au-dessus de moi.

Cette façon énigmatique d'exposer non pas même des faits, mais je ne sais quels résultats indirects d'une catastrophe encore inconnue, me faisait souffrir plus que je ne puis l'exprimer.

Chacune des paroles de Lucien avait un arrière-goût de résignation si touchant et si terrible à la fois que l'esprit ne pouvait s'arrêter à la pensée d'un malheur ordinaire.

Il y avait d'ailleurs ce mot *assassin*, appliqué à Jeanne...

Je n'osais pas interroger.

Mon malaise était si intense que l'envie de fuir me venait.

— Patiente encore un peu, Geoffroy, me dit-il affectueusement comme s'il eût surpris ma conscience, tu seras peut-être du temps avant de me retrouver dans l'état où je suis aujourd'hui. Il faut profiter. Ce n'est pas que j'aie précisément une maladie du cerveau, non, je ne le crois pas, mais il y a des moments où je m'éveille d'une sorte de rêve qui supprime pour moi des heures de la journée et même des jours de la semaine. Tel dimanche est pour moi le lendemain du jeudi. Comprends-tu cela ? Pourtant, je suis bien sûr de n'avoir jamais dormi deux jours et deux nuits de suite.

— Je comprends, répondis-je. que dans l'état nerveux où tu es...

Il m'interrompit pour dire avec une ironie pleine de tristesse :

— Ah ! oui, état nerveux, c'est bien cela. Les médecins emploient ces mots quand ils sont au bout de leur latin. Mais en tout cas, aujourd'hui, mon *état nerveux* fait relâche. Tout est clair dans ma tête. J'y vois. Je peux même établir nettement dans ma pensée de certaines distinctions très-subtiles. Te souviens-tu comme j'étais un garçon studieux ? Je n'ai pas fait beaucoup de folies dans ma jeunesse, tu pourrais en porter témoignage. Eh bien ! en quittant les écoles, je restai le même, absolument. Je fis mon stage pour tout de bon, et, après avoir été un jeune avocat acharné au travail, — un piocheur, — je devins un jeune magistrat, pas bien fort, je le crains, mais solide à la besogne et d'une bonne volonté infatigable.

Mon amour même, le grand, l'unique amour qui décida de toute ma vie ne changea rien à tout cela. On me reprocha bien quelques voyages, deux absences... mais pouvais-je faire autrement ? Et on était injuste ; loin de me ralentir, quand je songeai à me marier, je fus pris d'ambition et je travaillai double, voyant déjà ma petite Jeanne honorée et renommée à cause de son mari...

Un soupir, ici, souleva sa poitrine. Ses yeux, tout à à l'heure si francs, se détournèrent de moi, et il regarda le tapis à ses pieds.

Evidemment, une hésitation le prenait. Il avait crainte de quelque chose.

Cependant, sa voix resta calme et il continua :

— Je sens que *cela* vient. J'aurai juste le temps de te dire pourquoi je ne suis plus juge, mais ce sera tout. Ne m'interromps pas, je commence :

Pour le juge il y a deux sortes de certitude qui se

combattent parfois l'une l'autre, et c'est la grande misère d'une conscience de magistrat.

Il y a la certitude *personnelle* qui naît de l'intelligence, celle en un mot qui est humaine, c'est-à-dire commune à tous les hommes.

Et il y a la certitude *technique*, particulière aux gens du métier, qui a son origine dans les instruments et agissements judiciaires.

Au palais on regarde cette dernière certitude comme la meilleure, ou plutôt comme la seule authentique.

Je ne saurais dire si on a raison ou tort.

Je donnai un jour ma démission de juge parce qu'une instruction criminelle conduite avec soin, minutieusement, selon les procédés mathématiques de notre science à nous autres magistrats avait fourni la certitude judiciaire de ce fait que Jeanne Péry, ma chère petite femme, avait commis un meurtre, je dis un meurtre prémédité, dans des circonstances qui faisaient d'elle *à priori* une fille perdue d'abord, ensuite une sorte de bête féroce.

Voilà pour la certitude technique : Jeanne était coupable et infâme.

Au contraire, ma certitude personnelle me criait : Jeanne est innocente et plus pure que les anges.

Il fallait choisir entre ces deux certitudes, dont l'une mentait.

Je crus à mon intelligence, à mon instinct, à mon cœur. Et j'aimai Jeanne cent fois, mille fois davantage.

Tout ceci fut dit avec une extrême simplicité. J'avais écouté, retenant ma respiration.

Ma poitrine était serrée si violemment que ma gorge restait incapable de livrer passage à un son.

Lucien, attendait pourtant une parole. Il fronça le sourcil avec colère.

— Toi, Geoffroy, demanda-t-il, est-ce que tu aurais écouté la voix du métier plutôt que celle de ta conscience ?

— Dis-moi, dis-moi, m'écriai-je, que tu parvins à la sauver !

Sa figure s'éclaira, pour se couvrir bientôt après d'un plus douloureux voile.

— Je fis de mon mieux, prononça-t-il d'une voix qui voulait être ferme, oui, un instant, j'ai cru que je sauverais ma Jeanne bien aimée et respectée. Mais je n'ai pas pu, et je suis devenu fou.

Son regard me provoquait en quelque sorte pendant qu'il accentuait cette dernière parole.

Mais en même temps sa figure pâlissait et les traits s'en effaçaient comme si une lumière intérieure se fût éteinte au-dedans de lui.

Il put dire encore de sa pauvre voix déjà changée :

— Geoffroy, tu ne m'as pas cru quand je t'ai dit : je ne suis pas fou. Tu savais que je mentais, je lisais cela dans tes yeux. Tu avais raison, je suis fou. Je ne puis plus rien pour elle...

Il se tut. C'était comme un charme rompu. Cette énergie virile dont j'avais admiré en lui la renaissance presque miraculeuse, s'affaissait d'un seul coup.

J'avais devant moi le malheureux enfant au sourire timide et sans pensée, dont l'aspect avait effrayé mon premier regard.

Je voulais réagir contre cette perclusion morale, je lui parlai, je l'encourageai, je touchai même à dessein et brutalement la plaie saignante de son âme, tout fut inutile.

Lucien Thibaut n'était plus là. J'avais affaire à son ombre.

Cela est vrai si rigoureusement, qu'au bout de quelques minutes il se reprit à parler de lui-même à la troisième personne et comme d'un absent.

— Te voilà revenu? me dit-il. M. Thibaut ne pourra pas te recevoir aujourd'hui, parce qu'il est indisposé; mais je le remplacerai.

— Quelle est son indisposition? demandai-je.

Il prit un air naïvement rusé pour me répondre ;

— La migraine. J'espère que ce ne sera rien.

Son regard fit le tour de la chambre avec inquiétude.

— Le moment est bon, murmura-t-il. Je n'entends personne dans le corridor, mais on ne saurait prendre trop de précautions quand il s'agit d'affaires si graves.

Il alla jusqu'à la porte qu'il ouvrit pour regarder au dehors.

Puis, satisfait de cet examen, il revint vivement vers le coffre, qui restait ouvert.

Cette fois, sans chercher aucunement, il y prit un assez volumineux dossier, tout bourré de papiers, qu'il tint à la main d'un air indécis.

— Consentez-vous à vous charger de cela? me demanda-t-il, cessant de me tutoyer.

— Volontiers, répondis-je.

— C'est un dépôt, reprit-il. Promettez-moi de le défendre s'ils essayent de vous l'enlever.

— Je le promets, dis-je encore.

Il remit le dossier entre mes mains.

Puis avec une politesse cérémonieuse :

— M. Thibaut vous fait bien tous ses compliments et ses excuses. Il aura l'honneur de vous écrire dès que sa santé le permettra. Il vous recommande ces papiers tout particulièrement, n'en ayant point de double. Tâchez de vous retrouver là dedans, c'est difficile, mais votre roman était encore plus embrouillé. Il y a une dame qu'il faut tuer, vous savez, parce que la pauvre petite morte ne serait pas en sûreté sans cela. C'est malheureux, mais on ne pouvait les garder toutes les deux, M. Thibaut a dû choisir entre l'ange et le démon.

Il me salua profondément et de cette façon qui désigne la porte sans équivoque aucune.

Je sortis. Quelque chose me résista quand je poussai la porte, quelque chose qui obstruait le seuil.

C'était le docteur Chapart, auteur du sirop, qui venait d'arriver là aux écoutes et que le battant, en s'ouvrant, avait sévèrement souffleté.

Je refermai aussitôt la porte pour que Lucien ne s'aperçut de rien et je demandai tout bas:

— Que faisiez-vous là, monsieur ?

IX

Ce qui me resta de l'entrevue.

Le docteur Chapart ne fut pas déconcerté le moins du monde. Il me tendit la main comme un effronté gros petit homme qu'il était.

— Bien le bonsoir, me dit-il en portant l'autre main à sa joue, vous avez failli m'assommer. J'étais là pour ausculter, parbleu! pour ausculter la situation à travers le trou de la serrure. Allez-vous me reprocher mon trop de soins? Ça s'est vu : les clients sont si drôles!

Je fis un geste pour l'inviter à me livrer passage. Il tenait toute la largeur du corridor.

Mais il ne bougea pas. J'avais cru voir son regard piqué un instant sur le dossier que j'emportais sous ma redingote où je l'avais dissimulé de mon mieux pour plaire à Lucien.

Le docteur poursuivit :

— Bien gentil garçon, dites donc, ce pauvre malheureux là ! Et bien doux aussi, quoiqu'il ait l'idée de tuer une dame. Excusez, c'est sa marotte, chacun a la sienne. Ma femme et ma fille le dorlottent. Ça rime avec marotte. Son cas est drôle et incurable. C'est la manie métapsychique intermittente de ma nouvelle nomenclature. Connaissez-vous mon traité ? non ? vous devriez l'acheter. J'ai tâché d'amuser les gens du monde. Cas très curieux, très rare et qui m'appartient. M. Thibaut est mon second. Avant lui, j'en avais un autre, mais pas si beau, un major du train d'artillerie qui se battait lui-même comme plâtre parce qu'il se prenait pour sa propre femme. Est-ce assez cocasse ? Vous pouvez venir souvent ou rarement, comme vous voudrez. Ici on est libre comme l'air. Je vous présenterai aux dames Chapart. Tiens, tiens...

Il fit comme s'il apercevait seulement mon dossier, et reprit ;

— Nous emportons des paperasses entre cuir et chair ? Ça vous regarde. Seulement, un bon conseil gratis, en usez-vous ? Je vous l'offre : quand on n'est ni notaire, ni médecin, ni confesseur, le plus sage est de ne pas fourrer le nez dans les affaires des malades.

Après une autre poignée de main, il s'effaça pour me laisser passer, et je l'entendis s'éloigner avec son ronflement de toupie.

Quand j'arrivai dans la rue des Moulins, je m'arrêtai comme étourdi. Je ne sais comment expliquer cela, mais pendant mon énorme visite (elle avait duré plus d'une demi-journée), c'est à peine si j'avais essayé de réfléchir.

En somme, j'avais été pris par surprise. Malgré le peu que je savais d'avance sur Lucien, je ne m'attendais à rien de ce que je venais de voir et d'entendre.

Tout au plus croyais-je retrouver un vieux camarade avec une blessure profonde, mais à demi cicatrisée déjà.

Et comme, en cas pareil, on essaye volontiers d'oublier, j'avais écarté le côté tragique, me disant que Lucien était sans doute dans quelqu'un de ces embarras auxquels chacun de nous est sujet et qu'on fait cesser soit par une démarche, soit par un prêt d'argent.

Le mot caractérisant ce que je croyais devoir à Lucien était : consolation plutôt que secours. On voit combien j'étais loin de compte.

Je m'étais vu tout à coup en face d'une pauvre créature ravagée par un mal mystérieux, d'un être diminué, ruiné, épuisé, et ce vieillard-enfant m'avait paru attaqué d'une folie douce, peu caractérisée et surtout inoffensive, sous laquelle avait percé inopinément une pensée de meurtre.

Mais cette pensée même s'était exprimée d'une façon si tranquille, si dépourvue de véhémence et de passion que je l'avais à peine prise au sérieux.

Puis, petit à petit, par une pente insensible, j'étais arrivé, sans secousse ni avertissement, au centre d'une situation tragique dont les détails me restaient inconnus et qui me laissait enveloppé dans un réseau de mystères.

Et il faut noter ceci : les vagues renseignements que

je possédais à l'avance ne m'aidaient en rien à comprendre, mais ils me défendaient le doute.

Sans eux, j'aurais pu me réfugier dans l'idée que la folie de Lucien avait créé les menaces du drame.

Mais cela même ne m'était pas permis. Je connaissais l'existence de la tragédie.

Ma première sensation morale fut l'étonnement de reconnaître si tard en moi la présence d'une curiosité arrivée à l'état de fièvre, mais qui était restée comme assoupie tant que j'avais été en présence de Lucien.

C'est-à-dire tant que j'avais eu précisément sous la main le vivant moyen de satisfaire cette même curiosité.

Je ne me souvenais point, en effet, d'avoir éprouvé le besoin d'interroger Lucien pendant ces longues heures où il aurait pu assurément me répondre, puisqu'une éclaircie s'était faite en son cerveau.

Etait-ce la répugnance involontaire que j'avais à pénétrer tout au fond de ce malheur sans issue ?

J'avais écouté Lucien avec une pitié passive, sans arrêter ni presser ses aveux. Dans toute la rigueur du terme, j'avais laissé sa pensée libre d'aller où elle voulait. Pas une seule fois, je n'avais essayé de la diriger vers le nœud même du problème.

Maintenant qu'il n'était plus temps, je ressentais un regret tardif, mêlé de colère et peut-être de remords, car cette curiosité dont je parle, c'était bien plutôt de l'intérêt.

Comment servir Lucien, si je restais dans mon ignorance ?

Et Lucien me l'avait dit lui-même quand il avait reconnu les symptômes avant-coureurs de sa crise qui revenait: un long intervalle de temps s'écoulerait peut-être avant que je pusse le retrouver en état de lucidité.

Et le soupçon me venait que sa phrase pouvait avoir une signification autre et plus grave, car j'avais conscience d'un danger qui le menaçait, d'une surveillance organisée autour de lui, d'une pression exercée sur lui.

Tout ce qui l'entourait me paraissait étrange; je voyais sa situation inexplicable. J'avais défiance du hasard ou de la cause, quelle qu'elle fût, qui l'avait poussé dans cette maison d'où je sortais la tête brûlante, le cœur glacé, et dont le maître me laissait un souvenir à la fois comique et mauvais.

J'ai peur des grotesques.

Je me demandais pourquoi Lucien, malade, était à Paris et non pas en Normandie; pourquoi il était seul, abandonné de sa famille et livré à des soins mercenaires?

Oui, certes, je pouvais le craindre : Sous la signification triste de la phrase de Lucien, peut-être y avait-il un sens caché plus triste encore.

Peut-être avait-il voulu dire : « Prends bien vite ce dépôt qu'une lueur de raison me porte à te confier aujourd'hui, car qui sait si demain il ne serait pas trop tard ! »

Et mon imagination une fois partie allait, allait :

Me laisseraient-ils seulement pénétrer de nouveau jusqu'à lui?...

Ils qui? Est-ce que je savais!

Et sous quel prétexte me barrer la porte? Des prétextes ! on en trouve ou on en fait.

C'était absurbe. Croyez-vous? J'ai vu tant de choses absurbes qui étaient des réalités.

Notre siècle lumineux qui affecte de mépriser le mélodrame est noir comme de l'encre, par places, et pavé de mélodrames.

D'ailleurs, j'étais en veine de sombres hypothèses. Sur ma poitrine il y avait un poids qui allait s'alourdissant.

Une fois, je me dis en tâtant mon dossier sous le drap de ma redingote : « J'ai là de quoi éclaicir tous mes doutes. »

Eh bien! non. Ceci va vous donner la mesure exacte de ma situation d'esprit : à l'avance, le dossier lui-même était tenu en suspicion par ma fantaisie, et je pensais : « Cet homme m'a vu emporter les papiers. Si les papiers contenaient quelque chose d'important, les aurait-il laissé passer? »

En même temps le remords dont je parlais tout à l'heure s'aggravait jusqu'à me troubler cruellement, jusqu'à me faire honte.

Je me reprochais ma froideur à l'égard de Lucien. Notre entrevue entière passait devant mes yeux sans que j'y pusse découvrir un seul élan de grande affection, une seule promesse de dévouement complet exprimée avec une parcelle de la chaleur qui bouillait désormais en moi.

Il est bien vrai que j'avais dû écouter surtout; j'étais resté presque muet; la parole était à Lucien Thibaut, qui avait mené l'entretien en maître. Mais est-il besoin de parler beaucoup?

Il ne faut qu'un instant et qu'un mot pour montrer le fond d'un cœur : je n'avais pas montré le mien.

Mon malheureux camarade d'enfance pouvait croire que je ne lui avais rien apporté sinon le souvenir attiédi d'une vulgaire amitié.

Et, chose singulière, je ne pouvais pas rejeter cette crainte loin de moi comme chimérique en faisant appel à la réalité de mon affection, car cette affection, telle que je la ressentais à présent, était toute nouvelle.

Je ne l'éprouvais pas tout à l'heure, du moins à ce degré.

Elle venait de naître, cette grande affection ; elle datait pour moi du moment où je m'étais recueilli en moi même au sortir de cette maison qui se dressait sombre et morne derrière moi.

En mettant le pied dans la rue, je m'étais dit en toute sincérité : « Je ferai pour Lucien comme s'il était mon frère. »

Mais c'était la première fois que je me le disais.

Et Lucien était trop loin pour l'entendre.

Toutes ces pensées roulaient dans ma tête et y entretenaient une agitation qui allait jusqu'à la souffrance. Sans rien savoir encore, je me souviens que j'étais prêt à tout ; j'avais vaguement la notion d'un lourd devoir qui allait m'incomber, et je l'acceptais sans réserves.

Je pressentais mon courage comme si j'eusse entendu déjà les bruits prochains du combat.

Il faisait encore jour, mais l'orage qui menaçait depuis le matin amassait des nuées de plomb au-dessus de ma tête. Le ciel ne donnait qu'une lumière fauve et fausse qui bronzait le profil des maisons. La chaleur était étouffante. Le silence régnait dans la rue déserte où j'entendais mon pas sonner sur le pavé.

De loin et d'en bas le large murmure de la ville venait.

Quand je tournai l'angle de la Grande Rue de Paris, la scène changea.

Ce devait être une fête, je ne sais plus laquelle.

La solitude des rues transversales augmente, ces jours là, parce que tout ce qui fait foule s'ameute dans les grandes voies où sont les cabarets.

Tout en haut de Belleville, la joie des ivrognes titubait déjà sur les trottoirs. Les couples montaient et descendaient causant, clamant, chantant.

Un peu avant d'arriver au théâtre dont les lampions s'allumaient, je reconnus la grosse gouvernante normande de M. Louaisot de Méricourt qui riait à casser les vitres au bras d'un cent-gardes.

Elle faisait succès avec sa coiffe de dentelles et sa robe de soie, relevée par une immense crinoline. Tout le monde la regardait.

L'embonpoint est partout respecté. Les gamins criaient à son fier cavalier: « Oh hé ! la livrée ! Plus que ça de nourrice ! »

Ils passaient, superbes tous deux, méprisant les blasphémateurs. La Cauchoise me parut plus fraîche encore qu'au bureau de la rue Vivienne. Les roses de sa joue tournaient énergiquement au ponceau.

Sans façon, elle me montra du doigt à son guerrier, et il me sembla entendre, parmi les paroles d'ailleurs bienveillantes qu'elle prononça à mon sujet le mot imbécile plusieurs fois répété.

Je crus devoir la saluer d'un demi-sourire qu'elle me rendit au centuple.

Quand je l'eus dépassée, elle me cria par dessus son épaule :

— Ne dites pas au patron que vous m'avez rencontrée un huit-pouces, hé! là bas! Il est jaloux comme un gros rat, quoi qu'il soit dans la haute, cesoir, en bambochade.

X

Bébelle.— Pantalon crotté.

Au moment où j'avais aperçu la Cauchoise, le souvenir de M. Louaisot de Méricourt traversait justement mon esprit.

Et ce n'était pas la première fois.

Pourquoi la pensée de cet homme me suivait-elle ainsi? Je ne lui connaissais d'autre lien avec l'affaire Thibaut que le fait d'avoir pu me fournir l'adresse de ce dernier.

C'était là précisément son métier, et j'étais entré chez lui comme dans la boutique où s'achètent les choses de cette sorte.

M'aurait-il d'ailleurs fourni l'adresse pour quelques

francs s'il avait eu un intérêt, même minime à séquestrer ou à cacher Lucien?

Mais les pressentiments et les soupçons vont et viennent. Bien rarement saurait-on dire de quel nuage ils tombent.

Je montai dans un coupé de louage, après avoir indiqué au cocher la rue du Helder et mon numéro.

Je voulais seulement déposer chez moi mon paquet de papiers avant de courir au restaurant voisin, car j'étais à demi mort de famine.

Lucien avait déjeuné, mais moi je restais sur les quelques gouttes de thé, avalées à la hâte avant ma visite au bureau de M. Louaisot.

Comme je rentrais, mon concierge me dit qu'il était venu un monsieur pour me voir,

Ceci était presque un événement. Personne ne savait mon retour à Paris, où je n'étais du reste qu'en passant. Je ne recevais aucune visite.

Mon concierge ne connaissait pas le monsieur qui n'avait pas voulu laisser son nom, disant qu'il demeurait dans le quartier et qu'il repasserait.

Je ne pus obtenir à son sujet que des renseignements très vagues, assez ressemblants à ces funestes portraits, supplice de la gendarmerie, que les employés municipaux dessinent à la plume au bas des passeports.

Ces choses portent le nom menteur de *signalement*. Les signalements sont au nombre de quatre. Chacun d'eux s'adapte à un quart de l'humanité.

Il y en a pourtant un cinquième pour les nègres, et c'est le seul qui soit reconnaissable.

Il coûtent deux francs pour l'intérieur, dix francs pour l'étranger: savez-vous rien de plus lugubre que le comique administratif?

Après avoir écouté la description de mon concierge, je n'en étais pas plus avancé. Aucune idée ne s'éveilla en moi par rapport au visiteur inconnu.

Ce n'étais personne et c'était tout le monde.

Mais pendant que je montais l'escalier de mon entresol, une jolie petite voix clairette me cria d'en haut:

— Bonsoir, monsieur, comment te portes-tu? Je suis sur le carré parce que papa et maman se tapent.

Je levai la tête et j'aperçus le sourire échevelé de Bébelle.

— Bonsoir, Bébelle !

Bébelle, mon amie, était un bijou de sept ans, héritière unique du cinquième, sur le derrière.

Son père, prote d'imprimerie, et sa mère, artiste en éventails, pouvaient passer pour des cœurs d'or, très-vifs de caractère.

Deux tourtereaux hérissés.

Ils s'aimaient très-sincérement ; mais de temps en temps ils se renfermaient pour s'expliquer à bras raccourci, et alors Bébelle se réfugiait chez moi.

— As-tu vu le monsieur qui est venu me demander, Bébelle, ma chérie ?

J'étais sûr de mon affaire, Bébelle voyait tout.

— Parbleu ! me répondit-elle.

Elle ajouta :

— Puisque je revenais du lait, avec la boîte.

— Pourrais-tu me dire comment il est fait ?

— Parbleu, il est mal fait... puisqu'il a les jambes

si longues, si longues que j'ai eu envie de passer à travers, pendant qu'il se dandinait devant la loge,.. avec des lunettes d'or... et crottées, ses quilles, jusqu'en haut de sa culotte noire. Veux-tu que j'aille jouer chez toi, monsieur, avec les images?

— Non, je vais dîner dehors.

— Alors. ça m'est égal, je suis bien sur le carré. D'ailleurs, c'est presque fini chez nous, car maman pleure.

Bébelle n'en donnait que cela.

Il y en a qui deviennent tout de même de chères créatures, mais je ne prends pas sous mon bonnet de recommander ce genre d'éducation aux familles.

J'entrai chez moi et je refermai ma porte. Croiriez-vous que j'avais presque oublié ce grand appétit qui me talonnait depuis Belleville?

Ces longues jambes vêtues de noir et que la boue tigrait du haut en bas, me ramenaient à mon idée fixe.

J'avais admiré le pantalon noir crotté de M. Louaisot de Méricourt et la longueur inusitée de ses jambes, pendant qu'il mangeait avec tant de plaisir son morceau de roti sous le pouce.

Etait-ce lui qui m'avait demandé? Dans quel but?

Je haussai les épaules en jetant le dossier sur la tablette de mon secrétaire.

Il n'y avait pas apparence que ce pût être lui.

Mais, au lieu de sortir, j'allumai ma lampe et j'ouvris le dossier.

Il pouvait être alors huit heures du soir. Douze heures me séparaient de mon thé du matin.

Quand minuit sonna, j'étais encore assis auprès de

mon bureau et je lisais avec une avidité croissante les papiers à moi confiés par mon pauvre camarade Lucien Thibaut.

La majeure partie de ces papiers sera mise ici textuellement sous les yeux du lecteur, et j'analyserai les autres au cours de notre récit.

LE DOSSIER DE LUCIEN THIBAUT

La première pièce sur laquelle je mis la main était enfermée dans une enveloppe qui avait pour étiquette : *Lettres anonymes et autres.*

Elle était ainsi conçue :

Pièce numéro 1.

(Anonyme, écriture contrefaite.)

Monsieur Lucien Thibaut, juge au tribunal civil d'Yvetot.

(10 septembre 1864.)

« Monsieur,

« Généralement, on ne tient aucun compte des lettres qui n'ont point de signatures. C'est peut-être un tort.

« Il y a deux sortes de lettres anonymes.

« Il y a celles où un être dépourvu de dignité et de courage veut insulter ou calomnier sans danger.

»Il y a celles où une personne faible et désarmée, n'ayant rien de ce qu'il faut pour braver des risques considérables, prétend néanmoins rendre service à un ami en le prémunissant contre des éventualités qui peuvent briser sa carrière et gâter sa vie.

» Je vous supplie de bien croire que la présente communication appartient à la seconde catégorie.

» Elle vous est adressée sans esprit de haine ni méchante intention par quelqu'un qui vous veut du bien et qui s'intéresse à votre honorable famille, mais qui désire ne point se compromettre.

» Vous êtes, monsieur, sur le point de faire une folie : une de ces folies qui ruinent tout un avenir.

» La jeune personne à qui vous voulez donner votre nom n'est pas digne de vous.

» Elle n'est digne d'aucun honnête homme.

» Sans parler ici de sa famille, des aventures romanesques de madame sa mère, ni des *malheurs* de monsieur son père, il est certain que cette intéressante orpheline peut bien servir de passe-temps à quelque joyeux étourdi, mais qu'un homme sérieux ne saurait l'admettre à l'honneur de fonder sa maison.

» Songez aux enfants que vous pourriez avoir et qui rougiraient de leur mère !

» Ses amants ne se comptent plus, bien qu'elle sorte à peine de sa coquille.

» Je n'aime pas les énumérations, je n'en citerai qu'un seul, auprès de qui vous pourrez vous renseigner si vous voulez, c'est votre ancien camarade de collége, M. Albert de Rochecotte.

» Je n'ajoute qu'un mot :

» Si la mère de la donzelle a essayé de vous monter la tête autrefois avec la fabuleuse succession du fournisseur, rayez cet espoir de vos papiers.

» C'est une pure fable.

» Il n'y a rien, rien, rien — qu'une demi-vertu qui veut faire une fin.

» Je vous salue, regrettant le chagrin que je vous fais, mais avec la satisfaction d'avoir rempli mon devoir.

N° 2.

(Cette pièce était de l'écriture de Lucien Thibaut lui-même. Elle portait la mention suivante : *Lettre non envoyée à son adresse.*)

» *A Monsieur Geoffroy de Rœux, attaché à l'ambassade française de Vienne (Autriche.)*

(28 septembre 1864.)

» Mon cher Geoffroy,

» J'ai longtemps hésité avant de m'adresser à toi, ou plutôt je t'ai déjà écrit plus de vingt lettres qui, toutes, ont été jetées au feu après réflexion.

» Celle-ci aura-t-elle le même sort? C'est vraisemblable.

» J'écris par un besoin désespéré, comme les gens qui se noient appellent au secours, même quand il n'y a personne pour les entendre.

» Nous étions liés très certainement, toi et moi; mais mon malheureux défaut d'expansion et la timidité de mon caractère m'ont fait craindre souvent de n'avoir jamais su inspirer à personne une véritable amitié.

» Pas même à toi.

» J'entends une amitié de frère.

» C'est là le mot, tiens, il m'aurait fallu un frère. Je l'aurais regardé comme forcé par la nature à écouter mes pauvres plaintes, à entrer dans mes misérables douleurs, à me fournir enfin les conseils dont j'ai un si cruel besoin.

» Tu étais moqueur autrefois. Tes lettres, que je lis avec bonheur (et laisse-moi te remercier de n'avoir jamais cessé de m'écrire) tes lettres te montrent à moi moins ami du sarcasme, mais je t'y vois lancé dans de grandes relations, tu vois le monde, tu *connais la vie*, pour employer le mot sacramentel.

» Cela m'effraie. Moi je ne vois personne et je ne connais rien.

» Moi... Comment te faire la confession d'un triste sire, empêtré dans la plus plate et la plus bête (à ce qu'ils disent) de toutes les aventures réservées aux innocents qui ne savent pas le premier mot de la vie ?

» Je n'ai pas eu de jeunesse. Je commence à croire que c'est un grand malheur.

» Je vivais avec vous là-bas à Paris ; mais je ne vivais pas comme vous, et j'ai souvent pensé depuis que c'était là l'origine du défaut d'élan que je remarquais chez la plupart d'entre vous à mon égard.

» Il y avait des heures où j'aurais tant souhaité votre affection ! Je me sentais si bien capable de me dévouer pour vous, du moins pour quelques-uns d'entre vous.

» Quand Albert et toi vous vous en alliez ensemble, j'étais jaloux comme un amoureux qu'on dédaigne.

» J'ai entendu parler d'Albert ces jours derniers, et dans une circonstance triste pour moi. Mais tout ce qui m'entoure est triste. J'ai commencé une lettre pour lui ; elle ne sera jamais achevée.

» Que devient-t-il, ce cher Rochecotte, si doux, si généreux ? Il m'avait dit une fois :

» — Toi, Lucien, on ne te voit jamais que les jours où on ne fait pas de fredaines !

» C'était un gros reproche, je le comprends bien à présent.

» Pour être aimé, il faut partager tout avec ses amis, même leurs défauts, si c'est un défaut que de faire des fredaines.

» Je penche à croire que non, puisque je regrette amèrement d'avoir été sage au temps où les autres sont fous.

» On paye cela. Je suis fou maintenant que les autres sont sans doute devenus sages.

» Geoffroy, mon bon Geoffroy, ce n'est certes pas pour te conter ces balivernes que j'ai pris la plume, ce matin, avec un si terrible serrement de cœur.

» Je m'étais résolu à te faire ma confession générale, et je la retarde tant que je peux.

» Il me semble que tout ce bavardage est utile pour la préparer, et peut-être pour diminuer l'effort douloureux qu'elle me coûte.

» Je sais que tu ne la désires pas, je m'excuserais presque d'oser une importunité pareille, s'il ne s'agissait pas de toi, et je bavarde pour ajourner d'autant notre peine à tous deux.

» C'est bien vrai, Geoffroy, j'envie tout de toi : ta gaîté, ton insouciance, et jusqu'à tes péchés qui t'ont fait homme.

» Tu sais ce qui n'est pas dans les livres, tu as vécu et non pas lu la vie. Tu as eu des aventures. Moi, faute d'en avoir eu jamais, je perds plante ma première aventure. Je m'y noie.

» Que tes lettres sont vivantes! Celle-ci est déjà plus longue que la plus longue parmi celles que tu m'as écrites, mais quelle différence! il n'y a rien dans la mienne, et combien de choses les tiennes disent! Ceux qui, comme toi, agissent sans cesse peuvent raconter toujours. C'est intéressant, c'est jeune, c'est charmant. Tu as des centaines d'espoirs et le double de désirs.

» Combien trouverait-on de jolis noms dans la collection de tes lettres que je garde et que je relis pour me faire honte à moi-même : honte de ma méprisable immobilité!

» Ah! Geoffroy! l'oiseau qui a des ailes peut-il être l'ami du limaçon tardif, attelé péniblement à sa coque? L'un dévore l'espace en se jouant, l'autre vit et meurt au pied du même vieux mur.

» Dès le pays latin, vous regorgiez de passions, Lovelaces que vous étiez. Albert. du fond de sa mansarde, visait la bonne duchesse dans son jardin de la rue Vanneau. Le jardin était beau, t'en souviens-tu? mais la duchesse avait le nez rouge. Et rappelle-toi l'horreur de ce pauvre Rochecotte le jour où elle oublia d'ôter ses bésicles pour traverser le parterre !

» Toi! tu comptais tes rêves par les contredanses que tu dansais, un soir au faubourg Saint-Germain, et le lendemain chez Bullier. On aurait pavoisé toute une rue avec la guirlande de tes amours.

» L'as-tu oublié? J'avais aussi *mon* rêve. Il était unique. Je suis sûr que tu ne t'en souviens guère.

» Ni moi non plus, du reste.

» C'était un rêve décent que toute mère aurait pu souhaiter à sa fille : un rêve agrafé jusqu'au menton, un rêve sage comme une image.

» Quand vous me parliez de vos divinités, Albert ou toi, je répondais en chantant les louanges de ma petite voisine d'Yvetot qui était un peu la parente de Rochecotte : Olympe—*Mon Olympe*, comme vous disiez en vous gaussant de moi.

» Par le fait, mon rêve, Mlle Olympe Barnod, était, au dire de Rochecotte lui-même, beaucoup plus jolie que la plupart de vos déesses. Je n'ai connu au monde qu'une seule femme encore plus charmante qu'Olympe, et c'est d'elle que je vais enfin t'entretenir.

» Du reste, je n'eus pas la peine d'être infidèle à mes adorations de bambin. Quand je revins au pays après ma thèse, Mlle Olympe, au lieu de m'attendre, s'était fort avantageusement mariée.

» Elle s'appelait Mme la marquise de Chambray.

» Voilà donc un pas de fait, Dieu merci : je t'ai laissé voir qu'il s'agissait d'amour.

» Elle a nom Jeanne. Elle est de famille noble. Tu as beaucoup connu son père à Paris. Seulement, tu ne l'as pas connu sous le nom que Jeanne porte.

» Nous l'appelions, tout le monde l'appelait le baron de Marannes, et c'était bien son nom, mais ce n'était pas tout son nom. En réalité, il se nommait M. Péry de Marannes.

» Ce n'était pas avec moi qu'il était lié là bas, c'était avec vous, les amis de la joie. A soixante ans qu'il avait, il était trop jeune pour moi.

» Quand il mourut, sa veuve resta dans une situation si précaire qu'elle ne voulut rien garder de ce qui fait étalage, Elle fut M*me* Péry, tout court, sans titre, Jeanne est M*lle* Péry.

» Je t'entends d'ici, Geoffroy. Comment! le baron était marié, lui, le viveur imperturbable! le roi des vieux garçons! Se représente-t-on la femme du baron! Et sa fille! Où diable as-tu été pêcher la fille du baron?

» Voilà ce que tu dis ou du moins ce que tu penses.

» Vous l'aimiez assez, comme un drôle de corps qu'il était. Je me souviens d t'avoir reproché à toi personnellement cette accointance disproportionnée. Tu me répondis en riant : « C'est le plus jeune d'entre nous. »

» Lui-même il disait cela, et c'était très vrai à un certain point de vue.

» Plus tard, j'ai connu le baron de Marannes beaucoup plus et beaucoup mieux que vous ne pouviez le connaître vous-mêmes.

» Cela ne m'a pas porté à l'en estimer davantage.

» C'était un de ces vieux hommes qui restent verts parce qu'ils sont incapables de mûrir. Il y a de belles exceptions dans la nature. Celle-ci est laide, mais elle plaît jusqu'à un certain point.

» On en rit d'ailleurs et cela désarme.

» Ces vieux hommes, tout en étant des exceptions ne

sont pas rares. On en trouve partout et partout ils sont les mêmes.

» Le trait principal de leur physionomie est de ne pouvoir vivre avec ceux de leur âge.

» Ils se font tutoyer successivement par cinq ou six générations de jeunes gens.

» C'est leur gloire. Ils sont heureux et fiers quand les échappés de collége les appellent par leur petit nom.

» Généralement on regarde cette manie comme assez innocente. Les uns pensent qu'elle est la marque d'un bon cœur, quelque peu banal et doublé d'une intelligence frivole.

» D'autres, plus sévères, prétendent qu'il y a vice, ici, ou tout au moins faibles e ridicule.

» Le baron avait des mœurs peu régulières, ce n'est pas à toi qu'on peut cacher cela. Il n'était ni ridicule ni méchant. Le cœur, chez lui, battait à sa manière. Il se repentait souvent du mal qu'il avait fait, mais il recommençait toujours.

» Mais ce qui dominait tout en lui, c'était l'implacable besoin de ne pas vieillir.

» Te souviens-tu? Il se fit rare pendant notre dernière année d'école. Vous étiez devenus pour lui des oncles. Vous radotiez mes pauvres vieux!

» Il passa à la fournée suivante, qui était plus de son âge. Il se fit tutoyer par les nouveaux, leur parlant de sa barbe grise avec ostentation, mais n'y croyant pas le moins du monde, et racontant à la tolérance de ses *amis* la centième édition de ses anecdotes, qui vraiment étaient assez drôlettes quand on ne les avait entendues que trois fois.

» En s'éloignant de vous, voilà ce que tu ne sais pas, il se rapprocha de moi, non pas pour motif de jeune âge, mais parce que je passais déjà pour être assez fort en droit et que ses affaires l'amenaient fatalement du côté du palais.

» Quelles affaires, bon Dieu ! Et qu'il avait raison de ne pas fréquenter les sages ! Ce pauvre homme était tombé en jeunesse comme d'autres dégringolent en enfance.

» Ce n'est pas qu'il eût de bien grands vices, il en avait plutôt beaucoup. Il avait mangé sa fortune, mais il y avait mis le temps. C'était un prodigue peu généreux.

» Veux-tu savoir le taux des charges laissées par l'innombrable série de ses bonnes fortunes ? Cela se bornait à une pension de 600 fr. qu'il payait (quand il pouvait) pour un enfant naturel qu'il avait eu avant son mariage et qui vivait quelque part.

» Je crois que c'était à Paris.

» A l'époque où il m'honora de sa confiance, il était en train de grignotter, toujours au même métier, la fortune de sa femme. Pour ce faire, il plaidait contre elle, tout en protestant à tout bout de champ qu'il ne lui en voulait pas le moins du monde.

» C'était exact. Il n'avait ni rancune ni fiel contre sa femme qu'il ruinait de parti pris. Il n'en voulait qu'à l'argent.

» La première fois qu'il me rencontra au Palais, j'endossais la robe pour la première fois aussi.

» C'était à Yvetot ; les biens de la baronne étaient dans le pays de Caux.

» Si j'avais été moins novice, j'aurais su que tous nos

avocats et avoués le fuyaient parce qu'il oubliait volontiers de solder les honoraires.

» Mais je ne vis qu'une chose : un premier client !

» Il tomba sur moi comme sur une proie, et je fus vraiment touché du plaisir qu'il avait à me revoir. C'était, me dit-il, pour moi, un coup de destinée. Il me choisissait entre tous ; il me donnait l'occasion de me poser d'emblée.

» Et pour commencer, séance tenante, il me fit l'historique de ses démêlés avec Mme la baronne, dont il parlait comme si c'eût été une octogénaire.

» Elle avait environ trente ans de moins que lui.

» Il faut bien que je l'avoue, j'eus le tort de croire aux contes qu'il me faisait. Quand il y avait un peu d'argent à pêcher, il trouvait les accents de la véritable éloquence.

» C'était ma première cause. Il y a là quelque chose de l'aveuglement du premier amour. Le premier client vous fascine.

» Je me représentai, selon son dire, Mme la baronne comme une vieille femme avare et méchante qui le laissait manquer du nécessaire. J'eus pitié, en vérité, de ce pauvre baron. Je lui donnai gratis quelques conseils qui, malheureusement, se trouvèrent trop bons et contribuèrent à sa triste victoire.

» Car il en vint à ses fins et obtint l'administration des biens de la baronne.

» Or, administrer, pour lui, c'était dévorer.

» Les biens n'étaient pas lourds ; il durèrent aux environs de trois ans.

» Quant à moi, je fus payé de mes peines et soins par

la bonté qu'eut le baron de m'emprunter mon argent, et de l'administrer comme les biens de sa femme.

» Que Dieu fasse paix à sa pauvre âme d'oiseau ! Je lui dois mon bonheur puisqu'il est le père de Jeanne.

» Il mourut un peu trop tard, perdu de dettes, et ne se doutant même pas qu'il avait mangé sa considération en même temps que ses rentes.

» J'allai à l'enterrement, où j'étais à peu près seul.

» J'y vis pourtant deux dames voilées de noir et dont je ne distinguai point les visages.

» Toutes deux avaient l'air jeune : ni l'une ni l'autre ne pouvait être la baronne à qui je reprochai cette absence en moi-même.

» D'ailleurs, leur mise était si modeste, pour ne pas dire si pauvre, que je les pris pour les dernières hôtesses de ce brave baron, qui n'enrichissait jamais les maisons où il logeait.

» Je venais d'être nommé substitut du procureur impérial. Quelques mois après, il m'arriva de conclure à l'audience contre Mme veuve Péry de Marannes, qui avait frappé opposition sur un reliquat de rentes dont les arrérages étaient échus postérieurement à la mort du baron.

» Les créanciers du défunt réclamaient naturellement la somme.

» Mon avis exprimé était de droit strict. Je ne pouvais conclure autrement, mais j'éprouvai une impression très pénible au cours de la plaidoirie, en apprenant que la pauvre vieille veuve (elle n'avait pu rajeunir depuis le temps où le baron la chargeait d'années) était ruinée complétement.

» Le soir du jugement, Mme la marquise Olympe de Chambray, pour qui j'avais gardé une respectueuse admiration, après son mariage, me dit :

» — Lucien, vous vous êtes fait aujourd'hui une ennemi mortelle d'une très jolie femme, ma cousine à la mode de Bretagne, Mme la baronne Péry de Marannes.

» — Une jolie femme ! m'écriai-je. Il y a cinquante ans, je ne dis pas !

» Olympe se mit à rire.

» — Le fait est qu'elle a une grande fille, répondit-elle. Mais il y a cinquante ans, et même quarante, je peux bien vous garantir que ma cousine n'était pas née.

» Dans ces paroles, une chose me frappa plus encore que l'âge de la prétendue vieille, ce fut la mention d'une « grande fille. »

» Le baron ne m'avait jamais soufflé mot de sa fille. J'avais donc aidé cet homme à dépouiller deux êtres sans défense !

» Deux femmes, appartenant précisément à cette catégorie que la profession d'avocat tient à si juste honneur de défendre envers et contre tous : héritière en ceci, le barreau s'en vante assez haut, et je suppose qu'il en a le droit, héritière, dis-je, des générosités mortes de la chevalerie !

» Moi, avocat, j'avais fait tort *à la veuve et à l'orpheline*.

» J'avais le cœur serré.

» Olympe qui ne remarquait point ma tristesse soudaine, poursuivit :

» — Du reste, vous n'êtes pas plus exposé que jadis à les rencontrer dans le monde. Elles n'ont plus rien absosolument rien, et vivent à la campagne, au fond d'un trou. La famille se cotise et leur fait une petite pension, à laquelle M. le marquis a la bonté de contribuer pour ma part. Je crois, en outre, qu'elles travaillent. Nous cousinons peu, très peu. Mᵐᵉ Péry de Marannes a gâté sa vie, et c'est à peine si je connais la petite.

» Dans toute autre circonstance ces paroles m'eussent donné une piètre opinion de la baronne ; car Mᵐᵉ la marquise Olympe de Chambray était pour moi une manière d'oracle. J'étais habitué, comme tout le monde et même un peu plus, à voir en elle une personne supérieure et tout à fait accomplie.

» Le pays de Caux appartenait à Olympe ; dans toute la rigueur du terme, elle y faisait la pluie et le beau temps. Sa fortune ne nuisait pas à son crédit, mais nous étions surtout les vassaux de son élégance toute parisienne, de son esprit, de sa beauté, de sa grâce.

» Mais ce soir, ma contrition aidant, le froid dédain exprimé par Olympe ajouta au sentiment d'intérêt qui naissait en moi…

» Est-ce vrai, ce que je dis là ? Et ne fais-je pas effort plutôt pour donner une origine vraisemblable à ce qui vint de soi, par la seule volonté de Dieu ?

» Je n'en sais rien, Geoffroy. J'arrive au fait.

» Tu sais que j'ai toujours été plus ou moins malade, et que ma vie entière peut passer pour une longue convalescence.

» Je pense que c'était six semaines ou deux mois après ma conversation avec Olympe. Mon médecin m'avait conseillé les courses à pied.

» Un samedi que notre audience avait tourné court. je pris un livre et je m'enfonçai dans la campagne...

» Geoffroy, tu n'as rien à craindre : il n'y eut aucune rencontre dramatique. Je ne protégeai point de jeune fille assaillie par un taureau furieux, quoique les nôtres ici, soient magnifiques et très ombrageux. Nulle attaque de brigands ne me coucha sur un lit hospitalier pour y être soigné par la main des grâces.

» Mon Dieu non. Je vis tout uniment au détour d'un sentier, dans un champ fleuri et charmant que je n'oublierai jamais, une petite demoiselle qui chantait en cueillant des primevères.

» Elle en avait déjà un gros bouquet.

» Je n'aurais pas su dire si elle était jolie, car sa figure disparaissait presque tout entière dans l'ombre de son chapeau de paille.

» Au-dessus d'elle se courbait un châtaignier trapu dont les branches ne bourgeonnaient pas encore, mais la haie dans laquelle ses petites mains adroites fouillaient en se jouant, étincelait de mille points brillants. L'épine noire boutonnait déjà et les pousses sveltes du chèvrefeuille étaient vertes parmi les ronces.

» Les oiseaux babillaient, cachant dans les broussées le mystère de leur travail amoureux ; la violette invisible exhalait son souffle dans l'air ; le blé tout jeune ondulait sous les caresses de la brise.

» Je m'arrêtai à regarder la fillette qui ne me voyait pas.

» Elle avait une robe d'indienne grise dont le tissu commun me semblait plus doux que la soie. Un ruban noir serrait sa ceinture. Ses cheveux blonds jouaient en grosses boucles sur ses épaules d'enfant.

» Ce n'était qu'une enfant... Geoffroy, que je t'aimerais si ton cœur battait un peu !

» Moi, je pliais sous le poids d'une émotion qui m'irritait parce que je n'y comprenais rien, mais qui me ravissait en extase.

» Peut-être que je fis un mouvement, bien malgré moi, car je retenais mon souffle ; peut-être que mon regard pesa sur la jeune fille. Elle se retourna comme si quelque chose l'importunait.

» Nos regards se croisèrent, ce fut moi qui rougis.

» Elle? son mouvement venait de mettre ses traits en pleine lumière, et le soleil du printemps éclaira son sourire.

» Car elle eut un sourire à la fois espiègle et ingénu, avant de bondir comme un jeune faon pour disparaître d'un saut de l'autre côté de la haie.

» Je ne la vis plus ; il y avait une brèche derrière le gros châtaignier. Mais je l'entendis qui disait, dans l'autre champ :

» — Maman, c'est notre ennemi !

» Ce mot me terrassa.

» Et pourtant il était prononcé d'un accent de moquerie caressante.

» Notre ennemi ! son ennemi à elle ! l'ennemi de *sa maman !*

» N'avais-je pas agi de manière à mériter ce nom?

» Pour tous les trésors de l'univers, je n'aurais pas franchi la haie qui me séparait de la baronne et de sa fille, mes deux victimes. Je les avais en effet reconnues,

J'étais sûr de n'avoir fait de mal qu'à elles en toute ma vie.

» Et ce terrible mot « notre ennemi » me les désignait aussi clairement que si elles se fussent nommées.

» Je revins sur mes pas, ou plutôt je m'enfuis en proie à un trouble que je n'essaierai même pas de décrire. Je tremblais comme un coupable. Je ne me souviens pas d'avoir été jamais si éperdument malheureux.

» Il ne me venait même pas à l'esprit qu'elles pussent suivre le même chemin que moi de l'autre côté de la haie. Je hâtais le pas, pensant m'éloigner d'elles.

» Au bout du champ, je les rencontrai face à face.

» T'attendais-tu à cela, Geoffroy? J'ai beau être misérable jusqu'à souhaiter de mourir, mon cœur fond dans ma poitrine au souvenir de cette heure délicieuse, comme si un rayon de bonheur éclairait et réchauffait mon désespoir.

» Va, je sais bien que je ne suis pas un homme fort comme vous autres. Qu'aurai-je de toi? Ta pitié? Elle me fait peur, je n'en veux pas.

» Je ne t'enverrai pas ces pauvres pages. En les écrivant, je sais que je les écris en vain — comme tant d'autres pages, à l'aide desquelles j'ai trompé mon angoisse.

» Cela me rassure de savoir que tu ne les liras pas, et j'y mets tout mon cœur comme si tu devais les lire.

» Je m'y complais, c'est ma seule jouissance. Je les garde quelques jours. Je les relis plusieurs fois avant de les anéantir...

» Elles étaient là devant moi, je n'avais plus aucun moyen de les éviter.

» Au premier regard, Jeanne et *sa maman* me parurent comme deux sœurs.

» Il y a des maladies qui amoindrissent et font l'effet d'un rajeunissement.

» Quand je les vis ainsi tout près de moi, se tenant par la main et me regardant avec une douceur pareille, je fis un pas en arrière et je chancelai.

» La jeune mère me dit :

» — Nous ne vous cherchions pas, monsieur Thibaut, mais vous avez été bon pour le père de cette chère enfant, et nous sommes contentes de vous remercier.

» J'avais vu mourir ma sœur aînée de la poitrine, vers ma dixième année. A cet âge-là on se souvient.

» C'était ma sœur qui m'apprenait à lire. Il me sembla que j'entendais, après quinze ans, la douceur voilée de sa voix.

» Et quelque chose aussi me rappelait la chère morte dans la suavité douloureuse de ces traits qui avaient une blancheur de cire.

» J'ai oublié ce que je répondis.

» Jeanne et sa mère me donnèrent la main.... »

Note. Il y avait ici une phrase effacée avec beaucoup de soin, puis les initiales de Lucien, avec son paraphe, le tout barré d'un simple trait de plume.

N° 2.

(*Anonyme*, écriture différente du n° 1, mais également contrefaite.)

« *A monsieur L. Thibaut.*

30 septembre 1864.

» Mon cher Lucien,

» Vous avez encore des amis, bien que vous viviez comme un loup. Mais vous savez, les loups ont beau se cacher au fond du bois, on les relance. Je viens vous relancer pour vous dire ce que vous paraissez ne pas savoir : *les courtes folies sont les meilleures.*

» On ne vous demande rien pour cet adage ni pour cette conséquence qui en découle : La pire de toutes les folies est le mariage, parce que c'est celle qui dure le plus longtemps.

» Tant que vous n'avez pas sauté le fossé, mon pauvre garçon, il y a de la ressource, et on peut, on doit essayer de vous arrêter, fût-ce par le collet. Un bon médecin ne s'occupe pas de savoir si le remède est agréable à prendre ou non.

» Vous êtes entre les pattes de deux aventurières, on vous le dit tout net. Le proverbe chante : qui se ressemble s'assemble. La papa et la maman de votre donzelle se ressemblaient, ils s'assemblèrent.

» On parlait déjà dans ce temps-là, et même bien plus qu'à présent, de la tontine des cinq fournisseurs. Les millions volés à l'Etat avaient fait des petits, et la fortune du Dernier Vivant était évaluée à des sommes folles. Ce coquin idiot, le baron Péry, vint se brûler à la chandelle : il épousa sa femme parce qu'il la croyait héritière de je ne sais plus quelle portion du gâteau. La dame de son côté, croyait le baron propriétaire de châteaux, de moulins, de futaies, etc.

» C'est une vieille histoire, mais qui est toujours amusante.

» La dame n'avait rien qu'un assez gentil mobilier, conquis sur divers, et quant au baron, il avait beaucoup de dettes. Qu'arriva-t-il ? Reproches de s'être mutuellement trompés, scandale, séparation et le reste. Vous connaissez tout cela mieux que moi, puisque vous avez été l'homme d'affaires du vieux drôle.

» Ce que vous ignorez peut-être, c'est que d'une pierre vous recevez déjà deux coups, sans compter les autres, qui ne peuvent manquer de venir.

» On vous accuse déjà d'avoir eu vent du fantastique héritage, et de faire une affaire d'argent, détestable, il est vrai, mais très honteuse aussi.

» On vous accuse, en outre, de fermer volontairement les yeux sur le passé de la petite personne. Elle chasse de race, vous le savez puisque tout le monde le sait.

» C'est comme la loi que nul n'est censé ignorer quand elle a été dûment affichée.

» Vous arrivez après beaucoup d'autres, vous êtes censé le savoir.

» Si par impossible vous ne le saviez vraiment pas, écrivez donc un mot à ce fou de Rochecotte. Sa réponse vous fixera, et je me déclarerai bien heureux si mon avertissement désintéressé peut vous empêcher de faire une pareille culbutte.

» Croyez-moi, écrivez à Rochecotte. »

Nos **4, 5, 6, 7,** et **8,** dates échelonnées du 4 au 15 octobre. Toutes lettres anonymes. Ecritures diverses, mais contrefaites uniformément.

Note de Geoffroy.— Ces lettres ne contenaient aucun fait nouveau. Trois d'entre-elles faisaient allusion à l'héritage du dernier vivant et à la tontine des cinq fournisseurs. Les deux autres engageaient ironiquement Lucien Thibaut à se renseigner sur le compte de Jeanne auprès d'Albert de Rochecotte.

N° 9.

(Lettre écrite et signée par Lucien.)

« *A M. le comte Albert de Rochecotte, à Paris.*

» Yvetot, 15 octobre 1864.

» Mon cher Albert,

» Je te prie de me répondre courrier pour courrier. La question que je vais t'adresser te paraîtra singulière. Il m'en coûte beaucoup de te la faire, surtout par écrit, mais les circonstances me pressent et m'obligent. Je suis dans l'enfer en attendant ta réponse, qui va décider de mon sort.

» Connais-tu Mlle Jeanne Péry, fille de notre ancien compagnon, le baron Péry de Marannes?

Je m'adresse à ta loyauté.. Ton affirmation fera foi pour moi. Je t'embrasse. »

N° 10.

(Ecriture d'Albert de Rochecotte. Réponse à la précédente. Lettre signée et renfermant un billet anonyme qu'on trouvera sous le n° 10 bis.)

Paris, le 17 octobre 1864.

« Mon pauvre bon Lucien, je ne comprends rien à ta lettre.

» Ou plutôt, si fait, je comprends très bien que tu vas faire une sottise, comme me l'annonce le billet ci-joint, reçu dans le courant de la semaine et que je t'engage à lire attentivement avant d'achever ma prose... »

N° 10 bis.

(Anonyme. Même écriture que le n° 3.)

Sans date ni désignation de lieu de départ. Point de timbre postal.

« M. le comte de Rochecotte est prévenu que son ancien camarade et ami L. Thibaut est sur le point d'épouser une jeune personne peu digne de lui.

» Les amis de M. L. Thibaut ont lieu de supposer que M. de Rochecotte connaît supérieurement ladite jeune personne, et la connaît sous des rapports qui lui permettront d'éclairer la situation d'un seul mot.

» Pour tout dire, un desdits amis de M. L. Thibaut a rencontré à Paris, non pas une fois, mais plusieurs, ladite jeune personne au bras de Rochecotte lui-même, et cela dans des endroits où une honnête femme hésiterait à entrer.

» Il est probable que M. L. Thibaut écrira à M. de Rochecotte pour lui demander des renseignements.

» S'il ne le fait pas, il serait peut-être du devoir d'un galant homme de prendre les devants pour dire à ce malheureux ce qu'est ladite jeune personne.

» La mère et les sœurs de M. L. Thibaut sont dans la consternation. »

Suite du numéro 10.

« As-tu lu? bon ! D'abord j'ai trouvé ce billet absolument impertinent. Je n'ai jamais été avec ma Fanchonnette que dans de très bons endroits.

» Et il y a un temps immémorial que je n'ai été nulle part avec une autre que ma Fanchonnette.

» La première idée qui m'est venue, c'est que tu voulais me l'épouser sous le nez, ce qui aurait été malhonnête de ta part.

» Mais je me suis calmé en songeant que tu ne la connaissais seulement pas. J'ai jeté le chiffon anonyme et je n'y ai plus songé.

» Hier soir, parlons désormais sérieusement, ta lettre est arrivée. Elle m'a expliqué un peu l'hébreu impertinent du billet.

» D'après ta lettre « ladite jeune personne » est la fille de ce vieux Rodrigue de baron. Celui-là, j'ai bien le droit d'en faire les honneurs puisqu'il était un peu mon cousin par sa femme.

» Tiens, justement au même degré, et même plus près, je crois, que la perfection des perfections, mon autre cousine, la divine Olympe. Tu l'as donc oubliée depuis qu'elle est marquise?

» Mon père ne voyait pas la baronne Péry de Marannes. Ils s'étaient brouillés, je ne sais pourquoi. Ceci est pour répondre à ta question. La mère et la fille sont des étrangères pour moi. Je ne les connais ni d'Eve ni d'Adam, je l'affirme sur l'honneur.

» Voilà qui est dit. A ce sujet, le billet anonyme se trompe absolument. Comment peut-il se tromper tant que cela et me radoter à moi-même qu'il m'a rencontré avec une personne que je n'ai jamais vue, je n'en sais rien et m'en bats l'œil. Je méprise les charades, ne sachant pas les deviner.

» Mais, mon vieux Lucien, il y a autre chose, malheureusement. Je suis presque marri de ne pouvoir remplir les intentions charitables de l'anonyme, car tu vas te casser le cou, c'est clair. As-tu idée, entre parenthèses, de ce que peut être l'anonyme?

» Les belles dames prennent souvent ce style de procureur quand elles vous lancent ainsi des gredineries non signées.

» As-tu une belle dame à tes trousses?

» Moi, j'ai songé à ta bonne mère. Je l'approuverais palsambleu ! Ou à une de tes sœurs.

» La chose sûre, c'est que la fille de mon honoré cousin, le seigneur de Marannes, ne doit pas valoir très cher.

» Il est bien établi que le billet ment : je suis amoureux jusqu'au délire, et par continuation depuis les temps les plus fabuleux, de mon idole, de ma houri, de mon délicieux petit bijou, de ma Fanchette chérie, mon ange, mon diable, ma ruine, mon salut que tout Paris me connaît et m'envie, et qui me fait enrager en dansant avec tout Paris. Je me moque donc de toutes les Jeanne de l'univers et principalement de la tienne.

» Mais, et sois assez perspicace pour remarquer que ce mot, prononcé pour la seconde fois, est écrit en lettres capitales, mais, dis-je, cela n'empêche pas du tout le billet anonyme de mériter considération. Quant à moi, il m'a beaucoup frappé.

» Que diable ! je ne suis pas le seul être au monde qui puisse se damner avec une Jeanne comme la tienne. Il y en a des quantités d'autres, je t'en donne ma parole d'honneur.

» Or, mon brave Lucien, mon cher camarade, tu n'es pas du bois dont on fait des maris résignés. Non. L'autre mois nous causions encore de toi, Geoffroy et moi. En voilà un qui fait son chemin ! Nous disions que tu étais la meilleure et la plus noble nature d'entre nous tous : capable, selon le sort, d'être heureux à tire larigot ou malheureux comme on ne l'est pas.

» Si Geoffroy était à Paris, c'est lui qui filerait son nœud en deux temps pour courir à ton salut; mais la France, sa patrie et la nôtre, a besoin de lui dans les contrées étrangères. Allez ! j'écrirais aussi bien qu'un autre, en beau style bête, si je voulais.

» Je te dis, moi : réfléchis avant de piquer ta tête. C'est diablement grave. Ma parole, je regrette presque le renseignement fourni ci-dessus, tant j'ai le pressentiment que ton affaire n'est pas bonne.

» Encore une fois, il était mon parent; je puis parler de lui la bouche ouverte ; il faut avoir tué père et mère pour entrer comme cela volontairement dans la famille de cet imbécile coquin.

» N'y entre pas, vieux Lucien, je t'en prie ! Il doit y avoir quelque mauvaise histoire là-dedans.

» Pour un peu, vois-tu, je te dirais que j'ai menti. Et, tiens, s'il faut cela pour te sauver, ça y est : je connais ta Jeanne, j'ai soupé avec elle plutôt dix fois qu'une ; elle boit le champagne comme un chérubin du ciel et lève l'une et l'autre jambe à hauteur de carabinier.

» Parole sacrée. Porte-toi bien.

» *Post-scriptum.* — Si tu connaissais ma Fanchonnette, tu comprendrais la vanité de pareils propos. Voilà une jeune personne ! Mais, ventre de biche, je ne l'épouse pas. »

N° 11.

(Lettre écrite et signée par Mme Thibaut.)

« *A Monsieur Lucien Thibaut, à Yvetot.*

» Dieppe, 20 octobre 1864.

» Mon cher enfant,

» Nous avons un automne magnifique ici et cette chère Olympe nous traite si bien que nous prolongeons un peu notre séjour. La richesse ne fait pas le bonheur, c'est vrai, ou du moins on le dit, mais il faut pourtant être à son aise pour avoir, comme notre Olympe, un château aux portes de la ville.

» Tout ça me fait penser à toi, à ton établissement. Tu sais que mon plus ardent désir est de te voir marié. Tes sœurs et moi, Dieu merci, nous ne pensons pas à autre chose. Nous nous réveillons la nuit pour en parler,

» Ce n'est pas que j'ajoute foi à des bruits ridicules qui sont venus jusqu'à mon oreille, mais enfin, ces bruits-là, tout bêtes qu'ils sont, ne diminuent pas mon envie de voir ton sort assuré.

» Notre Olympe est admirable pour nous. Ah! si la chance avait voulu... enfin, n'importe. Ce qui est certain, c'est que ta nomination t'a donné une valeur que tu n'avais pas : j'entends au point de vue matrimonial.

» Aussi, tes sœurs et moi nous avons renoncé à la pauvre Ida Moreau que nous aimions de tout notre cœur, mais qui ferait un parti par trop ordinaire. Nous pouvons maintenant choisir.

» Et puis son père et sa mère se portent comme des charmes. Ce qui lui reste à avoir, elle l'attendra longtemps.

» Moi, les *espérances*, je ne les compte que pour mémoire. (Le mot espérance était souligné au crayon, sans doute de la main de Lucien.)

» Il faut que j'en parle encore : oui j'avais fait un beau rêve autrefois, et je crois qu'il aurait été assez de ton goût, mon coquin! Notre Olympe était orpheline, elle avait dix mille livres de rentes en bon bien venu. Avec ça, jolie comme un cœur! Et des manières! Et une éducation! Et une conduite! Enfin tout, quoi! C'est le gros lot, celle-là.

» Mais elle a fait mieux, on ne peut pas dire le contraire. Ce n'est pas que le marquis de Chambray fût un petit mari bien mignon, mais il avait son asthme et ses soixante-sept-ans. J'appelle ça un placement en viager. Je suis drôle, pas vrai, mon chéri?

» Eh bien! après? est-ce que nous ne sommes pas tous

mortels? Notre Olympe a soigné son bonhomme mieux qu'une sœur de charité. Et une conduite! mais je l'ai déjà dit

» Il aurait été le dernier des misérables s'il ne lui avait pas tout donné à son décès, puisqu'il n'avait que des neveux à la bretonne.

» Maintenant, elle est veuve, Elle a soixante mille livres de rentes, un château, un hôtel; elle est plus jeune et plus jolie que jamais.

» Sais-tu qu'on parle d'éventualités, de succession possible, probable même? Tu n'es pas sans avoir eu vent de la tontine des cinq fournisseurs. Le début de l'histoire n'est pas très propre, mais on calomnie toujours l'argent par jalousie. C'est la fable du raisin qui est trop vert.

» Il paraît que le marquis était neveu du dernier vivant de la tontine, le fournisseur, comme on l'appelle, qui se cache à Paris et qui vit comme un rat dans une cave. Il a près de cent ans et personne ne sait le compte absurde des millions qu'il ne pourra emporter dans l'autre monde.

» Est-ce vrai? Moi je ne sais pas; Olympe hausse les épaules quand on veut lui toucher un mot de la chose. En tous cas, qu'est-ce que cela nous fait, puisque ce serait folie de songer encore à elle dans la position où elle est pour un morveux de petit magistrat comme toi? On ne se démarquise pas pour devenir madame Thibaut, substitute. C'est dommage.

» Mais sans aller chercher midi à quatorze heures, c'est-à-dire Mme la marquise de Chambray, tes sœurs et moi nous ne sommes pas au dépouvu. Nous avons battu les buissons dans tout le voisinage, et je te promets que nous ne sommes pas revenues sans gibier. On pourrait déjà t'offrir tout un panier de poulettes à choisir.

» Mauvais sujet ! vois-tu, ça me rend gaie de penser à tes noces. Tu es si tranquille! Tu rendras ta petite si heureuse ! Seulement, attention à ne pas te laisser mettre le pied sur la tête. Un homme doit rester le maître chez lui. Ceux qui donnent leur démission ne sont jamais aimés. Nous recauserons de ça en temps et lieu.

» Pour en revenir, tes sœurs et moi nous avons commencé par trier dans le bouquet pour ne pas trop t'ennuyer par l'embarras du choix.

» Car nous sommes unanimes à ne point nous dissimuler qu'il faudra te marier à la cuiller, comme on donne la bouillie aux petits enfants.

» Ah! je suis gaie quand ce sujet me tient. Je l'ai déjà dit, mais tant pis.

» Il reste trois noms, après triage fait. Et avec quel soin! Célestine et Julie se sont disputées, il fallait voir! et moi aussi. Nous étions comme trois harpies. Elles t'aiment tant! Et moi donc !

» Fifi, ne va pas nous chanter à présent que tu veux rester garçon, c'est bête, ni que tu as tes idées à toi comme les Moreau essayent d'en faire courir le bruit: une petite pécore sans position et dont la mère ne voit personne à Yvetot. Est-ce que je sais moi ! j'ai grondé Julie et Célestine qui se faisaient du chagrin avec tous ces cancans. Je te connais, puisque je t'ai fait, pas vrai?

» Tu es incapable de mal tourner.

» Allons donc! mon Lucien! épouser une aventurière sans le sou!

» Les Moreau ont fait des pertes dans le Crédit mobilier. Ça les aigrit. Ils voudraient voir des désagréments à tout le monde.

» Je commence. Il y a donc d'abord Mlle Sidonie de la Saudraye, bien venu 3,700 fr. de rentes, en chiffre rond. Espérances à peu près autant. Les parents ne sont plus très jeunes et la maman tousse.

» Pas jolie de figure, mais taille superbe (elle est aussi grande que toi) ; un peu maigrette et longuette, mais, avec du coton, ni vu ni connu ; les cheveux un petit peu roux, mais les blondes sont à la mode, un petit peu jaune de teint, mais on aime les pâles à présent, et elle a une gentille pointe rouge au bout du nez qui la relève : bonne orthographe, gentille écriture, joli caractère, une voix agréable comme un flageolet, et bien pensante.

» Tu sais? tu lui plairas du premier coup. Tout le monde lui plaît. Il faut penser à ta timidité. Sidonie est si bonne, si bonne, si bonne qu'on y entre comme dans du beurre, mais une conduite ! Tu vois, je l'ai mise la première. C'est presque ma candidate.

» Passons au n° 2, qui est Mlle Maria Mignet, la fille du receveur : une simple pension de mille écus pour dot et l'héritage de son oncle en perspective. Ne fais pas la petite bouche, coco : il y a, dans le ventre du receveur, les moulins du Theil, les trois fermes de la Rivière et une part dans la forêt de Blené. Je ne lâcherais pas le tout pour deux cent mille francs, au bas mot. Hé ?

» Tu peux même mettre deux cent cinquante. Le receveur est veuf. Il a soixante-cinq ans et cinq mois. Sa goutte a déjà remonté l'année dernière.

» Quant à Maria elle-même, vingt ans juste, toute rose, toute ronde, des dents de lait, des cheveux de soie, élevée au sacré-cœur de Rouen, jouant du piano mieux qu'une serinette, apprenant le catéchisme aux petits enfants du quartier, enfin un joli parti tout à fait.

» Je ne parle même pas de la conduite.

» C'est la protégée de Julie...

— (Ici Mme Thibaut était arrivée au bout de ses quatre grandes feuilles de papier, mais, en femme de ressources, elle avait continué d'écrire en croisant les nouvelles lignes par dessus les anciennes, ce qui est adroit, mais rend les lettres de ces dames aussi difficiles à déchiffrer qu'un manuscrit du quatorzième siècle.)

» J'arrive à celle que porte ta sœur Célestine, le n° 3 et dernier: Mlle Agathe Desrosiers, dix-huit ans, cent mille écus placés en 4 1/2 pour cent et deux maisons à trois étages, en ville. Est-ce beau? Il y a un revers. Tu as connu son père qui était (hélas!) huissier, mais il est mort.

» Radicalement orpheline. Tout ce bien là venu. Peu d'ortographe, des manières plus que simples, mais bonne enfant, de la conduite, et mignonnette, malgré un léger défaut dans la taille.

» Mon coco, on ne peut pas tout avoir. Avec l'ortographe et sans la déviation, ce parti-là ne serait pas pour ton nez. Je l'évalue à 20,000 livres de rentes. Hein, garçon? Tu roulerais coupé, si tu voulais, et tu aurais ta campagne.

» Voyons, mon Lucien, ne faisons pas l'enfant. Tu as l'âge de te placer comme il faut, crois-moi, ne te laisse pas rancir. Ces romans de jeunesse peuvent gâter une position pour toujours. C'est le coup de pouce sur la poire. Dans deux ans d'ici il faudra peut-être redédringoler jusqu'à Ida Moreau.

» Réfléchis. On ne te met pas le pistolet sous la gorge. Nous te donnons huit jours pour peser et contrepeser les avantages des unions proposées.

» Dès que tu m'auras répondu, je ferai la demande, et puis tu viendras voir la minette pour ne pas épouser chat en poche.

» Et puis encore, six semaines ou deux mois... Ah! quel agréable moment! Lucien, c'est le plus beau jour de la vie.

» Je t'embrasse comme je t'aime ; sois sage et décide-toi.

» Ta mère, etc. »

N° 11 (bis).

(Petit mot de Mlle Célestine, écrit en travers et signé.)

» Mon chéri de Lucien, c'était notre Olympe qui aurait été l'idéal. Quel cœur! Quand ses grands chevaux piaffent dans la cour, je deviens folle. Ne va pas croire que je sois si enchantée de cette petite Agathe. C'est une pensionnaire, et élevée dans une pension-peuple, encore ! Je sais aussi bien que maman qu'elle a un corset mécanique, mais on en ferait ce qu'on voudrait. Elle nous regarde comme ses supérieures.. Tu nous préterais ta voiture pour les visites.

» La grande Sidonie est insupportable. Maman ne t'a pas dit son âge : je sais qu'elle passe vingt-neuf ans; elle a moisi. Elle joue à l'ange, mais méfiance ! Toutes ces longues filles fanées mettent la queue en trompette dès qu'un poil de barbe paraît à l'horizon !

» Maria Mignet, encore passe : au moins elle n'est que ridicule.

» Prends mon Agathe, va, c'est absolument ce qu'il nous faut, et tu me remercieras plus tard. »

N° 11 ter.

(Petit mot de Mlle Julie, écrit comme le précédent et signé.)

» Mais, du tout, Maria n'est pas ridicule, mon Lucien, seulement Célestine ne voit jamais que l'argent, les visites, les voitures. Il faut autre chose pour alimenter l'âme.

» Je connais Maria et je te connais. Vous vivrez tous deux par le cœur.

» En tous cas, tu est libre ; épouse cette bossue dorée d'Agathe, si tu veux ; mais ne nous empoisonne pas de Sainte-Sidonie.

» Tu ne sauras jamais comme je pense à ton bonheur. S'il ne fallait que donner ma vie pour que tu eusses une Olympe... mais ce sont de vains rêves. Prends Maria. »

N° 12

(Billet écrit et signé par Mme la marquise de Chambray).

Yvetot, ce mercredi.

(sans autre date,)

« Mon cher Lucien, vous vous faites de plus en plus rare. Votre chère mère et vos sœurs m'avaient chargée d'avoir de vos nouvelles. Comment puis-je leur en donner si je ne vous vois pas ?

» Mme Thibaut est toujours chez moi, là-bas. J'espère aller l'y retrouver bientôt. Elle paraît préoccupée à votre endroit d'un désir et d'une crainte. Je ne puis ni la rassurer ni l'aider puisque vous vous éloignez de moi sans cesse davantage.

» Je ne sais si j'ai pu faire quelque chose qui vous ait déplu. Je cherche en vain, je ne trouve pas. Du vivant de mon mari, j'avais mes devoirs, mais, depuis que je l'ai perdu, j'avoue que je sais gré à ceux de mes anciens amis qui n'abandonnent pas la pauvre veuve.

» Avez-vous donc oublié tout à fait les jours qui suivirent notre enfance? Vous n'aviez pas de meilleure amie que moi et vous me disiez tous vos secrets.

» Au milieu du monde qui m'entoure, allez, je suis bien seule. Si vous veniez me voir, je ne vous demanderais pas votre secret maintenant. »

Note de Geoffroy. C'était signé Olympe. Cette belle marquise avait une écriture anglaise un peu trop renversée, mais charmante.

Je ne sais pas pourquoi, après avoir lu son billet qui gardait encore, depuis le temps, un parfum pâle et doux, je feuilletai le dossier pour retrouver les lettres anonymes portant les n°s 1, 3 et suivants jusqu'à 8.

Je m'arrêtai aux deux premières.

Ces lettres n'étaient pas de la même main, cela sautait aux yeux.

Du moins, cela semblait sauter aux yeux.

L'une était tracée lourdement, sur fort papier, avec une grosse plume maladroite.

L'autre, sur papier Bath, très faible, pouvait passer

pour une série d'écorchures lisibles. Mais, je l'ai mentionné déjà, les écritures de ces lettres étaient toutes les deux déguisées.

Et il y avait entre les deux corps d'écriture, en apparence si différents, un mystérieux lien de famille.

Etais-je déjà prévenu ? Le même rapport me parut exister, rapport excessivement vague assurément et encore plus sujet à contestation, entre ces écritures si contrastantes et les déliés gracieux de Mme la marquise.

Remarquez que je ne me donne pas pour un expert juré, — mais je ne veux pas cacher non plus que je ne suis pas tout à fait un profane au point de vue de la calligraphie.

J'ai pratiqué un peu cette science—ou cette fantaisie— qui consiste à juger le caractère des gens d'après leur plume.

De ce travail d'examen — et de comparaison — qui interrompit un instant ma lecture, il me resta deux impressions :

L'une ayant trait à la ressemblance : très fugitive celle- là et que je n'oserais pas même appeler un soupçon.

L'autre se rapportant à l'examen technique de l'écriture de Mme de Chambray : cette impression beaucoup plus accentuée que la première.

Il y avait là, selon ma manière d'interroger la plume, une vigueur sous la grâce, une puissance sous l'abandon, une volonté intense et une hardiesse peu commune derrière la mignardise toute féminine d'une écriture à la mode.

Cette marquise me piquait, voilà le vrai. Elle m'effrayait aussi. Je la voyais dominer de toute la tête le niveau de ce drame, taillis confus où j'en étais encore à chercher ma route parmi les broussailles.

Au moment où je remettais en place les lettres anonymes, ma pendule sonna. Il était onze heures de nuit. Je lisais depuis trois heures. Mon estomac criait littéralement famine.

Cependant, au lieu de prendre mon chapeau pour descendre au boulevard où tant de restaurants m'offraient leurs tables hospitalières, mon œil d'affamé fit le tour de la chambre.

Il rencontra, sur un guéridon, quelques rogatons du pain à thé qui avait servi à mon déjeuner du matin.

Je poussai le cri des naufragés de la *Méduse* apercevant une voile à l'horizon. D'une main, je m'emparai des bribes desséchées, tandis que l'autre tournait déjà un nouveau feuillet, et je plongeai tête première dans mon investigation, dévorant avec une activité pareille mes croûtes et mes paperasses.

N° 13

(Lettre écrite et signée par Albert de Rochecotte).

Paris, lundi soir.

(Sans autre date.)

» Brave Lucien, où en est l'affaire Jeanne ? L'affaire Fanchette périclite déplorablement. Mon oncle du Havre est mort. J'ai fait un héritage.

» Est-ce que nous ramons toujours sur le fleuve de Tendre avec ma petite cousine Péry ? J'en ai peur pour toi. Mon autre cousine, l'incomparable Olympe, m'a dit que ta maman avait tout plein de peine à te marier.

» Tu as tort. Il n'y a que le mariage, mon bon. J'ai toujours été de cet avis-là. Nous sommes ici-bas pour nous marier et pour mourir.

» Au reçu de la présente, tu es sommé de te rendre à Lillebonne, au domicile politique et civil de *mon* notaire, maître Béat-et-son-collègue (Solange-Alceste), dépositaire de mes papiers de famille.

» Ne rions jamais : je vais avoir un notaire à moi, un notaire pour de bon. Je serai un client. Le petit clerc m'honorera par devant et me fera des cornes par derrière. Oh! la vie!

» Chez ce maître Béat, tu retireras mon acte de naissance, mon diplôme de vaccination et généralement toutes les pièces indispensables pour épouser quelqu'un, autre que ma Fanchonnette.

» Ah! le cher cœur, le délicieux amour! Comme je l'épouserais plutôt cent fois qu'une si c'était seulement une chose possible! Mais c'est de la voltige, du cancan, de la marche au plafond. La postérité refuserait d'y croire. Que diable! on n'épouse pas Fanchette! (Ne le dis pas, elle a rempli jadis les fonctions de marchande de plaisirs.)

» J'ai vainement cherché un exemple dans l'histoire, un précédent, une excuse. Il n'y a que les membres du haut parlement anglais, les rois de Bavière et mon bottier pour épouser Fanchette. Fanchette elle-même se moquerait de moi et ce ne serait pas la première fois. (Tu comprends : marchande de plaisirs, en tout bien tout honneur, diable!)

» Si tu savais quels purs diamants il y a dans son sourire! Le monde est bête à tuer. Au fait, pourquoi n'épouse-t-on pas Fanchette?

» Voilà. C'est qu'on en épouse une autre. Je suppose que cette raison-là te paraîtra péremptoire.

» Comme je l'aimais! comme je l'adore! tu vas me demander : qui donc épouses-tu comme cela? Curieux!

» Te divertirait-il de savoir que j'ai demandé Olympe? Tu t'y attendais. C'est ce qui tombe d'abord sous le sens. On épouse Olympe aussi fatalement qu'on n'épouse pas Fanchette. Mon pauvre bon oncle était encore chaud que j'avais déjà la main à la plume. Pas de réponse. J'ai pris la poste pour Dieppe. Olympe m'a ri au nez. Très bien. Je suis revenu à Paris.

» Je crois qu'Olympe a *un amour au cœur*, comme dit ta sœur Julie que j'ai vue là-bas et qui vaut à elle seule tout un cabinet de lecture. Bonne fille, du reste. Célestine aussi. Mais des râpes dans la bouche.

» Alors, Olympe m'ayant remis à ma place, je cherche comme un malheureux. Personne ne m'a dit : Marie-toi, mais je sens qu'il faut me marier. Il le faut. C'est la loi.

» Songe donc! non-seulement je suis riche, comme peut l'être un bon bourgeois, par mon oncle ; mais, par mon oncle encore, il me tombe un droit éventuel à la succession du fournisseur,— le dernier vivant de la tontine.

» Tu dois bien connaître un peu cette chanson-là. Le bonhomme Jean Rochecotte était de chez vous, et tous ses héritiers demeurent autour d'Yvetot. Je prime tout le monde à ce qu'il paraît. Je suis sérieusement menacé de périr à la fleur de l'âge, étouffé sous une avalanche de millions.

» Et sais-tu que, si je mourais, ton affaire Jeanne cesserait d'être une mauvaise plaisanterie ?

» Je ne pourrais pas te dire au juste en quel ordre elle vient, mais sa mère était cousine du fournisseur. Peut-être que maître Béat (Solange-Alceste) pourrait te renseigner. Vas-y voir.

» Moi, je continue de chercher. Je me suis donné quinze jours pour trouver, car si la situation traînait jusqu'à trois semaines, je parie un franc que j'épouserais Fanchette.

» Or, on ne l'épouse pas.

» Donc mon cas est absurde et tu peux sonder mon désespoir.

» Dis-moi au juste, à l'occasion, comment se porte l'affaire Jeanne. Ça m'intéresse à cause de Fanchette.

» Ma pauvre petite perle ! Elle m'idolâtre, quoique je n'en croie rien. Figure-toi que jamais, au grand jamais, elle n'a été si jolie. Je vais la faire dîner deux fois par jour à la campagne jusqu'à la catastrophe.

» Lucien, je le lui dois !

» Hier, elle m'a promis sur la mémoire de sa mère qu'elle me tuerait si j'étais infidèle. dépêche-toi d'envoyer les pièces. »

N° 14.

(De l'écriture de Lucien Thibaut. Non signé. Sans date.)

« J'ai besoin de parler. J'en mourrais. Il y a au fond de moi une voix que j'étouffe et qui voudrait crier : Je l'aime, je l'aime !

» Je l'aime comme on respire. Elle est le souffle de ma

poitrine. Elle est ma vie. Oh ! je l'aime ! En écrivant cela toutes les fibres de mon être frémissent de volupté.

» A qui fais-je mal en l'aimant plus que moi-même ? Quels sont les ennemis inconnus qui s'acharnent à torturer mon bonheur ?

» Je demandais un frère autrefois. Un frère me dirait que je me perds, ou peut-être que je le déshonore. Qui sait ? je ne veux pas de frère.

» Je t'écris encore, Geoffroy, mais c'est parce que tu ne me répondras pas. Je n'aurai de toi ni conseils accablants, ni reproches amers.

» Ce n'est pas à toi que vont mes plaintes, c'est à un Geoffroy que je crée et que tu ne connais pas, un Geoffroy amoureux et malheureux, capable de prêter l'oreille au chant délicieux de ma douleur...

» Elles demeurent dans une toute petite maison qui dépend d'une ferme, à laquelle appartient le champ où je la rencontrai pour la première fois.

» La ferme s'apelle le Bois-Biot.

» La pauvre mère est bien malade, elle s'en va doucement. Jeanne s'accroche à elle et l'enveloppe d'une longue caresse qui s'efforce en vain de la retenir dans la vie.

» J'ai dû te dire que Mme Péry avait l'air d'être encore toute jeune. Elle est très belle. Jamais elle ne parle de sa maladie, mais on sent si bien qu'elle voit sa fin prochaine ! Je l'ai surprise mortellement triste, parce qu'elle ne se savait pas épiée, et j'ai deviné que l'image de sa Jeanne abandonnée passait alors devant ses grands yeux, qui n'ont même plus la consolation des pleurs.

» Elle sourit dès qu'on la regarde, mais son sourire est plus triste que sa tristesse.

» Est-ce à cause de Jeanne que je l'aime si profondément, cette douce mourante, belle comme la résignation ?

» Ou plutôt n'est-ce pas ma tendresse pour elle qui met le comble à l'amour infini que sa fille m'inspire ?

» Jamais je ne leur ai parlé de cet amour, Je sais qu'il s'exhale de tout mon être. A quoi serviraient les paroles? Je reste là entre elles deux comme si c'était ma place et mon droit.

» Que n'est-ce mon devoir !

» Hier, notre malade s'était endormie. Quand ses yeux se sont rouverts, elle a surpris ma main dans celle de Jeanne. Un peu de sang est revenu à ses joues. J'ai cru qu'elle allait sourire et nous unir dans sa bénédiction.

» Je suis sûr qu'elle y songeait.

» Mais le voile de ses longs cils s'est rabattu sur son regard attendri et plus triste,

» Elle a demandé sa potion, quoique ce ne fût point l'heure. Jeanne nous a quittés aussitôt pour aller dans la chambre à coucher prendre la fiole.

» Mme Péry et moi nous sommes restés seuls.

» Elle a pris la main que Jeanne tenait tout à l'heure. Je croyais qu'elle allait parler. Pourquoi ne parlait-elle pas?

» Le silence, entre nous, a duré si longtemps que déjà on entendait le pas de Jeanne, revenant sur la pointe du pied, quand la chère malade a dit tout bas :

» — Lucien, est-ce que vous recevez aussi des lettres anonymes?

» Je ne pouvais pas répondre non.

» Au moment où Jeanne rouvrait la porte, Mme Péry m'a glissé dans la main une enveloppe qui semblait contenir plus d'une lettre, en murmurant :

» — Mon cher Lucien, vous avez une mère... »

N° 15.

(Anonyme, écriture inconnue.)

« Paris, 13 octobre 1864. (Sans timbre de la poste.)

» *A Mme veuve Péry, à la ferme du Bois-Biot, près et par Yvetot.*

» Madame,

» Vous jouez votre jeu, et personne ne peut vous en vouloir beaucoup pour cela. Vous n'avez pas de fortune, mademoiselle votre fille est à marier, vous essayez de la placer au mieux de vos intérêts, c'est tout simple.

» Pour ma part, moi, je suis très-éloigné de vous blâmer.

» Malheureusement (ce qui est bien naturel aussi), vous avez pour adversaires la famille et les amis de l'innocent autour de qui vous tendez vos filets.

» Ceux-là sont plus forts que vous, madame, non-seulement parce qu'ils sont plus riches, mieux posés, plus nombreux, mais encore parce que leur mobile est plus désintéressé que le vôtre. Vous entraînez un malheureux vers le fossé où l'on se casse le cou, ils l'arrêtent et le défendent.

» Le monde est avec eux contre vous.

» En conséquence, vous allez avoir beaucoup d'ennuis,

vous allez vous donner beaucoup de mal, et vous ne réussirez pas.

» Un bon averti en vaut deux, dit le proverbe.

» Madame, à votre place, moi, je lâcherais prise et j'irais marier ma fille ailleurs. »

N° 15 bis.

(Anonyme, jointe à la précédente. Écriture rappelant celle du N° 1.)

« 17 octobre 64. (Sans lieu de départ ni timbre postal.)

» Madame,

» Il y a deux sortes de lettres anonymes: celles qui sont lâches et celles qu'un motif généreux a dictées.

» La présente appartient à la seconde catégorie, car elle vient d'une personne désintéressée. Elle ne vous dira point d'injures; elle vous donnera au contraire un bon conseil.

» Vous êtes mal regardée dans le pays, vous y avez des dettes, la justice a dû déjà vous dire son mot à différentes reprises, et la mémoire de feu votre mari n'est pas de celles qui protégent une veuve, — au palais ni ailleurs.

» Quel intérêt sérieux pouvez-vous avoir à rester chez nous dans une position si mauvaise?

» On vous fait savoir, madame, que si la salutaire pensée vous venait de quitter l'arrondissement d'Yvetot sans tambour ni trompette, toutes facilités vous seraient accordées pour cela.

» Vos créanciers eux-mêmes n'y mettraient aucun obstacle.

» Si, au contraire, madame, il vous plaisait de rester où vous êtes, malgré le présent avertissement, la famille respectable que vous menacez dans ce qu'elle a de plus cher, se regarderait comme autorisée à prendre immédiatement toutes mesures pour vous empêcher de lui nuire. »

N° 16.

Note écrite et signée par Lucien Thibaut.

(Main tremblante, surtout au début.)

Sans adresse ni date.

(Vraisemblablement du mois de novembre 1864.)

» Jamais je n'avais rien ressenti qui pût me faire craindre une affection morbide du cerveau.

» Je ne crois pas encore que je sois menacé de folie.

» Il y a des accidents isolés que provoque, par exemple, une vive colère, ou qui viennent à la suite d'une émotion par trop douloureuse.

» Il y a huit jours, un soir, chez moi, après avoir pris connaissance de deux lettres sans signatures, à moi remises par Mᵐᵉ veuve Péry, j'éprouvai des symptômes singuliers.

» Un peu avant minuit, épuisé que j'étais par l'effort qui torturait ma pensée, car je mesurais, je comptais les obstacles entassés entre moi et le bonheur, j'éprouvai tout d'un coup une sensation de grand repos comme quelqu'un qu'on arracherait aux angoisses d'une lutte désespérée.

» J'entends d'une lutte physique. La sensation avait lieu *dans le corps*. Elle était une détente des muscles et des nerfs.

» Je ne dormais pas, j'en suis sûr, trop sûr, puisque semblable phénomène s'est reproduit à plusieurs reprises dans les huit jours qui viennent de s'écouler.

» J'analyse ici mon état une fois pour toutes, désirant n'en plus parler jamais.

» Je répète en outre à Geoffroy de Rœux, mon seul ami, entre les mains de qui cette déclaration ira tôt ou tard avec le reste des écrits dont l'ensemble formera mon histoire — ou mon testament, — je répète à Geoffroy que j'ai conscience absolue de n'être pas fou.

» Le soir dont je parle, j'étais bien portant de corps.

» Par comparaison avec la misérable fièvre qui m'avait tenu depuis que j'avais quitté Jeanne et sa mère, j'étais même très bien portant.

» Mes idées étaient nettes, plus nettes assurément qu'à aucun autre instant de cette terrible soirée.

» Seulement je ne souffrais plus. Je regardais sans colère *personnelle* les deux lettres anonymes qui étaient là sur ma table, et la pensée de Jeanne elle-même ne m'affectait plus que d'une manière indirecte.

» Il en était de même pour la pensée de moi.

» Me fais-je bien comprendre? J'ai peur que non. J'y mets sans doute trop de ménagements par la frayeur que j'ai de passer pour un homme en état de démence.

» Et n'est-ce pas déjà folie, Geoffroy, que de compter à ce point sur une amitié que vous ne m'avez jamais jurée?

» Amitié si douteuse, mon Dieu! à mes propres yeux,

que je n'ai pas encore osé vous envoyer mes confessions, écrites pour vous, pour vous seul !

» O Geoffroy ! mon frère ! mon espoir unique ! si tu me manquais, tout me manquerait !

» Si tu ne m'aimes pas encore comme il faut qu'on m'aime, tâche de m'aimer. Je mérite d'être aimé autrement que les autres, puisque je souffre plus que les autres.

» Je me dis : il m'aimera quand il aura lu. Je le crois, je le sais, j'en suis sûr. C'est ma foi et c'est mon salut. Si tu venais vers moi ! si je me réchauffais, serré contre ta poitrine !...

» Pour toi, donc, je m'explique entièrement, pauvre créature qui a honte d'elle-même.

» La pensée de Jeanne ne me blessait plus le cœur, parce que j'avais un autre cœur. Je n'étais plus moi.

» J'étais un autre.

» Est-ce clair, à la fin ?

» Ah ! je ne sais. Je désespère d'exprimer cela par des mots.

» Essaye de comprendre, Geoffroy, je t'en prie, car c'est bien cela : j'étais un autre.

» Un autre qui ? Un autre moi. Je me sentais ému froidement, comme si on m'eût raconté l'histoire d'autrui.

» Ecoute bien : j'arrive à peindre exactement mon état. Au lieu de souffrir au premier degré, je n'avais plus qu'un reflet de souffrance.

» Ce reflet s'appelle la pitié. Eh bien ! j'avais pitié,

dans la mesure ordinaire des âmes compatissantes, de deux pauvres enfants écrasés par le malheur et qui s'aimaient saintement dans leur détresse.

» Le jeune homme s'appelait Lucien, la jeune fille Jeanne.

» J'aurais voulu de tout mon cœur les secourir.

» Mais en voyant ce Lucien aux prises avec l'agonie d'amour, j'éprouvais (et c'est là le repos dont je te parlais tout à l'heure), oui j'éprouvais quelque chose de ce sentiment inhumain avoué par Lucrèce, le poète des égoismes payens :

» *Suave, mari magno, turbantibus œquora ventis.*
» *E terrâ magnum alterius spectare laborem.*

» Il est bon, il est doux, quand la tempête bouleverse
» la grande mer, de contempler, à l'abri, sur la grève,
» la grande détresse d'UN AUTRE... »

» L'autre, c'est le naufragé, luttant contre les flots.

» Il n'y a pas au monde une pensée plus désespérément odieuse.

» Mais elle est vraie, et nous le prouvons chaque jour, tous, tant que nous sommes, en courant à perte d'haleine, comme des chacals en chasse, après les émotions tragiques.

» Oui, elle est vraie, — et je me complaisais dans le bien être de la vision qui me montrait mon propre supplice, supporté par *un autre*.

» Tu verras plus tard, Geoffroy, où me conduisit l'étrange phénomène de dédoublement qui se produisit en moi pour la première fois, ce jour-là.

» Aujourd'hui, j'ai tout dit. Je n'en puis plus. Il me semble que j'ai soulevé une montagne.

N° 17.

(Ecriture de Lucien Thibaut.)

Sans date, avec cette mention :

« Pour Geoffroy. »

» Je l'ai vue pour la dernière fois. Elle est partie. Je suis seul.

» Hier encore, je souffrais cruellement, c'est vrai, mais j'étais si heureux ! Près d'elle, tout était oublié.

» Je ne la verrai plus.

» Te souviens-tu de notre haie où les chèvrefeuilles verdissaient déjà au-dessus des ronces quand je vis ma petite Jeanne pour la première fois ?

» La haie a fleuri, puis elle s'est dépouillée pour refleurir encore. C'était notre rendez-vous le plus cher. L'amour nous le consacrait, et le printemps et tout un essaim de jeunes souvenirs.

» C'est là quelle m'avait dit : « Lucien, » et que je lui avait répondu : «Jeanne. »

» Aucun autre aveu ne s'était échangé entre nous jamais, parce que nous aimions comme le cœur bat, tout naturellement. C'était notre existence. Nos âmes s'entendaient sans parler. Nous n'avions qu'une âme.

» Ce matin, je me suis trouvé seul sous le grand châtaignier. Hier, elle m'avait dit : On est bien qu'ici...

» J'ai attendu. Les branches parfumaient le vent, qui les balançait doucement. C'est bon d'attendre quand on sait que la bien aimée va venir.

» Mais Jeanne ne venait pas et j'avais longtemps attendu. L'inquiétude m'a pris. Notre chère malade était si faible hier au soir !

» J'ai franchi la haie.

» De là on voit toute la route.

» La route était déserte.

» Oh ! Jeanne ! Jeanne ! Mon anxiété, à peine née, allait déjà grandissant. Je me suis dirigé vers la petite maison. Les volets étaient fermés, la porte aussi. Que voulait dire cela?

» Le souffle a manqué à ma poitrine.

» J'ai frappé, pas de réponse.

» Un paysan était à vanner du froment à cinquante pas de là, devant la porte de la métairie. Comme j'allais frapper encore, il m'a crié :

» — Ce n'est pas la peine de cogner, il n'y a plus personne.

» Je restai là tout étourdi.

» C'était comme si j'eusse reçu un grand coup au dedans de la poitrine.

» La métayère, cependant, était sortie sur le pas de sa porte à la voix du vanneur. Elle m'appela, disant :

» — La pauvre dame a laissé quelque chose pour vous en partant.

» — Elles sont donc parties ! m'écriai-je.

» — Oui, comme ça, de grand matin, dans une carriole. Et la dame était fièrement pâle.

» — Parties pour quel endroit?

» — Je ne sais pas. Voilà le paquet. Vous donnerez bien quelque chose pour la peine.

» Je m'éloignai avant de rompre l'enveloppe. Je n'osais pas. J'attendis plusieurs minutes. Le hasard avait dirigé mes pas vers notre haie, dont le soleil chauffait maintenant les feuilles odorantes.

» Je m'assis ou plutôt je tombai en gémissant à la place même où j'avais vu ma petite Jeanne cueillir des primevères par ce beau soir de printemps...

N° 18.

(Lettre de M. Ferrand, président du tribunal de première instance d'Yvetot, écrite par un secrétaire, mais signée.)

« Yvetot, 6 mai 1865.

» *A madame Veuve Péry de Marannes.*

» Madame,

» Je vous aurais évité un dérangement sans la multiplicité de mes occupations. Vous voudrez donc bien m'excuser si, dans l'impossibilité où je suis de vous rendre visite, je vous prie de passer à mon cabinet pour recevoir de moi une communication importante.

» Cette communication aura un caractère tout officieux. Elle n'entraînera pour vous aucun désagrément. Il est, en effet, à espérer que vous céderez à des conseils que mon âge et l'intérêt que je porte à mon jeune collègue L. Thibaut m'autorisent à vous offrir.

» Veuillez agréer, madame, mes hommages empressés. »

N° **18** bis.

(Ecrite et signée par Mme veuve Thibaut.)

« Dieppe, 5 mai 1865. (Par la poste.)

» *A madame veuve Péry de Marannes.*

» Madame,

» Quoique n'ayant en aucune façon l'honneur de vous connaître personnellement, je prends la liberté de m'adresser à vous pour vous prier de mettre fin à une situation très pénible, et qui menace de devenir dangereuse.

» Mon fils, M. L. Thibaut, juge au tribunal de première instance, n'a pas de fortune patrimoniale, mais sa position lui permet de viser à un mariage avantageux.

» J'ajoute que, jusqu'à présent, sa conduite exemplaire doublait les chances qu'il peut avoir de s'établir honorablement.

» Il m'est revenu que des relations se sont nouées, depuis assez longtemps déjà, entre mon fils et mademoiselle votre fille, dont je ne veux dire ici aucun mal, mais que je ne consentirai jamais, je vous le déclare formellement, à accepter pour ma bru.

» Veuillez bien croire, madâme, que je n'ai pas la plus légère intention de vous blesser ; c'est pourquoi je me prive de toute espèce d'explication.

» Notre respectable ami, M. le président Ferrand, dans un esprit de dévouement pour nous et de conciliation à votre égard, se charge d'éclaircir près de vous les points qui pourraient vous faire hésiter à suivre la ligne de conduite que vous devez adopter désormais vis-à-vis de mon fils.

» Je suis mère, madame, j'accomplis mon devoir de mère.

» Indépendamment de ce fait, qu'une union entre deux jeunes gens également dépourvus d'aisance est une immoralité, je prétends choisir celle qui sera la sœur de mes filles.

» A cet égard, mon parti est irrévocablement pris. Je ne reculerai devant rien pour sauvegarder l'avenir de mon fils, et s'il n'y avait pas d'autre moyen, tenez-vous certaine de ceci : c'est que je n'hésiterai pas à mettre ma malédiction entre lui et la folie qu'on le pousse à faire.

» Veuillez agréer, madame, mes salutations empressées. »

N° 19.

(Ecrite et signée par Mme veuve Pery. — Aux soins de la fermière du Bois-Biot, pour remettre à M. L. Thibaut. Sans date. Ce devait être le 7 ou le 8 mai.)

« Adieu, mon cher enfant, les deux lettres ci-jointes vous donneront les raisons de notre départ ou plutôt de notre fuite.

» On aurait pu, je le crois, user de moyens moins cruels envers nous, mais n'oubliez pas ceci : la dureté apparente de madame votre mère n'a d'autre origine que son affection pour vous.

» N'essayez pas de nous retrouver. Ce serait mal, et notre peine en serait aggravée.

» Entre vous et Jeanne ce n'était qu'une tendresse d'enfants. Vous oublierez.

» Adieu. Soyez bien heureux. »

Note de Geoffroy. — Au dessous de la signature qui suivait cette dernière ligne, il y avait encore une fois le mot : Adieu.

Mais ce n'était pas la même écriture, et la pauvre petite main de Jeanne avait bien tremblé en le traçant

Numéro 20.

(Ecriture de Lucien Thibaut, très altérée, avec la mention :
« Pour Geoffroy. » Sans date.)

» Je viens d'être bien malade et pendant longtemps. Les médecins disent que c'est une fièvre nerveuse.

» Cela fait souffrir beaucoup, mais les médecins se trompent. Ce ne sont pas les nerfs qui souffrent dans cette fièvre-là.

» Jeanne ! ma pauvre petite Jeanne ! Voilà mon mal. Il est au cœur. Je souffre de ne plus la voir, de me sentir séparé d'elle a jamais.

» Pas une lettre ! pas un mot d'elle ni de sa mère ! Je ne sais pas même où elles sont.

» Sa mère disait : Vous oublierez... Si Jeanne allait m'oublier ! Elle est si jeune ! et il y en aura tant pour lui parler d'amour.

» C'est pour le coup que je....

Note de Geoffroy.— Il y avait ici plusieurs lignes effacées, après lesquelles le même numéro continuait :

» Se peut-il que ce bas monde contienne un homme si heureux que toi, Geoffroy ? me voilà tout regaillardi. Je viens de recevoir une lettre de toi. C'est de l'essence de gaieté. J'essaierai de la respirer quand je serai trop triste.

» Autour de toi ce ne sont que sourires, joyeuses audaces, aimables aventures. Du haut de tes succès il faut vraiment que tu aies de l'affection pour moi puisque tu continues à m'écrire, à moi, obscur robin que tu dois croire engourdi dans l'assoupissement provincial.

» Car tu ne sais même pas que je me sauve de l'engourdissement par le martyre.

» Comme tu ris bien ! de bon cœur et de tout !

» Moi, je ne ris plus jamais, Geoffroy, et pourtant, dans ta lettre, il y a une chose qui m'a fait sourire, c'est le paragraphe où tu me reproches mon silence.

» Mon silence ! Je ne t'écris jamais, dis-tu ? Malheureux ! si tu recevais tout d'un coup toutes les mains de papier que j'ai barbouillées à ton intention ! ce serait à submerger ta gaieté sous mes ennuis !

» Te souviens-tu ? j'étais fort pour *tirer au mur* à notre salle d'armes du collége. Je me confesse au mur en me confessant à toi, qui ne m'entends pas. Cela t'évite un chagrin, et pour moi, c'est peut-être plus commode...

» Je suis chez ma mère à la campagne, sur la route d'Yvetot à Lillebonne. Mes deux sœurs se relaient auprès de mon chevet.

» Tout le monde ici est très bon pour moi, mais le genre de bonté qu'on me témoigne implique un sentiment de protection. Dans ma famille, chacun me protége, mes sœurs aussi bien que ma mère, et les domestiques s'en mêlent à l'unanimité.

» Notre vieille cuisinière met du sucre dans mes plats comme si j'étais un petit enfant.

» J'ai dû très-certainement, à la suite du coup de massue qui me terrassa à la ferme du Bois-Biot, donner quelques signes du mal mental auquel il a été fait allusion. Pendant plusieurs jours, je suis resté sans connaissance.

» On me cache ces défaillances de mon cerveau, on me dit que j'ai eu le délire, mais j'ai conscience de m'être assis plusieurs fois moi-même à mon propre chevet, analysant avec une curiosité froide les symptômes de mon mal moral, me consolant, m'arraisonnant et me grondant... Quittons ce sujet qui me donne le vertige.

» On ne me cache pas tout, cependant. Ainsi, on me dit qu'en rentrant chez moi, après cette journée qui me broya le cœur, je trouvai ma mère qui m'attendait, et que je la maltraitai. Je n'en ai aucun souvenir, mais je m'en repens sur parole. On m'a pardonné.

» On me dit aussi que j'envoyai des injures, avec un cartel en règle, à ce bon M. Ferrand, le président du tribunal, qui me l'a pardonné également.

» Je lui sais gré de sa miséricorde, mais je ne me souviens ni du cartel ni des injures.

» On me dit enfin que vers ce même temps, Olympe quitta Dieppe et le cercle brillant dont elle est la lumière pour me servir de garde-malade.

» Le fait est que j'ai vaguement mémoire de l'avoir vue, plus belle que jamais, assise au pied de mon lit.

» Il paraît qu'elle a été bonne, empressée, ravissante de zèle charitable, et même...

» Je peux bien être franc, puisque ma lettre ira où les autres sont allées : *au mur*.

» Il paraît même qu'Olympe a été mieux encore que cela.

» Ma mère m'a avoué en grandissime confidence que Mme la marquise daignait se souvenir de nos enfantines amours.

» Vois-tu cela ?

» De leur côté, mes sœurs échangent des regards attendris quand on parle d'Olympe. Célestine fait des allusions à la voiture de Mme la marquise qui est un huit-ressorts, s'il vous plaît. Julie lève les yeux au ciel et murmure des machines sentimentales.

» On ne me souffle plus jamais mot ni de la longue Sidonie, ni de Maria plus rose que les roses, ni d'Agathe, un peu déjetée, mais héritière.

» Si j'étais fat, je croirais qu'il dépend de moi, dès à présent, de remplacer M. le marquis de Chambray.

» Jeanne, ma jolie petite Jeanne ! mon cœur chéri ! Olympe est bien belle et j'ai vu le temps où je ne plaçais rien au-dessus de la noblesse de son âme.

» Mais maintenant, je t'aime, Jeanne, et je n'aimerai jamais que toi ! »

N° 21.

(Note écrite au crayon par Lucien.)

Sans date.

» Olympe est revenue à Yvetot. Je ne pense pas qu'il y ait ici-bas une femme plus délicieusement belle.

» Beauté de marquise ou plutôt beauté de reine. Mes sœurs ont l'air d'être ses sujettes.

» Serait-il vrai qu'elle pût m'aimer ? Que m'importe ?

» Maman me l'a dit positivement ce matin. Je n'y crois pas. Qu'y a-t-il de commun entre ce rayon et mon ombre ?

» Elle me parle peu. Je la trouve pâlie.

» Mᵐᵉ Péry est sa parente. Si elle pouvait me procurer des nouvelles de Jeanne.

» Je l'interrogerai le plus adroitement que je pourrai... »

N° 22.

Billet écrit et signé par M. le docteur Schantz. (Tête de lettre imprimée portant le nom du docteur et cette mention : Spécialité pour les affections pulmonaires.)

« Paris, le 24 juin 1865.

» *A M. L. Thibaut, juge, etc.*

« Monsieur,

» J'ai confessé une pauvre mourante qui va laisser après elle sur la terre un ange abandonné. Je vous ai rencontré une fois à Paris, au temps où vous et moi nous étions des étudiants, chez M. le baron de Marannes. Il s'agit de sa veuve et de sa fille. On ne vous reproche rien, mais on souffre et on se meurt.

» Votre présence ne sauverait pas la malade, monsieur, ma conscience me force à l'avouer, mais la dernière heure serait adoucie.

» Faites selon les conseils de votre honneur et de votre cœur. »

N° 23

(Écriture de Mme la marquise de Chambray, hâtive et troublée, sans date ni signature.)

« *A M. Louaisot de Méricourt, agent d'affaires, rue Vivienne, à Paris.*

» Répondez courrier pour courrier.
» Je suis dans la banlieue d'Yvetot, chez Mme veuve Thibaut, dont le fils très malade et *peut-être fou*, vient de s'enfuir.
» Il doit être à Paris.
» **Je jurerais qu'il est à Paris.**
» Trouvez-le sur-le-champ.
» Je dis : coûte que coûte ; trouvez-le, je le veux. »

N° 24.

(Sans signature, mais écrit sur lettre à tête imprimée, ainsi conçue : Cabinet de M. Louaisot de Méricourt, consultations, démarches, renseignements, rue Vivienne, près du passage Colbert, Paris.)

« Cinq heures moins le quart. (Pas d'autre date.)

» *A Mme la marquise de Chambray*, etc.

» M. L. Thibaut, arrivé ce matin à Paris par train de onze heures.
» Descendu chez Mme veuve Péry (baronne de Marannes), rue de Verneuil, 34, à midi moins dix.
» Baronne décédée à quatre heures, soir. »

N° 25.

(Ecrite et signée par Mme la marquise de Chambray.)

« Yvetot, 28 juin 1865.

» *A Mme la supérieure des dames de la Sainte-Espérance, à Paris.*

» Madame et chère mère,

» Vous qui savez consoler tous les deuils, voici une bonne œuvre à accomplir.

» Mlle Jeanne Péry de Marannes reste absolument seule après la mort de sa mère à qui j'ai pu faire quelque bien en son vivant. Elle n'a plus que moi de parente, et encore sommes-nous cousines si éloignées qu'il ne faut point chercher là l'origine de l'intérêt que je lui porte.

» Vous m'avez appris, vénérable et chère mère, à secourir, autant qu'on le peut, tous ceux qui souffrent, indistinctement. Je voudrais que Mlle Péry pût trouver un asile et des consolations dans votre sainte maison, au moins pendant les premiers instants de sa douleur, et je vous prie d'être assez bonne pour envoyer une de vos respectables compagnes, rue de Verneuil, 31, au domicile de feu Mme Péry.

» Vous donnerez à Mlle Jeanne une chambre convenable et la pension de 2e classe.

» Il est bien entendu qu'elle ne devra recevoir aucune visite, sinon des personnes de notre sexe. Et encore, je m'en fie à votre discernement pour choisir les visiteuses.

Elle a le malheur d'être belle, et sa mère n'était pas une femme prudente.

» Je m'engage à solder tous frais de quelque nature qu'ils soient, ayant trait à la mission que je vous donne, sur simple note remise par vous, et je vous prie bien d'agréer, madame et chère mère, l'hommage de ma respectueuse affection.

N° 26

(Ecrite et signée par Mme veuve Thibaut)

» *A Monsieur Lucien Thibaut, etc., à Paris*

» Yvetot, 3 juillet 65.

» Que fais-tu donc là-bas, à Paris, mon pauvre garçon ? As-tu envie de me faire mourir de chagrin ! Ah ! tu m'en as fait, tu m'en as fait depuis la mort de ton père qui ne s'en privait pas non plus ! j'entends de me faire du chagrin.

» Voyons, te crois-tu un collégien en vacances ? à ton âge ! Qu'est-ce que c'est que ces polissonneries-là ? Tu vas perdre ta place, tout uniment, et par conséquent, ta carrière. Veux-tu me faire mourir de chagrin ? Je l'ai déjà dit une fois. Tu me fais battre la breloque.

» M. le président Ferrand est venu voir si tu étais de retour. Voilà ses propres paroles : « Si c'est comme ça » que votre fils nous récompense de son avancement sur » place ! Nous avons remué ciel et terre pour qu'il mon- » te juge, et il se comporte comme un paltoquet ! »

» Que veux-tu que je lui réponde, à cet homme-là ? Il est bon comme le bon pain, mais on se lasse, à la fin des fins. Est-ce que je peux lui dire dans le tuyau de l'oreille : Mon garçon a un coup de marteau?...

» Vois-tu, c'est tout bonnement terrible. Les mères sont trop malheureuses. Quant tu auras été mis à pied, de quoi vivras-tu? Je vendrai bien ma chemise pour toi, c'est sûr, mais on ne va pas loin avec ça.

» Et M. Ferrand me le disait encore hier : « Qu'il ne » se fie pas à l'inamovibilité. Ça peut craquer. » Tu es bien coupable !

» Tes sœurs sont furieuses. Si tu n'avais pas notre Olympe pour te défendre envers et contre tous, même contre moi, ces demoiselles t'écriraient des lettres qui t'arracheraient les yeux de la tête.

» Quel ange que cette femme-là ! J'entends notre Olympe, car Célestine et Julie ne sont pas tout à fait des anges.

» Ecoute donc! Les partis ne se présentent pas pour elles aussi nombreux que les marguerites dans les prés. Et c'est toi qui en es la cause.

» Si tu t'étais marié avantageusement comme on t'en a donné les moyens. Leurs relations auraient doublé du coup, et leurs chances de se placer aussi. Dame ! elles comptaient là-dessus, les pauvres biches. Sais-tu que Célestine va sur ses vingt-sept ans? ça commence à n'être plus si tendre que du poulet. Le matin, quand elle n'est pas encore pomponnée, on ne peut pas, avec la meilleur volonté du monde, la prendre pour un enfant.

» Les mères sont bien malheureuses! Tant pis si je l'ai déjà dit.

» Julie passera encore plus vite que sa sœur parce qu'elle a des idées romanesques. Ça ride, à la longue.

» Voilà ou nous en sommes à cause de toi!

» Mais il ne s'agit pas de nous, mon pauvre innocent, les femmes, c'est bon pour souffrir; il s'agit de toi, il ne s'agit que de toi. Quinze-jours d'absence sans congé pour une petite savoyarde qui n'a pas même d'aisance!

» Tu crois peut-être qu'on ne sait pas ton histoire? Raye ça de tes papiers.

» Là, tiens, ce n'est pas propre. Ah! mais non!

» Toi qui avais tant de conduite autrefois! M. Ferrand me le disait encore avant-hier : « Pour avoir inventé la » poudre, non! mais il ne faisait jamais de grosses bévues, » et quant à la conduite, un cœur ! »

» Ah ça! nigaud, tu n'as donc pas un œil de chaque côté de ton nez? Tu ne vois donc rien! Célestine et Julie s'en rongent le bout des doigts jusqu'au coude, et moi je dépéris, ma parole. Je sens que ça me conduit au tombeau.

» Faudra-t-il qu'elle te fasse la cour? J'entends notre Olympe. Et chanter des sérénades sous ta croisée, avec accompagnement de guitare? Ou t'envoyer sa déclaration sur timbre par huissier?

» Ah! godiche! godiche! un brin de sultane comme ça! je l'ai vue s'habiller l'autre soir, écoute... ma parole, tu me ferais dire des choses qui ne sont pas convenables!

» Mais c'est aussi par trop fort de voir un grand benêt comme toi passer devant le bonheur, les yeux tout larges, et ne pas seulement se douter que la plus charmante femme du pays de Caux languit d'un penchant qu'elle a pour lui!

» Je ne suis pas notaire, pas vrai, mais on peut évaluer,

ça divertit toujours. A combien la comptes-tu? Soixante mille? Et le pouce! Je vas t'établir ça.

» Elle a tout le bien du marquis, tout, tout, tout! à la barbe des collatéraux! Et je ne parle pas des millions du fournisseur dont on cause par dessus les moulins. C'est du roman, ça, le solide me suffit.

» Ecris en haut cinquante mille. Et la plus-value des terres, encore: tu peux bien mettre cinquante-cinq.

» Ecris au-dessous dix mille pour ses biens à elle : ça fait déjà soixante-cinq.

» Attends! la vieille cousine Bezuchon aurait bien pu se souvenir de moi, c'est sûr, eh bien! non. L'eau va toujours à la rivière. C'est Olympe qui a eu les œillets salans de la cousine au Croisic : Douze mille à poser.

» En plus, l'oncle de ton ami Albert, le vieux Rochecotte du Havre avait un faible pour Olympe (comme tout le monde parbleu! excepté toi) et il lui a laissé un tout petit cadeau de 50 actions de la Banque de France.

» A 3,700 fr. l'action, ça nous donne un capital de cent quatre-vingt mille.

» Et les économies qu'elle doit faire tout en vivant comme une reine ?

» As-tu su qu'elle a refusé Albert de Rochecotte? Et pourquoi? Albert est un garçon de trente à quarante mille depuis la mort de son oncle. Julie le trouve joliment bien.

» Imbécile! Voilà le mot lâché. Elle passe cent mille, j'en mettrais ma main au feu! Et toi, tu n'as que ta toque. Si j'étais homme, je te battrais comme plâtre. Tes sœurs, elles, n'y vont pas quatre chemins, elles veulent te flanquer sur la gazette, aux annonces, comme un chien perdu et te faire ramener par les gendarmes.

» Voyons, sois gentil, mon petit, ton paquet n'est pas long à faire, reviens, je t'en prie. Ta créature ne peut pas être de moitié si jolie que notre séraphin d'Olympe.

» Olympe! avec sa fortune! le ciel ouvert! et monsieur fait des façons!

» Si je l'ai dit, c'est bon, je le radote : les mères sont bien malheureuses! »

N° 26 bis.

(Ecrite et signée par la supérieure des Dames de la Sainte-Espérance)

Paris, ce 4 juillet 1865.

A madame la marquise de Chambray, en son château, près et par Dieppe.

« Ma chère fille.

» J'ai le regret de vous apprendre que votre charitable intention au sujet de la demoiselle Jeanne Péry n'a pas eu le résultat qu'elle méritait et que vous désiriez.

» Le nécessaire fut fait en temps pour prendre, rue de Verneuil, 31, et amener dans notre maison cette jeune personne à laquelle vous aviez la bonté de vous intéresser.

» On lui donna une chambre commode et bien aérée, avec vue sur les arbres de l'enclos; elle eut la pension de deuxième classe à laquelle on ajouta quelques douceurs et toutes les consolations imaginables.

» Je l'invitai même une fois, à cause de vous, chère

fille, à ma modeste table privée, avec les grandes pensionnaires du premier degré.

» Rien n'y a fait. Elle s'est tenue à l'écart pendant tout le temps de son séjour, rebutant nos mères par son silence boudeur qui ressemblait peu, en vérité, à la résignation chrétienne.

» Puis, le matin du septième jour, elle a pris la clé des champs.

» Elle était libre d'aller et de venir. Nous n'avions pas le droit de fermer sur elle la grille du cloître.

» Je vous dirai, chère fille, qu'elle avait des lettres dans son tiroir. Nous avons cru devoir en parcourir une ou deux. Elles étaient signées de deux initiales L. T., et toutes remplies d'*amour pur*, de *jeunes rêves*, d'*élans de l'âme* et autres balivernes ridicules.

» Sa fuite ne nous a donc causé aucune surprise.

» Je vous rappelle les conditions de notre établissement: le mois commencé est dû en entier, plus le service et quelques suppléments tels que ports de lettres, visites de médecin, articles de pharmacie, bains, etc.

» Notre mère-économe a pris la liberté de tirer sur vous et la présente vaut avis.

» Je suis, en J.-C., ma chère fille, etc.

» P. S. — Nous sommes toujours en pourparlers avec le vieux millisnaire de la rue du Rocher, pour le terrain où doit être bâtie notre nouvelle maison. Il possède des hectares dans Paris ! Et au prix où il veut vendre, nul ne saurait évaluer l'immensité de cette fortune.

» On dit que vous êtes sa parente ; ma chère fille, ne pourriez-vous lui écrire en notre faveur, faisant valoir avec votre tact précieux et votre brillante intelligence, que nous sommes un établissement de bienfaisance et que nos ressources sont bien bornées ?

» Je ne sais ce qu'il faut croire sur l'origine peu honorable des grands biens de ce vieillard, qui vit en dehors de l'église, quoique séparé du monde.

» Son nom est peu connu dans nos quartiers, bien qu'il y possède d'énormes immeubles, mais son sobriquet, « le Fournisseur, » est populaire par l'envie et la haine qu'il inspire.

» Avec un pied dans la tombe, qu'a-t-il besoin d'augmenter encore ses richesses ? Parlez-lui pour nous. Ce qu'il lui faudrait ce sont des prières.

» Vous, chère fille, vous sauriez sanctifier cette fortune si, comme on le dit encore, elle vous venait en tout ou en partie par voie d'héritage. »

N° 27

Anonyme. (Ecriture inconnue, Main de copiste. Sans date ni lieu de départ.)

« *A. M. L. Thibaut, juge au tribunal civil d'Yvetot, Paris.*

» Ainsi finit l'histoire ! La minette a sauté par la fenêtre de son couvent et rôtit le balai quelque part dans le pays latin ou ailleurs.

» Naturellement, on vous accuse de l'avoir enlevée.

» C'est bien fait. Tout n'est pas bénéfice dans le métier d'amoureux, vous verrez çà.

» Est-ce que vous n'êtes pas l'ami du nouvel héritier, Albert de Rochecotte ? Avertissez-le de faire attention aux petites pattes de sa Dulcinée.

» Ces Fanchonnettes ont des griffes quelquefois.

N° 28

(Ecrite et signée par M. Louaisot de Méricourt, agent d'affaires.)

« Ce mercredi (sans autre date).

A M. Lucien Thibaut, juge, etc.

» Monsieur et cher compatriote.

» Je suis, comme vous, de cet excellent pays de Caux, qui peut passer pour le jardin de la Normandie.

» Sans avoir l'honneur d'être personnellement connu de vous, j'ai nourri des relations que j'oserais dire assez intimes avec plusieurs membres de votre respectable famille.

» A ces titres, j'ose vous prier de m'accorder un rendez-vous d'*affaires*, soit chez vous, soit à mon cabinet qui n'est pas sans jouir d'une certaine notoriété dans la capitale (rue Vivienne, près du passage Colbert, non loin du Palais-Royal).

» J'aurais à vous communiquer de vive voix des particularités concernant deux personnes *dont l'une s'intéresse à vous et dont l'autre vous intéresse.*

» Tout retard pourrait être fâcheux. »

N° 29

(Ecriture de Lucien. Non signée et non datée).

» Je ne sais pas si je suis éveillé. Je crois plutôt que je rêve. Ce qui m'arrive est tellement étrange que je doute, même après avoir entendu et vu.

« Geoffroy ! Je suis bien sûr que tu te serais rendu, comme je l'ai fait, à l'appel de ce M. Louaisot de Méricourt. Son nom ne m'était pas inconnu. Il appartenait à une famille de notaires, établi à Méricourt, arrondissement de Dieppe. On a beau se raisonner, ces rendez-vous mystérieux, donnés par les gens d'affaires, ont quelque chose d'irrésistible.

» Surtout quand le mystère est déjà entré dans notre vie par quelque porte que ce soit.

» Or, le mystère m'enveloppe et déborde tout autour de moi.

» On y va toujours à ces rendez-vous qui sont des promesses ou des menaces :

» J'y suis allé.

» C'est au cinquième étage d'une grande maison de la rue Vivienne, dont les fenêtres, ouvertes sur le derrière, dominent le vitrage du passage Colbert.

» J'ai été reçu par une grosse joufflue de servante, portant le costume de chez nous, un peu amendé à la parisienne. Elle m'a toisé d'un regard joyeusement effronté et m'a dit en balançant ses boucles d'oreilles d'or en girandoles:

» — Comment vous va ? C'est vous qu'êtes le gentil garçon de juge ? Je vous reconnais bien comme ça du premier coup, quoique je ne vous ai encore jamais vu. Je n'aime pas beaucoup les juges, mais je raffole des amoureux. Censé, le patron est à déjeuner chez Véfour ; mais entrez tout de même, vous l'attendrez dans sa chapelle.

» En parlant ainsi avec le pur accent d'Yvetot, elle m'avait pris par le bras, sans façon, et me poussait à travers un salon, riche en poussière, dont les meubles étaient dérangés à la diable.

» — C'est moi qui fais le ménage, reprit-elle avec son rire retentissant, ça se voit, pas vrai ? Farceur !

» Elle ouvrit une porte et m'en fit passer le seuil.

» — Voilà, continua-t-elle, c'est l'atelier, la fabrique et la renommée. Voulez-vous un coup de sec ? ou demi-sec ? Vous aimez peut-être mieux le tout doux ? Il y a toujours de quoi dans l'armoire, au goût des messieurs et des dames.

» Cette coquine, un peu trop mûre pourtant, était brutalement jolie avec sa coiffe normande, surchargée de dentelles, et son jupon court. Elle tourna la clé d'un placard pour y prendre sans doute du sec ou du demi-sec, mais mon geste l'arrêta.

» — Bah ! s'écria-t-elle en riant plus fort, pas même ce qui plaît aux demoiselles ? On nous avait bien dit que vous étiez un agneau. Alors asseyez-vous et gobez le marmot en pensant à votre bergère. A vous revoir.

» Elle sortit, claquant la porte à tour de bras.

» J'étais seul dans le cabinet de M. Louaisot de Méricourt ; une grande pièce basse d'étage, avec châssis régnants, chargés de casiers. Des deux côtés de la cheminée qui supportait une vilaine pendule, il y avait deux magnifiques consoles, genre Boule, avec bouquets de fleurs et de fruits en pierres précieuses.

» Mais je ne remarquai point cela dans le premier moment parce que mon attention fut tout de suite attirée vers un assez vaste bureau flanqué d'un fauteuil de cuir, forme grenouille, sur lequel un véritable fouillis de pièces de procédure et de dossiers s'éparpillait.

» Un mouvement venait de se produire sur ce bureau. Le vent de la porte brusquement poussée par la Normande, avait soulevé une feuille de papier blanc posée sur le devant de la tablette.

» Et la feuille, en s'envolant, avait découvert un agenda d'où sortait, en manière de signet, un portrait-carte photographié.

» De la cheminée, près de laquelle j'étais, c'est à peine si on pouvait distinguer la nature de ce dernier objet; encore bien moins était-il possible de reconnaître la personne représentée.

» Je déclare même que je n'aurais pas su dire, en m'appuyant sur le seul témoignage de mes yeux, si le portrait représentait un homme ou une femme.

» Et cependant je m'élançai en avant avec un battement de cœur qui faillit me jeter foudroyé sur le plancher. Je saisis l'agenda, j'en arrachai la carte, et je reconnus, au travers d'un éblouissement, le sourire bien aimé de ma petite Jeanne.

» Oui, de Jeanne que j'avais tourmentée tant de fois pour avoir son portrait, et qui jamais ne me l'avait donné !

» L'instant d'auparavant j'aurais cru pouvoir affirmer que Jeanne n'avait jamais posé devant un photographe.

» Mais c'était bien elle, vivante, on peut le dire, et parlante.

» Au dos de la carte où le nom du photographe avait été effacé par un grattage, il y avait quelque chose d'écrit au crayon.

» Textuellement ceci : *En campagne tout de suite !* 3,000. *C"est convenu.*

» Au moment où je déchiffrais ces mots bizarres il me semblait que l'écriture ne m'en était pas inconnue, et qu'un nom allait me monter aux lèvres.

» Mais le nom ne vint pas et le souvenir qui voulait naître s'évanouit, chassé par le flot de pensées qui envahit tumultueusement mon cerveau.

» Le portrait de ma Jeanne chez cet homme ! Comment ? Pourquoi ?

» Un signalement écrit peut s'obtenir sans le concours du modèle, mais un portrait photographié — debout — éveillé, souriant !

» Je crus entendre un bruit de pas lointain encore, et je rouvris l'agenda pour y replacer la carte.

» Involontairement, mes yeux tombèrent sur la dernière page à demi-remplie hier et attendant les notes d'aujourd'hui.

» Mon nom écrit en toutes lettres arrêta mon regard.

» Le fait en lui-même ne pouvait m'étonner que médiocrement puisque j'étais ici sur l'invitation du maître de l'agenda, mais mon nom était accolé à un substantif qui me parut inexplicable.

» Il y avait, c'était la dernière ligne écrite : « Lucien Thibaut. — Succession. »

» Et rien avant, rien après pour servir de clef à ce singulier rébus.

» Certes, ma succession ne devait pas être opulente, je vivais surtout des émoluments de ma charge.

» Mais telle qu'elle était, ma succession, je ne la voyais pas encore ouverte, et il pouvait m'étonner qu'on eût ainsi à s'en occuper chez les gens d'affaires.

» Je n'ai pas besoin d'ajouter que cette surprise était

bien loin de m'impressionner comme la découverte du portrait qui me laissait sous le coup d'un grand trouble.

» Seulement, cette surprise m'avait empêché de reposer l'agenda à la place même où je l'avais pris et j'étais encore penché au dessus du bureau lorsqu'un bruit de porte qu'on ouvrait me redressa en sursaut.

» J'attendais ce bruit puisque je savais qu'on approchait, mais je l'attendais derrière moi et du côté par où j'étais entré moi-même.

» Au contraire, il se produisait en face de moi, dans une lacune ménagée sous le dernier étage des casiers, et que je n'avais point remarquée.

» Cette lacune servait au jeu d'une porte dérobée qui venait de rouler sur ses gonds.

» En même temps, une voix de basse-taille fredonna sur un mode sentimental :

> Ah ! vous dirai-je, maman
> Ce qui cause mon tourment...

» La chanson s'arrêta à ce deuxième vers, parce que le chanteur, dépassant la baie de la petite porte, venait de m'apercevoir en flagrant délit d'indiscrétion.

» Ma main tenait encore l'agenda accusateur.

» — Ah ! ah ! fit le nouvel arrivant, qui resta debout dans l'embrasure de la porte. Tiens, tiens ! Allons ! exact au rendez-vous, mon cher compatriote... car je suppose bien que vous êtes notre bon petit juge ?

» Je ne me souviens pas d'avoir été jamais plus désagréablement attaqué.

» La voix de cet homme, qui était ronde pourtant et possédait un certain caractère de bonhomie, ou plutôt de vulgaire franchise, me frappa, me blessa comme un son connu et détesté.

» Ma mémoire, rapidement interrogée, m'affirma que nous nous rencontrions pour la première fois. Je ne pouvais connaître ni sa voix, ni lui. Cette assurance cependant ne diminua en rien mon irritation, et je fis un pas en avant, la tête haute, pour demander avec sévérité:

» — S'il vous plaît, d'où vous vient ce portrait?

» Je pense que mon accent devait être plus que sévère, car le nouveau venu recula.

» Mais ce fut l'affaire d'une seconde. L'instant d'après, il entra tout à fait et repoussa très délibérément la porte derrière lui.

» — Allons, allons, me dit-il, en assurant d'un coup de doigt les lunettes d'or, qu'il avait sur le nez, je ne déteste pas les questions. Nous allons causer nous deux, mon prince, je vous ai fait venir pour cela; causer de tout un peu, et causer encore d'autres choses. Mon temps vaut cher, c'est vrai, mais vous le payerez son prix... Dites donc, vous permettez qu'on se mette à l'aise chez vous?

« Il appuya sur ce dernier mot avec une intention comique, mais sans méchanceté.

» Moi, désormais, je gardais le silence, regrettant déjà mon apostrophe imprudente qui allait mettre obstacle peut-être à l'explication ardemment souhaitée.

» M. Louaisot de Méricourt, sans attendre ma réponse, dépouilla le paletot noisette qu'il portait en surtout, malgré la chaleur, et m'apparut, vêtu d'un gilet à manches, en tartan marron, d'une cravate blanche mal nouée et d'un pantalon noir qui gardait de nombreuses traces de boue, en dépit du beau fixe.

» Il avait sous ce pantalon de vastes bottes difformes, chaussant bien à l'aise les pieds qu'on rêve au Juif-Errant, devenu facteur de la poste : pieds montagneux, aux orteils pourvus de robustes oignons, les vrais pieds du fantassin éternel !

» Il remarqua sans doute l'attention que j'accordais à sa base, car il me dit en décrochant dans un coin une robe de chambre à ramages.

» Patience et longueur de temps ! j'éclabousserai les autres, à mon tour. Je n'aime pas les brosses. Mon pantalon ne sera propre que quand il roulera cabriolet.

» Il endossa sa robe de chambre et revint vers moi en ajoutant :

» — Saperlotte ! pas si agneau ! Vous savez, monsieur et cher compatriote, je vous demandais tout à l'heure s'il était permis de se mettre à l'aise *chez vous,* parce que je vous surprenais travaillant comme chez vous, la main et le nez dans mes bibelots. Ce n'est pas un reproche. Je suis le meilleur enfant de la terre. Mais au lieu d'être un peu déconcerté et de me dire avec politesse : Pardonnez-moi, mon cher M. Louaisot de Méricourt, si je touche à vos chiffons, c'est le hasard ou la Providence, ou ci, ou ça, enfin un mot d'excuse, ah bien ! ouiche ! vous haussez votre tête à cinquante centimètres au dessus de vos épaules, et vous me demandez malhonnêtement où j'ai volé ce qui est bien à moi... Pas si agneau qu'on me l'avait annoncé. mylord! Saperlotte, pas si agneau!

» Je balbutiai je ne sais quoi. Il se plongea dans son fauteuil de cuir, et reprit bonnement :

» — Mettons ça dans le coin, contre la muraille et n'en parlons plus. Moi, je n'ai rien à cacher. Je vous aurais montré de moi-même le petit portrait, avec tout plein de plaisir. Pauvre chatte! un joli brin! J'ai connu son papa. Quelle canaille! Ça vous rembrunit, mon juge? Dans le coin! Je n'ai qu'une envie, c'est de vous plaire.

» Depuis qu'il était assis, je trouvais M. Louaisot de Méricourt tout exigu. C'était, en vérité, un drôle de bonhomme, tout en jambes, avec un buste court et replet, une tête qui hésitait entre l'épicier et le pitre, — mais des yeux d'aigle!

» Ces yeux-là arrêtaient le rire que toute la personne de M. Louaisot provoquait au premier aspect. Ils regardaient d'autorité, et parfois, sous le verre de ses lunettes, on voyait fulgurer de véritables éclairs.

» — Monsieur, lui dis-je, désirant éviter tout cas de guerre, c'est bien, en effet le hasard...

» Il m'interrompit d'un coup sec de son couteau à papier dont il frappa ma manche.

» Asseyez-vous, monsieur Thibaut, fit-il en changeant de ton, je vous tiens pour incapable d'espionner les gens qui vous ouvrent leur cabinet. Nous sommes destinés à nous entendre, c'est certain et nécessaire. Ce qui mène tout chez moi, je suis bien aise de vous le dire, c'est la conscience, jointe à la minutie dans la délicatesse. Je ne m'en vante pas : la profession l'exige. Faites-moi l'honneur de vous asseoir.

» Je m'assis, il reprit :

» — Vous grillez pour l'histoire du petit portrait? Je conçois ça. La jeunesse! J'en ai éprouvé, à l'âge voulu, les rêves et les douceurs. Mais ça n'empêche pas la conscience. Sans elle, dans notre état, on n'aurait pas de l'eau à boire. Authenticité des renseignements, minutie des informations, délicatesse des rapports. Je ne parle pas même de la discrétion: c'est l'air qu'on respire en ces lieux. Moi, j'appelle ça travailler en artiste.

» Les avocats, mon cher monsieur, les avoués, les notaires, c'est le vieux monde. Il en faut pour donner des positions à un tas de fainéants. D'ailleurs, en Angleterre, on a essayé de détruire les crapauds et il a fallu en faire revenir de pleines cargaisons du continent. Historique.

» Ne détruisez rien de ce que la nature a créé : même les officiers ministériels, voilà le fond de ma religion.

» Mais il ne faut pas non plus mettre les crapauds dans des cages, comme des jolis oiseaux. Ils ne sont pas institués pour ça. Si vous soumettez aux gens qui ont des diplômes, ou qui achètent leurs charges au marché une difficulté, — une vraie difficulté comme celle qui menace de vous étrangler, mon juge, eh bien! autant vaudrait vous nouer un pavé à la cravate pour piquer une tête du haut du parapet du Pont-Neuf!

» Ça nous ramène à nos moutons, j'ai le portrait de la belle enfant, là, sur ma table, au milieu d'une multitude d'autres objets, parce qu'il y a une personne, homme, femme, ou militaire, qui désire avoir son adresse, soit à Paris, soit à la campagne....

» — Et qui vous offre 3,000 francs pour cela! m'écriai-je avec toute mon indignation revenue.

» — Juste ! 3,000 francs comptant, de la main à la main.

» — Et vous l'avez cette adresse ?

» M. Louaisot de Méricourt m'envoya un signe de tête plein de bienveillance.

» — Jeunesse ! fit-il d'un air attendri, je t'ai connue à l'époque ! Mon cabriolet, auquel il était fait allusion tout à l'heure, ne me rendra pas, quand je l'aurai, tes agréables enivrements !

» Causons raison, voulez-vous ? et ne lorgnez plus le portrait de la minette, ou bien je causerais tout seul.

» Mon cher monsieur, vous êtes, sans vous en douter, un de mes meilleurs clients, et je tiens à vous montrer le bonhomme (moi s'entend) sous ses aspects les plus flatteurs.

» Fin de l'escarmouche préliminaire : j'entre dans le vif. Attention !

» Primo, d'abord, M. Thibaut, je vous connais comme ma propre poche. C'est un point à considérer puisque ça va vous éviter une confession toujours pas mal ridicule. Je vous savais par cœur dès le temps du baron de Marannes avec qui il m'est arrivé de faire, de ci, de là, quelque petite bricole d'affaire. Bon diable. Pas de tenue. Il a fini comme ça se devait : ni mieux, ni plus mal. Y a-t-il longtemps que vous n'avez reçu des nouvelles de notre ami Rochecotte ?...

» Je répondis négativement.

» — Je pense à lui, reprit M. Louaisot, parce qu'il était de la bande du baron, et aussi pour autre chose. Le voilà riche, ce bon grand Albert ! Plus riche qu'il ne croit. Avez-vous su qu'il avait des vues sur Mme la marquise de Chambray? Oui ? Et ça ne vous fait rien quand on chasse sur vos terres?... Bien, bien! ne nous fâchons jamais. C'est vous qui lui avez écrit une cocasse de lettre, l'année dernière, à ce bon Albert!

» L'étonnement me fit sauter sur mon siége.

» — La conscience, dit M. Louaisot, évidemment content de l'effet produit. Faites-moi penser à vous reparler de ce pauvre Rochecotte, avant la fin de notre conférence. Il lui est arrivé quelque chose.

» Quant à votre lettre, j'en ai fait mention pour que vous pussiez voir à quel point je suis renseigné. Ah! mylord, vous étiez déjà un jeune magistrat bien embarrassé! Et j'aurais pu, dès lors, vous offrir tout un bouquet d'informations. Mais regardez-moi. Est-ce que j'ai l'air de celui qui court après les pratiques ?

» Il se frotta les mains en clignant de l'œil à mon adresse. Je gardai le silence.

» — Vous me direz, reprit-il: Si vous ne courez pas après la pratique, mon cher monsieur Louaisot, pourquoi m'avez-vous écrit ? Ah! voilà! Ça fait partie d'une règle de conduite: je cueille les poires de mon jardin quand elles sont mûres.

» Il se mit à rire. Le rire éclairait ses traits vulgaires d'une lueur qu'on pourrait qualifier d'ignoble.

» Mais son bel œil flamboyait héroïquement derrière ses lunettes.

» — Après la conscience, reprit-il d'un ton de professeur, ce qu'il faut dans notre état, c'est la décence. Pélagie vous aura scandalisé. (Pélagie, c'est mon clerc, vous savez, la Cauchoise?) Elle a une dégaine un peu folâtre, et je connais les divers sous-officiers qu'elle fréquente pour le mauvais motif. Mais vous aurez beau regarder dans une longue-vue, monsieur, vous ne verrez rien si la lorgnette n'est pas à votre point. Pélagie fait partie de la règle de conduite ; elle a sa raison d'être... Je suis bête, moi ! Je n'ai qu'à mettre un papier dessus, parbleu !

» Il s'agissait de la photographie que je dévorais toujours des yeux, à ce qu'il paraît.

» M. Louaisot cacha ma pauvre petite Jeanne à l'aide d'une signification sur timbre à laquelle était encore joint le protêt.

» Mon œil, arrêté dans cette direction, reconnut, ou crut reconnaître, au corps du billet, l'écriture de Mme Péry.

» M. Louaisot de Méricourt cligna encore de l'œil et dit d'un air aimable :

» — Comme vous voyez ! profits et pertes ! Sans me targuer d'être supérieur à Saint Vincent de Paul, je n'ai jamais rien refusé à la veuve et à l'orphelin, quand l'affaire offre quelques garanties. J'avais confusément l'idée que vous feriez les fonds à l'échéance, mais Mme Péry refusa *mordicus* de s'adresser à vous. C'était une nature insuffisante, sans aucune initiative... Ne vous apitoyez pas sur mon sort. L'effet est de 500 fr. sur lesquels j'ai fourni 75 fr. écus et 425 fr. d'eau de Contrexeville en cruchons vernis. Je puis vous affirmer qu'il sera soldé un jour ou l'autre, capital, intérêts et frais, plus un pourboire... Pélagie !

» La grosse gouvernante parut presque aussitôt, le nez et la coiffe au vent.

» — Apporte-moi une croûte, lui dit M. Louaisot, et quelque chose avec, M. le juge permet. Regarde bien M.

le juge. Pélagie, il est de la maison. Jamais, au grand jamais, entends-tu, tu ne lui refuseras ma porte, — à moins que nous n'ayons mieux à faire.

» Pélagie exhiba ses trente-deux dents en un gros rire jovial et sortit.

» J'avais toujours les yeux fixés sur le pauvre billet de la morte. Je me disais qu'on l'avait protesté peut-être au chevet de son agonie. Et il recouvrait maintenant l'adoré sourire de ma Jeanne, perdue pour moi peut-être à jamais.

» Pélagie apporta une assiette sur laquelle il y avait un bon morceau de pain avec une tranche de rôti froid.

» — On n'a donc pas bien déjeuné, ce matin, chez Véfour ? demanda-t-elle d'un air effrontément candide.

» — Va voir de l'autre côté si j'y suis, toi ! répondit M. Louaisot, la bouche déjà pleine. Murons la vie privée, si nous ne voulons pas être flanquée dehors, M. le juge est un jeune homme comme il faut, et tu lui ferais croire que tu n'as pas été élevée aux Oiseaux !

» Pélagie montra pour la seconde fois ses dents d'une blancheur insolente, et fourra ses mains dodues dans les poches de son tablier de soie.

» Ce fut sa seule réponse, mais elle en valait bien une autre.

» M. Louaisot de Méricourt, reprit quand elle fut sortie :

» — Excusez-la, monsieur Thibaut, elle sort de chez un conseiller d'Etat. Je vous devais cette explication loyale. Où en étions-nous ? Je vous disais que vous étiez mon client sans vous en douter. Farceur ! je crois au contraire que vous vous en doutez supérieurement. Vous ne dites rien, mais la langue vous démange de m'interroger, parce que vous savez de science certaine que je peux vous apprendre un tas de machines. C'est ici le magasin.

» Il s'interrompit pour prononcer d'un ton railleur cette phrase que j'avais lu la veille dans une lettre anonyme.

» — *Tout n'est pas rose dans le métier d'amoureux.*

» Cela me fit relever la tête. Il me regardait fixement. Le rayon aigu de sa prunelle m'entrait dans les yeux. Il reprit en baissant la voix :

» — Avez-vous lu dans les journaux la mort de ce pauvre Albert de Rochecotte ?

» Je crus avoir mal entendu.

» —Mort ! Albert serait mort ! m'écriai-je.

» — Bien, bien. Ce triste événement m'a aussi donné un coup. Je vous avais dit que je vous reparlerais de lui avant de nous quitter, et peut-être que ce fait-divers ne sera dans votre journal que demain. Voilà : il paraît que sa donzelle... Comment l'appelez-vous ?

» Je me souvenais du nom de Fanchette qui revenait si souvent dans les lettres d'Albert.

» Je le balbutiai. J'étais atterré.

» M. Louaisot, tout en mangeant son rôti sous le pouce, tenait toujours fixé sur moi son regard tranchant qui me blessait et m'inquiétait.

» Il me semblait deviner une menace dans ce regard.

» —C'est ça ! fit-il avec un singulier sourire, méchant et bonhomme à la fois, c'est parbleu bien ça ! Fanchette !.. Quoiqu'elle ait peut-être encore un autre nom.

» Il s'arrêta. Evidemment son regard me provoquait.

» Je restai muet. J'étais frappé plus que je ne puis

dire par l'annonce de cette mort prématurée, à laquelle ma raison refusait d'ajouter foi.

» — Mais que nous importent les autres noms qu'elle peut avoir? poursuivit M. Louaisot sans perdre un coup de dents. Celui de Fanchette suffit amplement à caractériser la particulière. A bon entendeur, salut, M. Thibaut! Donc, Fanchette, puisque Fanchette il y a, se mêlait d'être jalouse. Ce n'est pas rare, et quand elles ne le sont pas elles font semblant, c'est leur état. Or, ce pauvre Rochecotte s'était mis en tête de faire une fin....

» — On n'épouse pas Fanchette! murmurai-je involontairement, par souvenir de la dernière lettre du pauvre Rochecotte.

» — Possible, me répondit M. Louaisot, mais alors Fanchette tue.

» Ce mot me mit tout debout sur mes pieds. M. Louaisot, me voyant ainsi levé, me dit avec un geste courtois:

» — Ne vous dérangez donc pas, cher monsieur.

» Mais je ne l'entendais pas. Je restais là tout étourdi.

» Après toi, Geoffroy, Rochecotte était celui de vous tous que j'aimais le mieux.

» M. Louaisot de Méricourt quitta son pain et son rôti pour prendre sur la table un paquet de lettres qu'il feuilleta avec son couteau à manger.

» — Fanchette tue, répéta-t-il, tout comme la balle d'un fusil ou le boulet d'un canon. Il y a cent manières de tuer... Est-ce que vous n'aviez pas cher monsieur Thibaut, quelque engagement de jeunesse avec Mme la marquise de Chambray?

» Je dus me redresser très-haut, car il enfila aussitôt

toute une série de gestes qui valaient la plus éloquente apologie.

» Et cela ne l'empêcha pas d'ajouter :

»— Vous comprenez bien qu'on me répond quand on veut. Je ne force personne. Règle de conduite : quand je me permets d'interroger, c'est toujours dans l'intérêt du client. Mettez, je vous pris, que je n'ai rien dit. mon cher monsieur Thibaut... Voici le fait-Paris en question.

» Il détacha une fiche de papier imprimé qu'on avait coupée dans un journal et collée, avec deux pains à cacheter, à l'intérieur d'une lettre. Il me la tendit au bout de son couteau.

» Le journal disait :

» Encore un assassinat! Hier soir, à dix heures, le pit-
» toresque hameau du Point-du-Jour, si connu de tous
» les amateurs de plaisirs champêtres, a été effrayé par
» un tragique événement.

» Dans un cabinet particulier du restaurant : *les Til-*
» *leuls*, où se réunissent d'ordinaire les joyeuses sociétés
» de promeneurs, un jeune homme et une jeune femme
» s'étaient fait servir à dîner.

» Et tous deux, pendant le repas, au dire des garçons
» qui les ont servis, avaient fait preuve d'une gaîté folle.

» Longtemps après qu'on leur eut monté le café, et
» quand le maître de l'établissement s'étonnait déjà de
» ne plus rien entendre dans leur cabinet, tout à l'heure
» si bruyant, une société qui occupait un salon voisin put
» saisir quelques sons plaintifs.

» On essaya d'ouvrir la porte qui était fermée ou plu-
» barricadée en dedans et force fut d'envoyer chercher
» un serrurier qui ouvrit enfin.

» A l'intérieur, un spectacle horrible s'offrit aux yeux
» des assistants.

» Le jeune homme (M. A. de R.... reconnu par le maî-
» tre de l'établissement pour un de ses clients habituels)
» était étendu sur le carreau et baigné dans son sang.

» Il expira au bout de quelques secondes et ne put pro-
» noncer une seule parole de révélation ou d'accusation.

» La jeune fille, elle, avait disparu; nul ne peut dire
» quand ni comment.

» Le maître de l'établissement dont elle était égale-
» ment connue la désigne sous le nom de F...

» On a trouvé par terre, auprès de la table (ceci n'est
» qu'un on-dit) un mouchoir souillé de sang, ayant ap-
» partenu à la fille F.,. et un petit étui ou paquet conte-
» nant une demi-douzaine de cartes photographiques qui
» seraient des portraits de la même fille F...

» M. A. de R.., venait de faire un héritage. Il était sur
» le point de se marier. On attribue ce meurtre à la ja-
» lousie. La justice informe activement. »

» C'était terriblement clair. J'allais pourtant exprimer
un doute, fondé sur ce fait que le journal ne donnait que
des initiales, lorsque M. Louaisot me tendit une seconde
fiche plus étroite qu'il venait de découper délicatement
avec des ciseaux dans le corps même de sa lettre.

» Je lus ce qui suit :

«.... Vous avez déjà deviné: R. désigne Rochecotte et
» F. Fanchette. Je le sais d'une façon trop certaine.

» Ce que le journal ne dit pas, c'est que cette malheu-
» reuse a été vue par un témoin sur le bord de la rivière,
» tout égarée et comme folle.

» Elle tenait encore à la main une paire de ciseaux

» tout sanglants. (Ce serait avec des ciseaux que le meur-
» tre aurait été commis!) Elle avait les mains souillées de
» taches rouges et des cheveux, arrachés dans la lutte, se
» collaient horriblement à ses doigts...

» Les uns disent qu'elle s'est noyée entre le Point-du-
» Jour et le pont de Grenelle, les autres, qu'elle est par-
» venue à s'évader... »

» Je restai muet de stupeur après cette lecture.

» M. Louaisot ayant achevé de dépêcher sa prébende, quitta son fauteuil et alla ouvrir le placard contenant, au dire de Pélagie, ce qui plaît aux messieurs, aux dames et aux demoiselles. Il en retira une bouteille de vin entamée.

» — Un petit coup pour vous remettre le cœur? demanda-t-il avec sa bonne humeur imperturbable.

» Sur mon geste de refus, il remplit un verre jusqu'au bord et le huma sans se presser.

» Puis il vint se rasseoir vis-à-vis de moi et reprit en s'essuyant la bouche :

» — Très malheureux, monsieur et cher compatriote, je suis bien éloigné de dire le contraire. Un charmant garçon, riche dès aujourd'hui, et qui demain... Mais bah! demain n'est à personne. Comprenez-vous maintenant la vérité de ce que je vous disais sur le métier d'amoureux?

» Et se figure-t-on chose pareille? avec des ciseaux! Combien cette Fanchette a-t-elle dû frapper de coups? dix, vingt, trente?... Mais, après tout, des ciseaux, c'est une arme de pauvre fille. Les grandes dames tuent autrement. J'en ai connu qui se servaient d'une épingle et qui frappaient — plus de mille fois — droit au cœur!

» La profession a ses chagrins, mais elle est curieuse pour un observateur.

» Le truc, mon cher monsieur, c'est de savoir tout utiliser. Et, tenez, ce vieux bébé de baron a tourné l'œil en me devant 176 fr. 20 c.; c'est de l'argent. Mais je lui pardonne, parce que, un beau jour de sa vie, ou peut-être une belle nuit, il a fait une besogne qui me vaudra mon cabriolet, et mon hôtel aussi, et mon château,—et encore, vous allez rire, ma place au palais Bourbon, car j'ai des idées de politique. Je m'exprime élégamment, j'aime à discourir, et ça me chatouillerait assez d'être appelé « l'honorable préopinant. »

» Il s'arrêta et mit le poing sur la hanche pour ajouter :

» — Dites-donc, vous ! aussi honorable que bien d'autres ! La profession est délicate, c'est sûr, mais louche-t-elle plus que le commerce à faux poids et l'industrie frelatée, qui remplissent la chambre d'usuriers et de faiseurs, gonflés, les uns et les autres, comme des sangsues après leur dîner rouge ?... Et on se relève, chez nous par la conscience!

» M. Louaisot enfla ses joues et fourra son pouce dans l'entournure de son gilet, pour me regarder du haut de sa grandeur.

» En somme, où tendait tout cela?

» J'écoutais sans trop d'impatience ce débordement de paroles bavardes, parce que j'y cherchais un sens qui n'était pas celui des mots prononcés.

» Mon instinct me disait que, sous ces verbiages, se dissimulait un but très habilement poursuivi.

» Dans toute la vérité du terme, je me sentais enveloppé par une menace vague qui allait se resserrant sans cesse autour de moi.

» Une fois ou deux, la pensée me vint que j'avais affaire à un maniaque, mais ce soupçon ne tint pas contre l'évidence qui naissait de mon émotion même.

» Geoffroy, il faut me lire comme j'écoutais : entre les lignes et hors du texte. C'est sérieux. Je dirai plus : c'est peut-être mortel.

» Il y a déjà du sang dans le passé, il y aura encore du sang dans l'avenir.

» — Mon cher monsieur Thibaut, reprit Louaisot après un court silence, je vous étonnerais si je vous disais depuis combien de temps j'ai l'avantage de m'occuper de vous. M. Scribe a fait plus de cent comédies, c'était un homme de talent, moi aussi, — et je n'en ai fait, qu'une. Jugez si elle doit être bonne !

» Quand j'étais tout petit, là-bas, au pays, j'entendis raconter une fois l'histoire d'un brave homme qui n'était pas cordonnier et qui vendit 300,000 paires de savates au gouvernement de l'empereur Napoléon Ier, roi d'Italie et protecteur de la Confédération germanique.

» Napoléon n'est pas mon fétiche, à moi, j'aime mieux Franconi.

» Devine devinaille ! Savez-vous pourquoi les gouvernements qui ont besoin de chaussures frappent toujours à la porte des boutiques où il n'y a ni cuir ni ligneul ? Et de même pour le reste, achetant leur pain au boucher, leur viande chez l'horloger et l'avoine de leurs chevaux aux fabricants de corsets mécaniques ?

» Dans l'histoire dont je vous parle, on voyait un bedeau de paroisse et un facteur rural, qui vendirent au grand Napoléon trente-six charretées de fusils.

» Le brave homme aux 300,000 paires de souliers était un maquignon de Lillebonne qui avait un neveu, brosseur chez un capitaine, lequel capitaine faisait la cour à une demoiselle qui connaissait une dame dont la sœur avait une cousine. Comprenez-vous ? La cousine était précisément la tante d'un beau gars qui valsait bien. Et la femme de M. le secrétaire général du ministère de la guerre était folle de la valse.

» J'ai gazé l'anecdote à cause de vos mœurs.

» Voilà comment les choses se font : M⁽ᵐᵉ⁾ la secrétaire générale donna la fourniture au beau gars, qui la vendit à sa tante, qui la passa à la cousine et ainsi de suite jusqu'à l'oncle du brosseur.

» Tout le long du chemin, la fourniture avait sué des pièces de cent sous. Elle était maigre, maigre quand elle arriva au maquignon de Lillebonne. S'il avait eu la bête d'idée de livrer des vrais souliers au gouvernement, il aurait fondu son dernier sou.

» Mais c'était un fin finaud de Cauchois. Il se dit : qu'est-ce que ça fait ? c'est pour des soldats !

» Et il acheta un plein magasin d'almanachs qu'il fourra dans les semelles.

» Qui fut bien chaussé ? ce fut le fournisseur. Quant aux soldats, ils allèrent sur leurs plantes, dans la boue, jusqu'à Vienne ou jusqu'à Moscou, je ne sais pas au juste. Et tout le monde fut content.

» Ça vous est égal, mon histoire ? vous croyez ça ? Peut-être que vous vous trompez. Moi elle me donna la première idée de ma comédie.

» Et j'y pioche depuis le temps.

» De rien on ne peut rien faire, ça paraît certain, mais il est également positif qu'avec presque rien on peut faire beaucoup. Voyez les almanachs, qui deviennent des semelles, portant les conquérants de l'Europe !

» C'est affaire de soins, de peines, et la manière de s'en servir.

» Mon histoire, telle que je vous l'ai contée, a tué le pauvre jeune monsieur de Rochecotte, à plus de soixante ans de distance.

» Et la petite photographie qui est là... Mais n'embrouillons rien. C'était pour réveiller votre attention, monsieur et cher compatriote. C'est fait.

» Nous en étions à ce qu'on peut tirer de presque rien. Dame ! consultez la nature. Le coq est dans l'œuf, le chêne est dans le gland.

» On couve l'œuf, on arrose le gland ; l'affaire sort, on la nourrit, on l'engraisse.

» Mais comment engraisser une affaire ? Avec du foin ? Non, avec de l'esprit, de l'adresse — et de la conscience.

» J'en ai plein mes poches et encore au grenier.

» Aussi, mon affaire se porte comme le Pont-Neuf. M. Scribe en serait jaloux...

» Il reprit haleine. Je passai mon mouchoir sur mon front qui était baigné de sueur.

» Pour tout autre ces choses eussent bourdonné à l'oreille comme un vain son. Moi, j'en souffrais comme la souris que le chat pelote.

» J'aurais payé pour que la griffe jaillît enfin hors de cette patte de velours.

»— Patience ! fit M. Louaisot, avec son détestable sourire. Je ne dis rien d'inutile, et nous en verrons le bout. L'origine de ma brillante éducation fut donc l'anecdote des souliers militaires, fabriqués avec des almanachs. Ils étaient, dans notre pays de Caux, cinq fournisseurs de la même farine... Mais vous transpirez trop, monsieur et cher compatriote. J'abrége. Arrivons au fait et parlons de vous.

» — Oui, parlons de moi, répétai-je machinalement, je vous en prie !

» C'était de ma part, un véritable cri de détresse.

» M. Louaisot me jeta un regard de travers.

» — Ma parole, fit-il non sans dépit, je ne suis pourtant pas ici pour m'amuser. Aviez-vous peur de me voir démonter pour vous toute ma mécanique ? Non pas, non pas, diable !

» Il ajouta en tirant sa montre :

» — J'ai d'autres clients que vous, mon cher monsieur, entre autres la personne qui offre trois mille francs pour la photographie. Elle paye bien, et comptant. Je la sers pour son argent, ric à rac, Mais quant à gâter le métier, jamais ! Ce n'est pas mon tempérament.

» D'ailleurs, qui sait ? Peut-être que j'ai une vieille dent de lait contre cette personne-là. Et peut-être qu'au contraire je vous porte un intérêt hors ligne. Pourquoi ? parce que...

» Voyons ! si vous étiez l'affaire ?

» — L'affaire ? répétai-je encore ; cherchant à lire dans le rayon qui flambait dans ses yeux.

» — Oui, l'affaire ! si vous étiez l'affaire, la propre affaire que je nourris et que j'engraisse pour la vendre de mon mieux à la foire prochaine ? On a vu des choses plus étonnantes, mylord !

» En foi de quoi, ne faites plus l'endormi, et ouvrez vos deux oreilles toutes grandes...

» Il changea de ton et poursuivit avec une emphase soudaine :

» — M. Thibaut, vous allez entrer, non, vous êtes entré déjà et jusqu'au menton encore, dans une charade de tous les diables dont vous chercherez le mot longtemps, longtemps.

» Quand vous trouverez le mot, si jamais vous mettez la main dessus, il sera peut-être trop tard.

» En attendant, vous aurez des hauts et des bas, M. Thibaut. Au moment où vous vous croirez mort, je vous enverrai du secours, par suite de l'affection que vous avez su m'inspirer dans cette courte entrevue — ou bien pour nourrir l'affaire, arrangez cela comme vous voudrez.

» Mais aussi, quand vous ouvrirez le bec pour crier victoire, boum ! un coup de canon ! C'est moi qui tirerai sur vous à boulet rouge.

» L'affaire ! Votre victoire tuerait l'affaire tout aussi bien que votre mort.

» Pour le moment, vous êtes à la côte comme disent les marins, aussi je vous tends la corde. Que souhaitez-vous, cher M. Thibaut? Je gage que c'est la photographie. En vérité, ça n'en vaudrait pas la peine. Je ferai mieux, je veux vous rendre l'original du portrait....

» Je joignis les mains comme s'il m'eût ouvert le ciel.

» — Attendez-donc ! ajouta-t-il. Et ça se mêle d'être le collègue de M. Ferrand ! Voilà un compagnon dont la peau n'est pas transparente ! L'avez-vous regardé dans l'œil?... Attendez donc ! Que feriez-vous du pauvre ange si les mêmes obstacles restaient dressés entre elle et vous? Je ne fais rien à demi. En vous rendant l'original en question, je prétends vous fournir les moyens de l'épouser bel et bien par devant M. le curé et par devant M. le maire.

» Ma tête s'inclina sur ma poitrine. J'étais incapable de trouver une parole.

» Mais des paroles, il en avait pour deux.

» — Vous croyez que je me moque de vous, jeunesse? reprit-il ; vous avez tort. Je n'ai jamais le temps de me moquer. Je possède un moyen certain d'obtenir, par des voies de douceur, le consentement de cette farouche Mme Thibaut. Je suis prêt à mettre ce moyen à votre disposition, et ça ne vous coûtera que mille écus : juste le prix marqué par l'autre client sur la photographie.

» — Je n'ai pas mille écus, murmurai-je.

» — On vous fera crédit, mon prince, dit-il en souriant.

» Puis il ajouta ces paroles étranges :

» — Voyez-vous, il ne faut jurer de rien. Vous êtes peut-être un millionnaire, sans le savoir...

N° 29 bis.

(Ecriture de Lucien. Suite du précédent.)

» On est venu me demander pendant que j'écrivais. Il m'a été remis un pli jeté dans la boîte du concierge, et contenant une lettre ou plutôt un fragment de lettre qui ajoute un point d'interrogation à tant d'autres.

» Tu le verras. Je continue tandis que j'ai la mémoire

fraîche, désirant terminer aujourd'hui même le récit de mon entrevue avec M. Louaisot.

» Cette phrase bizarre : *Vous êtes peut-être un millionnaire sans le savoir*, glissa sur mon entendement au milieu du flux des paroles dont j'étais littéralement inondé.

» M. Louaisot poursuivit après une pause, destinée sans doute à souligner son allusion à mes prétendus millions :

» — Vous n'avez pas, monsieur et cher compatriote, à vous occuper des réalités ou des rêves sur lesquels je pique mon hypothèque. Ça me regarde exclusivement : Je suis majeur. Je prendrai votre promesse pour bonne, voilà le fait. Pas d'écrit, pas de billet ! à la normande ! Tapez-moi seulement dans le creux de la main.

» Il avança la sienne. Je la touchai du bout de mes doigts.

» Je n'espérais pas beaucoup sans doute du moyen mystérieux que M. Louaisot mettait à ma disposition comme s'il eût été une bonne fée, mais j'éprouvais une curiosité d'enfant.

» Je voudrais en vain le cacher, j'étais sous le coup de ce trouble qui porte à admettre le merveilleux.

» Dans une certaine mesure, M. Louaisot, touchant le but qu'il visait, avait réussi à me fasciner.

» — Tope ! fit-il, marché conclu. Trois et trois font six, hé ! c'est six mille francs que je gratte, ce matin. Passons au moyen dont je vais opérer loyalement la livraison. Vous n'avez pas plus de ruse qu'il ne faut dans votre sac, mon cher monsieur, mais vous êtes juge ; après tout, ça forme un jeune homme.

» Vous avez vu et entendu, sur le banc des accusés,

des gaillards qui ont le fil, sans compter les avocats : vous savez à peu près ce que parler veut dire.

» Bon ! Votre maman, qui est une respectable femme, veut faire votre fortune par un mariage. Les mères ne sorte pas de là. Pour elles, c'est le grand chemin. Et ici, la bonne dame est tout spécialement servie par le hasard. Après avoir jeté ses plombs sur des goujons de médiocre grosseur, Mlle Sidonie, Mlle Agathe, Mlle Maria... vous voilà tout ébahi de me voir connaître ces noms-là. Mettez-vous donc une bonne fois dans la tête que notre métier vit de conscience.

» Nos prospectus chantent : Je sais tout, je sais tout, je sais tout ! Ce serait donc manquer de conscience si la maison ignorait la moindre des choses.

» Je reprends : La maman Thibaut, en lorgnant ce frétin, a cru voir tout d'un coup qu'un bien autre poisson rôdait autour de sa nasse.

» Un superbe saumon, celui-là ! saperlotte ! le plus beau poisson du pays à vingt lieues à la ronde ! Mme la marquise de Chambray, la reine de la localité, l'étoile de l'arrondissement, l'astre du département, et avec ça le miroir de toutes les vertus, un phénix, quoi, une perle, un trésor... je ne ris pas, au moins : c'est ma cliente. Me suivez-vous bien, jeune homme ?...

» Je fis un geste affirmatif.

» — Et vous ne vous offensez pas du ton léger que je prends, hein ? On ne peut pas toujours rester raides comme des bâtons. J'ai un fonds de gaieté dans le caractère.

» Voulez-vous bien me dire maintenant ce que pouvait peser votre autre petite vis-à-vis de l'incomparable marquise? Je parle de Jeanne Péry, la pauvre fillette. Vous savez mieux que personne d'où elle sort. Et pour racheter sa naissance, elle n'a que les dettes laissées par ses lamentables père et mère.

» — Mme Péry, voulus-je dire, était une femme...

» — Parbleu ! interrompit M. Louaisot, et M. Péry, un homme. Au point de vue physiologique, il faut cette variété dans les sexes pour constituer un ménage.

» Mais quel homme ! et quelle femme ! Votre fantaisie de grand enfant pour l'héritière de ce couple, mon cher monsieur, n'aurait pas même pu faire tort à Mlle Maria, ni à Mlle Agathe, ni à Mlle Sidonie. Jugez donc quand Mme votre maman l'a flanquée en balance avec la marquise Olympe !

» Et encore, votre bonne mère avait à dire ceci : c'est que vous étiez moins godiche dans votre jeune âge. La susdite marquise Olympe avait été votre premier rêve. Ne rougissez pas : c'est un fait acquis à l'histoire générale de notre époque.

» Bon ! voici quelque chose de moins vraisemblable : de son côté, l'éblouissante Olympe en tenait pour vous, mon prince. Sous quel prétexte? Je n'explique pas, je constate. L'Amour a un bandeau dans la mythologie, et d'ailleurs, en dehors de l'innocence incurable qui fait le désespoir de vos proches, vous êtes diablement joli garçon !

» Enfin n'importe, ça y était : Cupidon l'avait piquée de ses flèches. On pouvait donc chanter : affaire bâclée ! et marchander la corbeille.

» Ah ! bien, ouiche ! pas du tout. Obstination inopinée

de l'ancien agneau qui tourne au bélier pour l'entêtement. L'agneau s'acharne après son second rêve, le mauvais rêve, celui qui n'a pas le sou !

» Dame ! maman se fâche, mais là, tout bleu ! Les deux sœurs n'ont plus une goutte de sang qui ne soit vinaigre... Qu'est-ce que c'est Pélagie ?

» La porte par où j'étais entré venait de s'ouvrir, et cette large fleur, Pélagie, s'épanouissait sur le seuil.

» — C'est la dame, dit-elle.

» — Quelle dame ? demanda M. Louaisot avec impatience.

» — Parbleu ! répliqua Pélagie, la belle, donc ! Celle du pays, et que vous avez dit d'aller lui chercher des gâteaux jusque chez Félix, si elle veut.

» M. Louaisot de Méricourt sourit d'un air discret et fin.

» — Emballe dans le boudoir, ma vieille, dit-il, donne le journal et prie d'attendre. Sois polie, sois même prévenante, mais non pas jusqu'à offrir l'absinthe. Et souviens-toi bien de ceci : le jeune seigneur ici présent doit être traité en toutes circonstances avec les mêmes ménagements. La dame et lui font la paire. Suppose que ma clientèle soit un panier, ils sont le dessus de ma clientèle. Va !

» La Normande l'écoutait comme toujours d'un air moitié obéissant, moitié goguenard.

» Quand elle eut refermé la porte, M. Louaisot reprit :

» — Concis et précis, voilà désormais le mot d'ordre. Je supprime toute une série d'arguments intermédiaires, et je dis : nos prémisses étant posées comme ci-dessus, il est clair que la maman vous ferait rôtir sur le bûcher d'Abraham plutôt que de vous laisser convoler avec la photographie.

» C'est certain, c'est net et plus évident que la lumière du jour. Et je l'approuve, cette mère de famille.

» Mais si on démolissait les prémisses de fond en comble, de manière à n'en pas conserver une miette, qu'arriverait-il? Veuillez me répondre.

» Je n'eus garde. Il continua :

» — Monsieur et cher compatriote, j'ai rencontré plus d'un modèle d'ahurissement, mais d'aussi parfait que vous, jamais! J'ai peut-être eu tort de vous parler la langue des artistes et gens du monde. En bon français d'Yvetot, voyons! Je suppose que Mme la marquise ne veuille plus de vous?

» Je dus faire un mouvement, car il s'écria :

» — N'est-ce pas que c'est une idée? J'en ai comme ça par hasard d'assez mignonnes. Il est manifeste que le refus de la belle Olympe arrangerait déjà beaucoup nos affaires. Le gros poisson étant parti, on recommencerait la pêche aux goujons.

» Mais c'est que notre pauvre photographie n'est même pas un goujon, direz-vous?

» Elle n'est rien. Elle est moins que rien.

» Donc, le refus de la rayonnante Olympe n'aurait pour résultat immédiat que de nous ramener à Mlle Sidonie, à Mlle Agathe et à Mlle Maria. Est-ce ce que nous voulons? Non? Alors, creusons l'idée...

» J'écoutais, pour le coup, de toutes mes oreilles. Cela mettait M. Louaisot en bonne humeur, il continua :

»— Ma parole, il a l'air de comprendre, l'élève Thibaut! Je creuse : je suppose que la situation monétaire de Mlle Jeanne vienne à s'améliorer. Comment? Je vais vous étonner : par la resplendissente Olympe elle-même.

» Vous faites la grimace, ça m'est égal. Quand on est en train de supposer, il ne faut jamais s'arrêter à moitié route. Les frais sont nuls.

» Je suppose donc que cette même radieuse Olympe, comparable à la divinité, abaisse un regard plein de miséricorde sur la photographie (qui est sa parente, vous savez, et qui pouvait avoir quelques droits à l'héritage de feu le marquis). Eh! eh! pas si bête, ce M. de Méricourt! je suppose, dis-je, que la dite Olympe ait l'idée, spontanée ou suggérée, de prendre ladite photographie sous sa protection majestueuse, de la relever par son contact purificateur, de la présenter dans le monde...

»— Assez! assez! balbutiai-je avec découragement.

»— Comment, assez! non pas, saperlotte! ce n'est pas assez, mon cher monsieur.

»— Vous me leurrez d'espérances impossibles!

»— Est-ce votre avis? Gardez-le pour vous. Personne ne vous a consulté, pas vrai? Loin que ce soit assez, il faut encore qu'Olympe, déjà plusieurs fois nommée, et image de la céleste Providence, après avoir nettoyé notre ange, fournisse une jolie petite dot pardessus le marché.

» Cette fois, je me levai indigné. M. Louaisot me saisit le poignet au moment où je me dirigeais vers la porte.

»Cet homme a la force d'un bœuf. Je restai immobile comme si les deux moitiés d'un étau s'étaient refermées sur mon bras.

» — Il le faut, il le faut, il le faut! répéta-t-il par trois fois. Non pas seulement pour vous, mais pour moi, pour nourrir l'affaire qui est en train de maigrir. Et d'ailleurs, croyez-moi, mylord, l'auguste Olympe doit bien ça à sa pauvre petite cousinette. Ce ne sera qu'un à compte...

» Mon regard l'interrogea. Il s'interrompit pour ajouter :

» — Ne tâchez jamais d'en savoir plus long que je n'en veux dire. C'est inutile. Ne songez qu'à votre propre cas. Vous l'aimez ou vous ne l'aimez pas, cette pauvre petiote...

» — Jeanne! m'écriai-je. Si j'aime Jeanne!...

» — Bien, très bien! interrompit-il. Ça suffit, je n'en doute pas, et c'est pour cela que je vous dis sans ménager mes expressions : Votre hésitation est bête comme tout, Pendant que vous hésitez, qui sait si la pauvre petite chérie est étendue bien à son aise sur un canapé entièrement bourré de feuilles de roses ?

» Eh! Biribi! vous ne songiez plus à cela!....

» Son terrible regard était sur moi. Il m'entra dans le cœur comme un couteau.

» — Vous savez où elle est ! prononçai-je avec effort.

» Il me regardait toujours.

» — Vous savez qu'elle souffre !..

» Il haussa les épaules.

» — Je sais tout, mon frère, prononça-t-il durement.

15

La question n'est pas là. Voici la question : je vous vends moyennant trois mille francs, un moyen de forcer la marquise de Chambray....

» — De forcer ! répétai-je malgré moi.

» — Dame ! écoutez donc, je ne suis pas sorcier au point de tordre une volonté sans serrer un peu son poignet ou sa gorge.

» — Pour forcer, il faut menacer...

» — A tous le moins, oui. Quelquefois, on est obligé d'exécuter la menace.

» — Pour menacer, il faut savoir...

» — Ça paraît plausible, M. Thibaut. Aussi, je comptais vous apprendre...

» — Et vous croyez que je voudrais pénétrer dans la vie d'une femme ! Acheter son secret !

» Je parlais avec une telle véhémence que ma voix se brisa dans ma gorge.

» M. Louaisot me contemplait avec un mépris qui allait jusqu'à l'admiration.

» Il restait là devant moi sans parler.

» Enfin, de lui quelque chose remua. Ce fut sa main qui souleva négligemment la pièce de procédure placée sur le portrait de Jeanne.

» Et il se mit à jouer avec la photographie, la faisant tourner et retourner entre ses doigts.

» — Je vois mon cher monsieur Thibaut, reprit-il après un assez long silence, que vous n'aimez pas cette enfant-là comme je le croyais. Ceci vous regarde, et je ne vois plus, en définitive, pourquoi vous ne finiriez pas par vous entendre avec madame votre mère.

» Quant à moi vous me jugez mal parce que vous ne

me connaissez pas. Dans la profession, jamais on ne trahit un secret, c'est la règle de conduite, — surtout pour trois mille misérables francs !

» Je puis avoir la fantaisie de vous servir. J'y puis avoir intérêt aussi. Je peux encore, suivant le penchant de ma nature espiègle, ne pas résister au plaisir de faire une niche à une belle dame qui m'a traité quelquefois peut-être du haut de sa grandeur.

» Mais elle est ma cliente. Son secret, mon cher monsieur, repose dans ma poitrine comme au fond d'un cercueil.

» Elle a plusieurs secrets, la magnifique créature, un surtout, un gros. Vous le connaîtrez peut-être un jour, mais ce ne sera pas par moi.

» Je nourris les affaires, je ne les étrangle pas.

» Finissons : vous m'avez acheté pour trois mille francs de marchandise, reste à opérer la livraison. J'y procède.

» Il prit sur son bureau une feuille de papier à lettre et y traça lestement une ligne,—une seule.

»— Maintenant, poursuivit-il en me tendant la feuille pliée en quatre, vous ferez de ceci l'usage que bon vous semblera. Il vous est même loisible de le jeter au feu sans l'ouvrir ; vous ne m'en devrez pas moins les trois mille francs convenus... Je suis attendu par une dame, vous ne m'en voudrez pas si je vous quitte. Au plaisir de vous revoir, mon cher monsieur Thibaut.

» Comme je n'avais pas avancé la main pour prendre la feuille de papier pliée en quatre, il la glissa sur mes genoux.

» Puis il me laissa seul.

N° 30

(Ecriture de Lucien, suite du précédent.)

» J'ai dormi, cela ne m'a pas reposé. J'ai la fièvre.

» Je devrais placer ici, dans mon dossier, de   s, selon leur numéro d'ordre, car elles me sont p   es hier, mais j'aime mieux achever mon récit sans le morceler.

» Quand M. Louaisot me quitta ainsi brusquement, je ne répondis pas à son salut et ne songeai même point à me retirer.

» Tout ce qui m'avait été dit depuis deux grandes heures tourbillonnait autour de ma cervelle. L'impression que me laissait l'ensemble de l'entretien était menaçante à un point que je ne peux exprimer.

» Il me semblait que le regard affilé de cet homme pesait comme un couperet sur mon front. Il y laissait une sensation de plaie vive.

» Je restais assis à la même place. J'avais encore sur mes genoux la feuille pliée en quatre qu'il y avait posée. L'agenda, le protêt et la photographie avaient disparu : M. Louaisot les avait serrés ensemble dans un tiroir fermant à clé.

» Non-seulement l'idée de prendre connaissance de l'écrit de M. Louaisot ne m'était pas venue, mais je ne l'avais ni touché ni même regardé.

» Ce qui m'éveilla, ce fut la sonore chanson de la Normande qui avait entonné le *Sire de Framboisy* dans l'antichambre, en battant le par dessus de son maître, à grand fracas.

» Concurremment avec le chant de Pélagie, mon oreille perçut alors le murmure d'une conversation vive et animée, mais qui très certainement n'était pas une dispute.

» Elle ne ressemblait guère à mon entretien avec M. Louaisot: les répliques allaient et venaient comme un feu croisé.

» Cette conversation ne se tenait point dans la pièce voisine. Je devais être séparé des interlocuteurs par deux portes dont une restait entr'ouverte.

» Je ne distinguais, bien entendu, aucune des paroles prononcées, mais le timbre des voix m'arrivait assez net.

» Il y avait un homme et une femme.

» Je savais que la femme était Olympe bien que son nom n'eût point été prononcé. La pensée d'Olympe me ramena au papier qui était sur mes genoux.

» Je le pris. Je crois pouvoir affirmer que c'était pour le jeter au feu.

» Il n'y avait pas de feu dans la cheminée.

» En toute ma vie je n'avais jamais songé à Olympe sans éprouver un sentiment d'admiration et de respect, auquel se mêlait une part de sincère affection.

» Je la considérais comme une créature charmante, hautement accomplie, bonne, spirituelle, heureuse autant qu'on peut l'être ici-bas et méritant tout ce bonheur.

» Si quelque chose m'éloignait d'elle un peu c'était son incontestable supériorité sur moi. Je me sentais, en vérité, par trop au-dessous d'elle.

» Tu sais bien, Geoffroy, j'étais un garçon honorable, et je le suis encore. Je crois que je le suis, malgré la conduite que je tins à dater précisément de cette heure qui commença ma misère.

» Ma vraie misère, Geoffroy, car, avant cette heure, je ne faisais que souffrir.

» Et depuis cette heure, le remords est dans ma souffrance.

» Le remords ! Et pourquoi ! Quel mal pouvait-il y avoir à déplier ce papier ?

» Ce sont bien là ces lâches questions qui entament un caractère !

» Je voudrais tout rejeter sur la maladie de mon cerveau; et peut-être en aurais-je le droit, selon le monde, mais au dedans de moi un reproche s'élève que je ne puis pas étouffer.

» Geoffroy, j'ai mal fait...

» Je vais te dire : mon regard était fixé sur le bureau, à la place même où souriait naguère le portrait de ma pauvre petite Jeanne.

» J'entendis rire M. Louaisot, et Olympe éleva la voix comme pour ordonner.

» Je savais que c'était elle qui avait offert trois mille francs à M. Louaisot pour connaître la retraite de Jeanne.

» Je le savais, je le sentais : elle était l'ennemie de Jeanne.

» Après tout, ce n'était pas pour moi que je combattais.

» J'étais chargé de défendre Jeanne. Sa mère m'avait appelé à son lit de mort.

» Et Jeanne avait-elle au monde un autre défenseur que moi ?

» Ah! Geoffroy, Geoffroy, je plaide ma cause. Comment me jugeras-tu?

» Car j'ouvris le pli malgré mes mains qui tremblaient et malgré la voix qui disait au dedans de moi: tu fais mal.

» La ligne tracée par M. Louaisot était ainsi:

» *Dites-lui seulement: je sais l'histoire du codicile...*

» A peine mon regard eut-il effleuré ces mots que le papier, froissé avec honte, puis déchiré en pièces, éparpillait ses morceaux sur le parquet.

» Il eût fallut agir ainsi quelques secondes auparavant. Maintenant, il était trop tard.

» On peut détruire la page dépositaire d'une pensée, on ne peut pas détruire la pensée.

» J'avais lu. Les mots étaient imprimés dans mon souvenir.

» Ces mots insignifiants, ces mots, jetés peut-être au hasard, ils vivaient désormais en moi, ineffaçables.

» *Je sais l'histoire du codicile*! c'était bien la forme consacrée du talisman. Cela ressemblait au « Sésame, ouvre toi, » des contes arabes.

» Il y avait là un mystère qui était une menace, une clé, une arme.

» La seule idée de me placer en face d'Olympe, l'amie de ma famille, la compagne de mon enfance, avec cette arme dans la main, fit monter le rouge de l'humiliation à mon front.

» Jamais, oh! certes, jamais je ne devais me servir de cette arme!

» — Pardon, excuse, dit la haute et intelligible voix de

Pélagie qui venait de pousser la porte d'entrée d'un bon coup de pied, si ça ne vous dérangeait pas dans vos patenôtres (car vous parlez tout seul et c'est drôle, à votre âge) je balaierais à fond le bureau du patron. C'est mon jour.

» Je pris mon chapeau avec précipitation. Pélagie était debout sur le seuil, tenant son balai comme une lance.

» Elle s'effaça militairement pour me laisser passer et me dit :

» — Alors, il n'y a rien pour le vent de la porte qui a dérangé le papier placé sur le portrait de la petiote ?

» Je m'arrêtai court, elle ajouta :

» — La princesse qui est là dans le boudoir ne viendrait jamais sans cracher au bassinet. Ça se doit.

» Elle baisa en riant la pièce de monnaie que je lui mis dans la main.

» — Tenez, bel homme, me dit-elle, on s'intéresse à vous. Je mettrai ça de côté comme un sou percé, parce que l'argent de joli garçon, ça porte bonheur. Comme vous prendriez vos jambes à votre cou, si vous saviez ce qui vous attend à votre hôtel ! »

N° 31

(Charmante petite écriture de fillette. Signée « Jeanne »
tout court.)

« *A monsieur Thibaut, juge, etc., à Yvetot:*

Prière de faire suivre en cas d'absence.

(Sans indication du lieu de départ)

7 juillet 1865.

» Monsieur et bon ami,

» J'espère que ma bien-aimée mère est heureuse aux pieds de Dieu, mais je suis bien seule depuis qu'elle m'a quittée, et ses conseils me manquent à ce point que je ne sais plus ni que dire, ni que faire.

» Peut-être m'aurait-elle blâmée de vous écrire, et pourtant votre nom était sur ses lèvres, à l'heure où elle m'a dit au revoir pour un monde meilleur, et je suis bien sûre de l'avoir entendu dans son dernier baiser.

» Elle vous aimait tant ! Je crois bien qu'elle ne sera pas fâchée contre moi, si elle me voit. Elle avait confiance en vous et je ne peux guère m'adresser à un autre que vous.

» Comment vais-je commencer, cependant ? Je ne sais pas où je suis. Et quelles paroles employer, puisque j'ai à vous dire que vous êtes la cause bien innocente de ma captivité inexplicable !

» Je suis maintenant à peu près certaine que la lettre n'était pas de vous: la lettre qui m'a mise hors du couvent de la Sainte-Espérance. De qui est-elle? Ma mère avait des ennemis, puisqu'elle recevait des lettres qui l'ont tuée.

» Mais je ne connaissais aucun de ces ennemis.

» Et la lettre ne peut être d'un ami, puisqu'elle n'est pas de vous. Je l'ai gardée, je vous la montrerai, si je dois avoir jamais le bonheur de vous revoir.

» Assurément, je n'aurais pas dû ajouter foi à cette lettre, ni surtout obéir à ses prescriptions. Il y avait là-dedans trop de choses qui n'étaient pas vous.

» Mais j'ai cru à ma joie, c'est m'a joie qui ma trompée. Ma joie m'avait rendue folle.

» Est-ce qu'un pareil bonheur serait possible?

» Il est au-dessus de mes forces de vous répéter ce qu'il y avait dans cette lettre, mais je dois vous dire, pour mon excuse, qu'elle me parlait de Mme Thibaut, votre mère..

» C'est ce nom respecté qui m'a décidée.

» Une fois décidée, j'ai accompli résolument tout ce que vous m'ordonniez... tout ce que la lettre, du moins, m'ordonnait de faire.

» J'ai confiance en vous, Lucien, je ne crois qu'en vous ici-bas: comment aurais-je pu désobéir à un ordre qui me venait de vous?

» Je ne me déplaisais pas tout à fait chez les Dames de la Sainte-Espérance. Ce sont des personnes calmes et douces, un peu froides, même un peu sévères, mais leur austérité convenait justement à ma mortelle tristesse.

» Je ne me plaignais de rien, même au fond de mon cœur. Je vivais en moi même. J'étais avec ma mère—et avec vous.

» Je savais, on me l'avait dit tout de suite, que ma pension était payée par ma cousine Olympe. Cela m'inspirait beaucoup de reconnaissance, et peut-être aussi un peu de chagrin. Je ne pourrais expliquer ce dernier sentiment que je me reprochais à moi-même.

» Maintenant, pour vous apprendre le reste, il faut bien que je fasse comme si la lettre était de vous. Pardonnez-moi. Vous êtes la bonté même et vous me jugerez sans rudesse.

» En quittant le couvent, je me suis rendue tout de suite à l'endroit que vous m'aviez indiqué. Est-il besoin d'ajouter que vous n'y étiez pas ?

» Mais il y avait quelqu'un à m'attendre. Je fus reçue par une femme jeune encore, très-forte de taille et d'un joyeux caractère qui se dit envoyée par vous.

» Tout de suite, je me dis ce doit être une bonne fermière des environs d'Yvetot.

» Elle portait le costume des Cauchoises.

» Je fus attristée par votre absence, mais rien de vous ne peut me blesser. Je ne concevais encore aucun soupçon. Je pris mon repas avec cette femme. Nos métayères mangent et boivent bien quand elles ont l'occasion. Je ne m'étonnai ni de son appétit ni de sa soif. Après le dîner, sa gaîté avait redoublé. Elle se mit à chanter des chansons qui n'étaient pas toutes de Normandie.

» Je fus un peu choquée par certaines de ces chansons et aussi par quelques plaisanteries. Elle le vit et me dit :

» — On est habitué au cidre chez nous, et peut-être que le vin de par ici aura tapé sous ma coiffe.

» La chambre d'auberge était à deux lits. Elle ronfla dans l'un, je veillai dans l'autre.

» Et quand je m'endormis, à la fin, je fis de beaux rêves.

» Le lendemain, en s'éveillant, elle mit sur mon lit des vêtements qui n'étaient pas les miens, donnant pour prétexte que je devais éviter d'être reconnue.

» C'était plausible. Les vêtements me semblaient pourtant d'une élégance un peu trop parisienne.

» Dès que je fus habillée, nous sortîmes. Je lui demandai où nous allions; elle me répondit :

» — Chez Nadar.

» Quand ma pauvre mère se promenait encore, j'avais regardé souvent avec envie la devanture de ce palais, où travaille le célèbre photographe. Je me souvenais du désir que vous aviez de posséder mon portrait.

» Mais nous étions si pauvres !

» Quoique je n'eusse manifesté aucune surprise, la métayère me dit en forme d'explication :

» — C'est la maman à M. Thibaut qui veut comme ça qu'on lui envoie par la poste la frimousse de sa future belle-fille.

» Ma main a tremblé, Lucien, en traçant ce dernier mot.

» La fermière l'avait prononcé avec un bon gros rire.

» Je posai en souriant, car je pensais à vous. Le premier cliché réussit. Ce fut la fermière qui passa au bureau, et je n'entendis pas l'adresse qu'elle donna pour qu'on y envoyât les épreuves.

» Je n'ai plus jamais entendu parler de cela.

» En sortant de chez Nadar, nous prîmes une voiture sur le boulevard, et la métayère en ferma les stores, toujours par précaution, après avoir parlé bas au cocher.

» Nous partîmes aussitôt et nous sortîmes de Paris. La voiture roula plusieurs heures sans s'arrêter. Nous dînâmes dans un village. Quand la fermière se fut « mis sa bouteille dans le coffre, » comme elle disait, elle redevint aussi gaie que la veille et me dit :

» — Tout ça finira joliment bien, vous verrez, mais M. Thibaut a des mesures à prendre. On agit dans votre intérêt. Dormez tranquille.

» Et en effet, aussitôt remontée en voiture, je me sentis prise d'un assoupissement irrésistible. J'avais mangé très-peu pourtant, et c'est à peine si le vin trempé d'eau de mon verre avait touché mes lèvres.

» Je dormis jusqu'à la nuit tombée, où il me sembla que nous entrions dans une ville. Je voyais vaguement beaucoup de lumières et j'entendais les roues sonner sur le pavé.

» A en juger par le temps qu'avait duré notre voyage, nous devions être déjà bien éloignées de Paris. Je songeai à Rouen, qui est sur la route de chez nous...

» Je ne m'éveillai véritablement qu'après être sortie de la voiture.

» On m'avait portée dans une allée qui n'était pas large. Je voyais beaucoup de clarté derrière moi : dans la rue, sans doute.

» Le trouble de mes sens était si complet que ce moment m'a laissé de très-vagues souvenirs.

» Un homme, qui n'était pas le cocher, aida la fermière à me faire monter un escalier ciré et éclairé comme ceux de Paris.

» Une porte était toute ouverte au haut de l'escalier. Nous entrâmes, la métayère, l'homme et moi.

» L'homme disparut à l'intérieur de la maison. Dans mes souvenirs, il est vêtu d'une robe de chambre à ramages et porte des lunettes. Je ne l'ai plus revu.

» Je fus tout de suite introduite par la métayère dans ma chambre actuelle, que je n'ai point quittée depuis lors.

» C'est une cellule assez propre dont la petite fenêtre à jalousies ne voit rien, sinon un coin du ciel, par-dessus des toitures et des tuyaux de cheminée.

» En montant sur une chaise pour me pencher au-dessus de la garde en treillage de fer qui coupe ma croisée à la hauteur de mon menton, j'ai pu apercevoir, non pas une cour, mais un passage vitré qui s'illumine le soir.

» La poussière, qui est collée en couche épaisse sur les vitres, m'empêche de bien distinguer au travers, mais le soir, je vois passer des quantités de silhouettes, et il me semble que ce doit être une galerie comme celle des Panoramas.

» Je suis là depuis cinq longs jours.

» Il me serait impossible de vous indiquer où est située la maison; mais j'ai abandonné l'idée de Rouen. Les bruits durent jusqu'à deux heures du matin, et j'ai bien cru reconnaître le grand mouvement de Paris. Les voitures roulent sans relâche.

» Une fois j'ai entendu de l'autre côté de ma porte la

voix de basse taille de l'homme qui a aidé la métayère à me faire monter ; mais il a passé sans entrer.

» Je suis servie par la métayère elle-même, que j'appelle toujours ainsi, mais qui doit être une servante. Je ne vois qu'elle.

» Elle me parle encore de vous quelquefois, comme par manière d'acquit. Je n'y crois plus.

» Je ne suis pas mal traitée, mais je suis prisonnière. Ce ne peut être par votre ordre.

» Ma lettre n'a pas d'autre but que de vous informer de cette situation extraordinaire. Si je parviens à vous la faire remettre, votre cœur vous dictera la conduite à tenir.

» Mon moyen pour arriver là est bien chanceux.

» Ma lettre doit subir un examen préalable auquel j'ai consenti ; je ne puis rien vous dire de plus, sinon que je reste votre amie bien dévouée. »

Note de Geoffroy. — Le papier gardait en plusieurs endroits des traces de larmes. A la signature qui ne portait que le nom de Jeanne, Lucien avait ajouté de sa main : Péry.

Le numéro suivant avait cette mention, également de la main de Lucien :

» La présente pièce, qui est ma prétendue lettre, ne me fut remise que plus tard et par Jeanne elle-même. C'est un faux. »

N° **31** bis.

(Ecriture imitant assez habilement celle de L. Thibaut. — Signature du même, également contrefaite.)

« Paris, 1ᵉʳ juillet 1865.

» *A mademoiselle Jeanne Péry de Marannes, pensionnaire, au couvent de la Sainte-Espérance, en ville.*

» Mademoiselle,

» Dans les termes où nous sommes ensemble, je me crois autorisé à vous écrire la présente. J'ai trop d'honnêteté pour saisir l'occasion de vous y glisser un mot de tendresse, et vous me tiendrez bon compte de cette réréserve qui coûte à mon cœur.

» Voici l'exposé sincère de la question : Nous n'étions séparés que par les préjugés de ma respectable mère, laquelle mettait obstacle à nos projets d'union dans l'intérêt de mon avenir.

» Vous serez bien aise d'apprendre, mademoiselle, que mes larmes et mes prières ont enfin fléchi l'entêtement de cette tendre mère qui consent à faire le bonheur de son fils.

» Si donc, comme je l'espère, vous êtes toujours, dans les mêmes intentions qu'autrefois, mademoiselle et chère fiancée, je vous prierais instamment, aussitôt la présente reçue, de quitter la maison où vous êtes pour le moment, et de venir me trouver à l'hôtel de Beauvais, rue Legendre, aux Batignolles, où je vous attendrai demain, sur la brune.

» Une voiture vous conduira dans les bras de celle qui vous appellera bientôt sa fille.

» Je ne vous en marque pas davantage pour le moment, car mon impatience paralyse ma plume, et je me borne à vous exprimer que mon sentiment et ma tendre affection ne font que croître naturellement par la circonstance.

» Croyez-moi bien toujours, je vous prie.

» Votre fiancé fidèle,

« LUCIEN THIBAUT. »

» *P. S.* Veuillez ne pas vous étonner de quelques expressions échappées à mon ardeur, et quant à la précaution de quitter le couvent brusquement, sans rien dire à personne, croyez qu'elle est dans l'intérêt bien entendu de votre sécurité, comme cela vous sera expliqué au long, hôtel de Beauvais. »

Ici, nouvelle mention de la main de Lucien :

« Jeanne était alors une véritable enfant, une pauvre chère enfant sans défense ni expérience. Il n'y avait pas plus de quinze jours qu'elle avait perdu son abri : l'aile de sa mère.

» Et, pourtant, je ne peux pas le cacher : Au premier abord, je lui en voulus de s'être laissée prendre à un piége aussi grossier.

» D'autant que, pour tomber dans ce piége, il lui avait fallu me croire capable d'écrire une lettre pareille.

» La personne qui avait imité ma signature, me regardant comme un idiot, avait cru faire preuve d'adresse en me prêtant ces platitudes.

» Mais Jeanne !... »

Autre mention, également de Lucien :

» Je place à cet ordre l'envoi que je reçus pendant que j'écrivais ma dernière lettre à Geoffroy. J'en avais reculé le classement pour ne point interrompre le récit de mon entrevue avec M. Louaisot de Méricourt.

N° 22

Anonyme, écriture assez courante, inconnue, et ne ressemblant point aux autres lettres sans signature. — Seconde feuille d'une lettre pliée en deux (la première feuille manque); papier froissé et maculé, mais très-beau. — Aucune marque de lieu de départ, aucune adresse : un simple fragment commençant au beau milieu d'une phrase :

» ..... assez bien profité de vos leçons : J'écris maintenant aussi lestement de la main gauche que de la main droite.

» Vous m'avez donné ce talent-là avec tous mes autres talents. Je vous hais. Sans vous, j'aurais été ignorante et bonne. Si le monde pouvait savoir que je possède, moi, et que vous m'avez donné, vous (!!!), des talents de faussaire !

» Et tant d'autres habiletés redoutables !

» Vous voulez vous arrêter maintenant, vous dites que je vous traite en esclave, vous parlez de mes exigences ! Vous vous moquez, n'est-ce pas ? ou vous êtes fou.

» Vous arrêter ! Avez-vous donc oublié l'histoire de cet homme qui avait une jeune fille à sa garde, qui était presque son père, tant elle le respectait pieusement, et qui entra une fois, la nuit, dans la chambre de l'enfant ?...

» Vous êtes le diable, mon bon. Vous n'aviez même pas d'amour !

» Il est vrai que vous donnâtes en échange à la jeune fille la science de la vie, magnifique et complète. Vous soulevâtes pour elle, vous déchirâtes le voile qui recouvre les hypocrisies humaines. Ah! vous ne gardâtes rien pour vous, j'en conviens. Ce fut à pleines mains que vous versâtes dans ce cœur enfant le précieux poison de votre cœur vieilli.

» Avec la manière de l'employer, c'est encore vrai.

» L'enfant fut convertie à votre religion des apparences et des convenances. Elle eut un sépulcre au-dedans de la poitrine, mais un sépulcre blanchi.

» Et vous voulez vous arrêter ! Pourquoi ? un crime de plus, bien établi, combiné selon l'art des philosophes, gâte-t-il la convenance ou gêne-t-il l'apparence ?

» Il me déplaît d'être la première dans un trou. Je veux Paris, mais non pas pour y être la seconde.

» Partout la première !

» Combien faut-il pour payer cette place ? Vous m'avez montré vous-même le chemin où sont les richesses entassées. J'irai, je le veux. Le prix qu'il faudra mettre, je le mettrai.

» Je serai reine, je jouirai un jour. Je m'ennuirai le lendemain qu'importe !

» Venez me voir, il est temps. Hier, j'ai cru que mon cœur allait ressusciter.

» Où conduit votre dogme, prêtre de Satan convenable ? Je mourrai, vous aussi, et après ? Le néant ? C'est vraisemblable, mais glacé. Je m'ennuie...

» Oui, j'ai revu ce pauvre garçon, candeur splendide !

Je ne sais pas si je l'aime; mais s'il m'aimait, je croirais en Dieu.

» Je ne puis me sauver de Dieu qu'en marchant; ne me dites jamais de m'arrêter. Venez, je veux vous voir.

» Il y a une besogne horrible à faire et des apparences à mettre dessus. Venez ! »

Note de Geoffroy. — A cette feuille était collé un petit carré de papier écolier, portant quelques lignes dont l'écriture rappelait celle de deux ou trois lettres anonymes, déjà lues.

Il avait dû servir d'envoi à la pièce qui précède. Il était ainsi conçue :

N° 22 bis

(Sans mention d'aucune sorte.)

» Devine devinaille !

» Le mignon morceau qui précède était adressé au plus vénéré des hommes par la plus respectée des femmes.

» Et jolie, et propre, et gantée !

» Où mettre le pied, dites donc, pour ne pas marcher sur les coquines et les coquins ?

» Devine devinaille !

» Ce morceau friand a été trouvé à Yvetot (Seine-Inférieure), patrie du roi de ce nom, de M. Lucien Thibaut et d'autres personnages éminents, dans le petit vestiaire où MM. les membres du tribunal de première instance ont l'habitude de changer leur habit de ville contre la toge — et réciproquement.

» Devine devinaille !

» Les juges apprennent, à l'usé, l'art de mettre en perce les problèmes les plus impossibles. Vous êtes juge. Quel est celui de vos honorés collègues qui a pu perdre ce chiffon-là ?

» Allez-y, monsieur Thibaut.

» Devine devinaille ! »

N° 33

(Ecrite et signée par M. Ferrand, président du tribunal civil d'Yvetot.)

« *A Monsieur Lucien Thibaut, juge, etc., à Paris.*

« Yvetot, 8 juillet 65.

» Mon cher et jeune collègue,

» Un peu jeune, en effet, décidément, à ce qu'il paraît.

» Que faites-vous à Paris ? Rien de bon, répond votre chère mère. Vos aimables sœurs, rectifiant l'appréciation maternelle, prétendent que vous y faites beaucoup de mal, surtout à vous-même.

» Notre profession exige une tout autre tenue. Les plus fous d'entre nous ont abandonné la vie de polichinelle en payant le dernier terme de leur chambre d'étudiant.

» Notre esprit de corps est la gravité.

» Certes, je ne demande pas qu'un jeune magistrat s'enveloppe jusqu'au cou dans un manteau de puritanisme, encore moins qu'il pousse l'affectation de la vertu jusqu'à l'hypocrisie.

» Je hais l'hypocrisie.

»-Mais il y a un milieu, et mon devoir est de vous dire que tout ce qui porte la robe à Yvetot manifeste tout haut son étonnement de votre absence prolongée.

» L'autre jour, M. Pivert, notre substitut (un garçon d'avenir, celui-là), demandait si quelque loi nouvelle, à lui inconnue, autorisait ainsi les juges de première instance à faire l'école buissonnière.

» Vous comprenez, je le suppose, mon jeune ami, que je prends avec vous ce ton léger pour rendre la leçon moins amère. Je suis à cent lieues d'avoir l'intention de vous désobliger.

» Cela va même si loin que je m'abstiendrai de vous dire quels désagréments pourraient résulter pour vous d'une prolongation de séjour à Paris, et je vous serre la main sans diminution aucune de bienveillance ni d'amitié. »

N° 34

Sur papier timbré. Extrait.

Copie d'une requête, à fin de perquisition, adressée par M. Lucien Thibaut à MM. les président et juges du tribunal de première instance de la Seine, fondée sur l'articulation de ce fait que la demoiselle Jeanne-Marguerite-Marie Péry de Marannes, fille mineure, âgée de dix-huit ans, serait retenue en charte privée et contre sa volonté, au domicile du sieur Louaisot de Méricourt, agent d'affaires, tenant bureau de renseignements, rue Vivienne, passage Colbert, à Paris, lequel Louaisot n'est ni le parent, ni le tuteur, ni le mandataire des parents ou tuteur de ladite demoiselle Jeanne Péry. — Enregistré.

N° 35

Papier timbré. Extrait.

Mandat de perquisition aux fins de la requête ci-dessus, délivré à M. le commissaire de police du quartier de la Bourse.

N° 36

Sur papier timbré. Extrait.

Copie du procès-verbal de la perquisition opérée par M. Blondet, officier de paix, délégué par M. le commissaire de police du quartier de la Bourse, au domicile sus-indiqué, constatant que ledit M. Blondet n'a trouvé audit domicile ni la demoiselle Jeanne Péry, ni aucune trace de son séjour ou passage.

N° 36 bis

Annexé au précédent. Papier timbré. Extrait.

Protestation du sieur Louaisot de Méricourt, déclarant qu'il ne connait et n'a jamais connu la demoiselle Péry de Marannes (Jeanne-Marguerite-Marie) et subsidiairement qu'il entend se pourvoir par toutes voies de droit contre le requérant pour violation de domicile. Enregistré.

N° 87

Anonyme. Ecriture déguisée. (Sans date ni autre indication).

« *A M. L. Thibaut, juge en rupture de ban, à Paris*

Parenthèse de la main de Lucien :

(Ce billet ne passa ni par les bureaux de la poste ni par la loge de mon concierge. Il fut glissé le soir, très tard, dans le trou de ma serrure.)

» Fichtre ! fichtre ! agneau que vous êtes, vous avez tapé joliment près du rond !

» Il n'y avait pas un quart d'heure que la colombe était dénichée. J'en ai encore la chair de poule ! Ah ! fichtre, monsieur, nous l'avons échappé belle !

» Voilà pourtant comme les plus jolies combinaisons peuvent être déjouées par un coup de maladroit ! Je ne me doutais pas que vous alliez vous fendre à fond, et si j'ai avancé le départ de la minette, c'est que je voulais aller dîner au Point-du-Jour, au restaurant de ce pauvre Rochecotte, et peut-être avec la même Fauchette, car elle court encore les champs.

» J'ai la faiblesse de croire mon cuir trop dur pour que de simples ciseaux en puissent faire une écumoire.

» Si, cependant, vous aviez pu mettre la main sur la colombe, l'affaire, vous savez, l'affaire, nourrie comme un bœuf gras, tombait du coup tête première dans la rivière.

» Mais on ne vous en veut pas pour ça, jeunesse, bien au contraire, on est content de vous : vous avez montré plus de décision et plus de tête qu'on ne vous en suppo-

sait. Si vous alliez vous déboucher et devenir quelqu'un ?
que payeriez-vous ?

» Seulement, une autre fois, arrivez un quart d'heure plus tôt.

» Pour l'instant, c'est un coup raté.

» Voulez-vous un bon avis pour finir ?

» Pas de scrupule ni de vaine faiblesse, croyez-moi. A la guerre, ceux qui ne tuent pas sont tués.

» En avant deux et bonne chance !

» P. S. Vous faut-il un petit *memento* ? Codicile ! codicile ! codicile ! ce mot est fée.

N° 38

(De la main d'un écrivain public et signée d'une croix par François Bochon, valet de chambre.)

Yvetot, 12 juillet 1865.

» *A Monsieur Lucien Thibaut, etc.*

» Celle-ci est pour faire savoir à monsieur que la maison est en bon état, et qu'il n'y a rien de nouveau, sinon que tout est sans dessus dessous par cause de la prise qu'on a faite, dans l'enclos du Bois-Biot, de l'assassine du pauvre M. de Rochecotte.

» Censé, je ne suis pas bien sûr qu'on l'ait prise tout à fait, mais n'empêche. M. le président est malade d'une fluxion qui le prit à jouer le boston à la sous-préfecture, pleine de courants d'air, et l'autre juge a sa dame prête d'accoucher, en mal d'enfants.

» Ça fait qu'on attend monsieur ici, pour commencer ric à rac l'instruction de l'assassine.

17

» Elle fait clabauder pas mal, j'entends l'absence de monsieur.

» C'est jeune, j'entends l'assassine, et bien mignonne, à ce qu'on dit. Quel dommage! moi je ne l'ai pas vue. Elle a pincé le portefeuille de son jeune homme qui venait de toucher la succession de son oncle, un joli lopin, ils disent ça. Ce n'était donc pas désintéressé de sa part. Et puis en outre la mauvaise humeur qu'elle avait, qu'il allait se marier en ville, pas avec elle.

» La chose s'est faite avec une paire de ciseaux, pas des grands ciseaux de couturière, des ciseaux de dame ou de demoiselle, comme dans les nécessaires, ça fait mal rien que d'y penser.

» Mlle Célestine et Mlle Julie sont venues hier avec la bonne; qu'elles disaient ceci et ça au vis-à-vis de vous comme toujours, pas mal aigre, et que vous finiriez bien par finir comme M. de Rochecotte, avec votre démission comme déserteur, en plus sur le marché, n'ayant pas par devers vous un congé réglementaire.

» A part quoi, rien de nouveau, hormis la grosse cousine Pélagie Bochon qui est venue au pays, le soir même de l'assassine. Toujours reluisante et sur sa bouche. Elle est censé gouvernante ou autre à Paris, chez un monsieur seul, pas loin du Palais-Royal, qui tient boutique d'espionnages et rancans pour le commerce.

« Il y en a des métiers dans ce Paris! Elle dit comme ça, la cousine, s'entend, que vous connaissez bien son maître et aussi l'assassine à M. de Rochecotte. Mais c'est une langue, faut voir! Et des couleurs!

» En attendant le plaisir de revoir monsieur... »

RÉCIT INTERMÉDIAIRE DE GEOFFROY

A ce point de ma lecture, je me redressai en sursaut pour écouter ma pendule qui grondait les douze coups de minuit.

Les débris de mon pain à thé avaient bien un peu amusé ma fringale, mais pour un instant seulement, et mon estomac recommençait à crier détresse. Je n'avais plus que le temps si je voulais trouver un restaurant ouvert.

Je repoussai donc brusquement mon dossier, car si j'avais eu le malheur de jeter les yeux sur le numéro suivant, j'étais perdu.

Je sentais cela.

Pour une raison ou pour une autre, la lecture de ces pièces excitait en moi une curiosité si vive et si pleine d'émotions, que je fus obligé de faire un véritable effort pour les emprisonner dans un tiroir dont je fermai la serrure à double tour.

L'appel timide et si fréquent, fait dans ces pages à une amitié d'enfance trop oubliée, m'avait plus d'une fois touché jusqu'à l'angoisse.

Mais à côté de cette impression virile où, Dieu merci, l'élément cordial dominait et dont la vivacité croissante consolait mes scrupules, il y avait la pure, la simple envie de savoir.

L'énigme était posée devant moi dans des conditions imprévues. Elle me provoquait hautement, brutalement.

Une préoccupation me prenait d'assaut. Un besoin qui n'existait pas hier forçait l'entrée de ma vie et y conquérait une place.

Une place considérable, peut-être énorme.

Je ne m'étais pas interrogé encore sur la question du temps que j'avais à donner, ni de la brèche que je pouvais faire à mes travaux professionnels, mais je sentais d'avance que ce devoir nouveau se plaçait lui-même et d'autorité en première ligne.

A quelque prix que ce fût, il me fallait faire honneur à la lettre de change que mon pauvre Lucien tirait sur moi.

Je suis de ceux qui n'ont pas des douzaines d'amis, ni même une demi-douzaine. J'admire les larges cœurs, capables de contenir des foules, mais je n'en voudrais pas pour amis. Cela sent l'auberge.

Faut-il pousser plus loin ma confession? Pourquoi non, puisque précisément je vais faire pénitence? Je n'avais jamais eu d'ami dans le sens admirable que j'attache à ce mot.

Eh bien! ce soir, j'avais un ami. Pour la première fois, mon cœur battait largement à une pensée qui n'était ni d'ambition ni d'amour.

C'est bien vrai, je me sentais vivre aujourd'hui autretrement qu'hier. Toute mon âme, emportée par un élan inconnu, allait vers ce pauvre être, ce cher martyr, que j'avais laissé là-bas, à la maison de santé de Belleville, seul, triste, navré, défiant du monde entier et peut-être de moi-même.

J'avais devant moi sa pâle figure si douce, si belle aussi, mais marquée au coin d'une si terrible faiblesse, et d'où le malheur avait banni la fierté.

Je le voyais, — et je l'écoutais dans les lignes que je venais de lire. Cette tendresse timide dont il avait si obstinément entouré mon souvenir s'emparait de moi avec plus de puissance qu'une amitié hautement avouée.

Elle avait deviné en moi, cette tendresse, des qualités que je ne connaissais pas moi-même.

Lucien s'était-il trompé dans ce rêve non exprimé, mais qui perçait à chaque page de son récit : ce rêve d'un ami modèle (qui était moi) vaillant, dévoué, prêt à tout, ne devant reculer devant rien?

Hier, je ne sais pas. Aujourd'hui, non, Lucien ne s'était pas trompé.

— Je suis tout cela! m'écriai-je en moi-même, ou

du moins, tout cela, je veux l'être, et je le serai!

Ainsi, songeais-je en descendant l'escalier de mon entresol.

Et en même temps tous les épisodes de mon étrange lecture passaient tumultueusement devant mes yeux.

Albert de Rochecotte avait été mon plus intime camarade. Au collége, assurément, j'étais bien plus lié avec lui qu'avec Lucien.

Je le revis jeune homme avec sa mine éveillée et si franche, sa petite moustache effrontée, son rire communicatif et les grosses boucles blondes qui dansaient sous sa casquette d'étudiant.

Je n'avais pas ignoré sa mort prématurée, ni ce fait qu'il avait été assassiné par sa maîtresse, mais je l'avais appris en Turquie, par une lettre de ma mère. On comprend que les détails manquaient.

Derrière la gaieté de Rochecotte, je revoyais aussi ce jeune, ce délicieux sourire de fillette : « la photographie. »

Rochecotte n'avait pas connu Jeanne Péry. Ses lettres l'affirmaient. Pourquoi ma pensée associait-elle d'une façon confuse Jeanne Péry et Rochecotte?

Et cette femme si belle, si triste qui m'était apparue pendant le sommeil de Lucien, chez ce charlatan imbécile, le docteur Chapart?...

Mais tout s'effaçait pour moi devant le personnage dominant de cette comédie bourgeoise dont je n'avais vu représenter encore que les premières scènes : M. Louaisot de Méricourt.

Celui-là m'apparaissait comme une grosse araignée en embuscade au centre de sa toile.

Entre tous, celui-là irritait ma curiosité. Je le mettais même avant Mme la marquise Olympe de Chambray, sa mystérieuse cliente que certain fragment de lettre, adressée à je ne sais qui, et fournie au dossier par Louaisot lui-même essayait de poser en sœur de Méphistophélès.

Au sujet de celle-là je réservais complètement mon appréciation jusqu'au moment où je devais découvrir le diabolique professeur qui l'avait si bien éduquée.

D'ailleurs M. Louaisot de Méricourt avait des talents calligraphiques qui me rendaient suspectes les pièces apportées par lui au débat.

Mais lui-même, le nourrisseur d'affaires, je croyais le saisir parfaitement de pied en cap. Il était le côté original, énigmatique de ce prologue désordonné qui sollicitait ma pensée avec une âpreté inouïe.

Jamais roman, jamais drame n'avaient fouetté plus énergiquement mon imagination. Au fond, le motif en pouvait être bien simple : j'étais acteur dans la pièce.

L'émotion de mon *entrée* me tenait.

Je pris le boulevard pour gagner mon restaurant ordinaire, rue Lepelletier. Dans ce court chemin, je ne rencontrai personne de connaissance, quoique le trottoir fût encombré autant qu'en plein midi.

Arrivé à la porte de mon restaurant, comme j'avançais la main pour tourner le bouton, une voix de basse-taille dit auprès de moi.

— Tiens ! tiens ! le nouveau client ! votre serviteur, monsieur, j'espère que l'adresse fournie se sera trouvée exacte ?

Je me retournai. M. Louaisot de Méricourt était auprès de moi, un peu en arrière, le chapeau à la main, en grande tenue de soirée et coiffé, ma foi, par le perruquier.

Quoique apprenti diplomate, j'avoue que mon premier mouvement fut de lui fausser compagnie. Les gens de son espèce sont beaucoup plus répugnants quand ils sont bien mis.

Mais je me ravisai aussitôt, et je répondis poliment :

— Très-exacte, monsieur, je vous remercie.

Mon *entrée* se faisait plus tôt que je ne l'avais pensé.

Précisément à cette heure je quittais la coulisse et j'étais en scène.

M. Louaisot reprit avec moins d'assurance :

— Si je croyais ne pas être indiscret... j'attends ici la sortie de l'Opéra, et l'idée m'était venue de m'offrir une bavaroise...

Mon regard se tourna pour la première fois vers la façade du théâtre où le gaz des grandes solennités ruisselait encore malgré l'heure tardive.

— C'est à cause de la représentation de Roger, me dit obligeamment M. Louaisot. Leurs Majestés y sont, et tout Paris. Il y en a qui sont revenus des bains de mer tout exprès. Vous avez manqué ça; je sais pourquoi. Moi, j'avais ma stalle, mais dame, c'est trop long. Vous savez, je ne peux pas tant m'amuser à la fois. Il y a 22,737 francs de recette. Je néglige les centimes. On ne finira pas avant deux heures du matin.

— Entrons donc, fis-je en m'effaçant.

Malgré sa belle tenue, il avait toujours ses grands souliers montueux, et le bas de son pantalon noir gardait d'importantes marques de crotte.

— Monsieur, répondit-il fort galamment, je n'en ferai rien. Veuillez passer le premier. La clientèle avant tout !

J'obéis et j'allai m'asseoir à ma place habituelle, dans le premier salon, auprès de la fenêtre qui regarde le théâtre.

M. Louaisot de Méricourt s'assit en face de moi, non sans m'en avoir demandé la permission.

Je fis le menu de mon souper en homme affamé et pressé. M. Louaisot le remarqua. Il me dit en pendant son chapeau à la patère.

— Ça me prouve que vous n'avez pas encore achevé.

— Achevé quoi ? demandai-je.

Il eut un sourire bienveillant et me répondit :

— Monsieur, j'ai eu tout ça entre les mains avant vous.

Comme je le regardais avec étonnement, il ajouta :

— J'ai même fourni quelques papiers. Vous reconnaîtrez bien les pièces qui viennent de chez moi. Ce sont les moins insignifiantes.

— Mais les autres ?

— Monsieur, la cachette du pauvre garçon était bien naïve. Le docteur Chapart est mon client quoique, moi, je me prive de ses bouteilles.

Il s'assit et passa ses grosses mains dans la pommade de ses cheveux, puis il dit encore :

— Je ne prétends pas qu'il n'y a point au monde une personne — et peut-être plusieurs — dont l'intérêt serait de détruire ce ramassis de papiers, mais moi, je n'aime pas détruire. Tout sert... Garçon, ma bavaroise, quand vous aurez servi monsieur, et mes trois petits pains.

Il reprit en se penchant au travers de la table et sur le ton de la confidence la plus intime :

—Le temps est de l'argent, monsieur. Les Anglais comprennent cet adage, et c'est ce qui place leur patrie à la tête des nations chrétiennes. Je suis obligé de prendre ma nourriture à bâtons rompus. Il m'arrive parfois de me comparer gaiement aux chevaux de fiacre, qui mangent l'avoine dans un sac, suspendu à leur cou. Ça ne m'empêchera pas d'avoir mon cabriolet, au contraire... je parie que vous avez trouvé dans le dossier plus d'une allusion à mon cabriolet?

— Plus d'une, répondis-je en souriant aussi bonnement que posssible.

Je dévorais déjà ma première aile de poulet froid.

Le garçon servit à M. Louaisot de Méricourt un large bol plein de chocolat où les trois petits pains furent émiettés avec un soin méthodique l'un après l'autre.

— Le pauvre cher jeune homme, reprit-il, se moque de moi de son mieux dans ces lettres qu'il accumule au lieu de les mettre à la poste. En avez-vous reçu assez aujourd'hui, monsieur! Il n'écrit pas encore trop mal pour son état. Quant à moi, le fait est que mes pantalons sont doués d'un talent extraordinaire pour attirer la crotte. J'en ai vu de tout neufs qui arrivaient de chez le tailleur et qui se mouchetaient au mois d'août, après six semaines de sécheresse. On ne va pas contre la destinée. Hé! hé! mon cher monsieur, vous voyez que je prends bien la plaisanterie, et jamais un client n'a pu m'accuser d'être mauvais coucheur. M. Lucien Thibaut est un client. Un bon!

Il avala une pleine cuillerée de sa soupe au chocolat

avec une satisfaction évidente, et m'envoya par dessus ses lunettes une de ces flambantes œillades qui donnaient à sa physionomie un caractère si particulier.

— Une drôle de macédoine, n'est-ce pas, reprit-il rondement, cette aventure-là ! Et embrouillée ! Une vache, comme on dit, n'y reconnaîtrait pas son veau. Eh bien, pas du tout ! C'est clair, au fond, comme un petit verre de genièvre. Seulement, il y a manière de poser la question, et le pauvre diable n'est pas de première force aux dominos, quoiqu'il ait porté la robe. Si madame la marquise, la belle Olympe, comme notre innocent l'appelle, se donnait la peine d'établir un petit résumé, ce serait autrement fabriqué, je vous en signe mon mandat à vue !

Il s'arrêta pour piquer ses lunettes d'un coup de doigt et ajouta en me regardant amicalement :

— Je parie que celle-là, vous ne seriez pas désolé du tout de faire sa connaissance ?

Je mis encore toute la bonne grâce possible à confesser qu'il avait deviné juste.

— J'aime les bons enfants ! s'écria-t-il. On me gagne tout de suite quand on ne fait pas de manières. Où en êtes-vous ?

— De mon dépouillement ?

— Oui, répéta-t-il en ricanant, de votre dépouillement.

— J'en suis à la lettre de François Bochon, le domestique.

— Au n° 38 ! fit-il. Allons, allons, ce n'est pas mal travaillé pour un seul soir. Et commencez-vous à comprendre un peu ?

— Pas beaucoup.

— J'aime la franchise. Vous avez bien dit ça : Pas beaucoup ! Eh bien, cher monsieur, plus vous avancerez, moins ça se débrouillera.

— Vraiment ?

— Oui, c'est comme j'ai l'honneur de vous le spécifier : ça va toujours en se brouillant.

— Alors, je ne comprendrai jamais ?

— J'en ai peur... à moins, toutefois, que vous ne trouviez le dévidoir.

— Quel dévidoir ? demandai-je en cessant de manger.

— Mon cher monsieur, répliqua-t-il gravement, il n'y a pas d'écheveau saccagé par les chats qu'on ne puisse démêler quand on a un outil avec la manière de s'en servir.

— Et vous avez le bon outil, vous, monsieur Louaisot ?

— C'est vraisemblable.

— Avec la manière de s'en servir ?

— Peut-être. Il y a tant et tant de marchandises au fond de mes tiroirs ! Je n'ai pas besoin de vous dire, car vous l'avez bien vu, que je suis un peu dans tout ça... Pas comme vous le croyez ! Non, non, non, non ! jamais je ne laisserai mon meilleur ami fourrer sa patte dans un trou qui peut cacher une souricière. Et mon meilleur ami, c'est moi, monsieur !

Il se redressa tout content de m'apprendre cette circonstance, et son regard sollicita mon approbation. Je saluai. Il poursuivit :

— Règle générale et de conduite : je reste sur le sentier battu, bras-dessus bras-dessous avec ma conscience,

Ne me cherchez jamais dans les broussailles. Nous causons, pas vrai? J'ai déjà eu l'avantage de vous dire que j'aurais pu jeter au feu tous ces papiers-là aussi facilement que j'avale la dernière cuillerée de ma bavaroise. Pas si bête! j'ajoute maintenant qu'ayant lu tout ce tohu-bohu depuis la première ligne jusqu'à la dernière (la profession le veut), je savais parfaitement que le pauvre garçon vous appelait comme le Messie : j'aurais donc pu, au choix, vous cacher son adresse que vous n'aviez su découvrir nulle part, ou vous envoyer à Chaillot... Est-ce vrai?

— C'est très-vrai.

— Pourquoi faire? moi! gêner les clients! Allons donc! Vous me prenez pour un autre! J'ai été enchanté de nouer des relations avec vous. Et je vous dis du meilleur de mon cœur : donnez-vous la peine d'entrer dans l'embrouillamini, M. Geoffroy de Rœux, il y a place pour tout le monde. Vous êtes le bien venu. On vous attendait. Je vous ouvre les deux battants de la porte.

Il reprit haleine pour achever :

— Cher monsieur, voilà comme je suis. Vous savez mon mot : ça nourrit l'affaire!

Tout en parlant, il avait trouvé moyen de dépêcher superbement sa pâtée, dont il ne restait plus trace au fond du bol.

Et il souriait, et il clignait tour à tour des deux yeux, et il tapait des petits coups triomphants sur ses lunettes d'or au travers desquelles ses yeux jaillissaient en gerbes d'étincelles.

En vérité, cet homme-là ne pouvait être un gredin à la douzaine.

Il grandissait l'intrigue.

Il attirait le regard vers le côté fantastique — le côté doré du drame.

Dans les nuages, en effet, tout au fond du mystère, j'avais déjà deviné la fatale influence de l'or qui est partout où il y a du sang.

Et je me rappelais la phrase que M. Louaisot lui-même avait laissé échapper en parlant à Lucien : « Vous êtes peut-être millionnaire sans le savoir... »

M. Louaisot, comme s'il eût deviné ma pensée, reprit la parole en ces termes :

— Mon cher monsieur, il y a de l'argent, un argent énorme! je ne vais pas vous mettre les points sur les i comme ça du premier coup, ni vous verser dans le creux de la main le fond de ma boutique, mais s'il n'y avait pas d'argent, est-ce que je serais là-dedans ?

Vous me demanderez peut-être : où est-il l'argent :

Ça, c'est de l'enfantillage, du moment que vous ne dites pas : je donne tant pour la consultation.

L'argent est où il est, en dessus ou en dessous. Dans vos papiers, vous allez entendre parler de tontine, d'héritage, tout ça est vrai, — mais tout ça ne signifie rien.

L'argent se pioche, milord, on ne le cueille pas comme les roses.

Ils m'amusent, ma parole! Et, tout en me laissant amuser, j'ai déjà pêché quelques bagatelles agréables. J'ai des appointements fixes. Payés par qui ? Voilà. L'or qu'on attaque a bien le droit de se défendre. Les assiégeants financent aussi. C'est la guerre à coups de pourboire.

Madame la marquise a toujours la main au porte-monnaie. Quelle femme, instruite, artiste, jolie, elle a tout pour elle...

Ici, M. Louaisot se baisa le bout des doigts pour ponctuer sa prase, et ses lunettes s'allumèrent.

— Et riche! poursuivit-il, mais il faut me comprendre, cher monsieur, la fortune que peut avoir celui-ci ou celle-là, ce n'est pas l'argent de l'affaire. L'affaire a son argent à elle comme chaque arbre a son fruit. La brave Mme Thibaut qui suppute l'avoir de chacun par livres, sous et deniers évalue, je crois, la belle Olympe à 80,000 francs de rentes. C'est aimable, mais il n'y a pas là de quoi donner des cabriolets à ses pages. Nous avons mieux.

J'ai eu aussi quelques émoluments de ce pauvre M. Thibaut; j'en ai pu recevoir même de la gentille photographie, indirectement. Ne dédaignons rien. Il n'y a pas jusqu'à vous, mon gentilhomme, qui ne m'ayez apporté en hommages six beaux écus de cinq francs, sans compter le picotin de ma mule.

Et, soyez tranquille, entre nous deux ce n'est pas fini : vous m'en apporterez bien d'autres !

Il s'arrêta parce qu'il avait vu la fin de la corbeille de gâteaux qu'on avait mise sur la table avec sa bavaroise.

— Garçon, commanda-t-il, ma paillasse !

— Mais pourquoi vous payerais-je un nouveau tribut? demandai-je.

— Pour savoir, cher monsieur, me répondit-il.

Le garçon lui apporta « sa paillasse » qui consistait

en un grand verre, à demi plein de curaçao tout versé et une carafe de thé froid.

— Pour savoir quoi? demandai-je encore.

— Il y en a qui ajoutent un peu d'extrait de menthe, dit-il, au lieu de me répondre, c'est la vraie mixture américaine : la menthe remplace le thé. Les membres de *la Société Républicaine Nord et Sud contre l'usage des Spiritueux* n'ont pas d'autre tisane, mais moi, comme je ne suis pas compagnon de la Tempérance, j'ai le droit de boire quelques gouttes d'eau de temps en temps... Pour savoir quoi? disiez-vous. Parbleu, ceci ou ça : ce que vous aurez besoin d'apprendre. J'aurais écrit sur mon enseigne : *résolveur* de problèmes, si le mot était français. Conscience, mon cher monsieur, minutie dans les détails, possibilité de répondre à toute question quelconque, tel est le prospectus d'une profession dans laquelle le résultat à atteindre, c'est d'acquérir un fil comparable à celui du meilleur rasoir anglais, sans jamais perdre la candeur du lys de la vallée.

Voici comme je m'exprimais l'autre soir en m'adressant à un fin finaud, obtus comme ma pantoufle qui laissait percer une velléité de se moquer de moi. C'était dans son intérêt, je lui disais :

— N'essayez jamais de m'englober, bonhomme, c'est au-dessus de vos moyens ! Tempérament robuste, caractère gaillard, mouvements alertes, bon pied, bon œil, avancé, il est vrai, et même libéral en politique, mais sachant respecter le sergent de ville dans l'exercice de son sacerdoce, je suis l'image du Théâtre-Français, chantant ce beau vers, pour gagner sa subvention :

Le jour n'est pas plus pur que le fond de mon sac !

Comptez sur vos doigts, mon neveu, je n'ai ni volé, ni dessiné de fausses signatures, ni frappé des pièces en étain, — encore moins assassiné. Fi donc! au dix-neuvième siècle! Bon pour le moyen âge.

La loi, voilà ma passion. J'en dîne et j'en soupe, tant je l'aime!

La loi ne défend pas d'engraisser un dindon, monsieur. Et une affaire? Pas davantage. Il faudrait aussi qu'elle fût toquée, la loi, pour empêcher un citoyen français de se laisser conter des anecdotes attachantes. On m'en conte, je les collectionne, est-ce un attentat? Mais alors que devient la liberté, soit des croyances, soit même des entournures? Je me fais Patagon! Guerre aux tyrans! Pour un esclave est-il quelque danger? à bas le gouvernement! aux armes! on assassine nos bénéfices!... Ah! bigre, monsieur, voilà le monde qui sort du spectacle.

M. Louaisot de Méricourt s'était sincèrement animé en parlant. Son nez gesticulait et sa petite bouche s'ouvrait, ronde comme le bec d'un oisillon qu'on pâte. L'idée de l'injustice atroce qu'on pourrait commettre en ruinant son industrie, l'avait transporté d'une pieuse fureur.

Mais il s'apaisa comme il s'était monté à la minute.

Sa paillasse était consommée, et le mouvement de sortie commençait sous le péristyle de l'Opéra.

— Une soupe au lait, monsieur, dit-il en tapant la garniture de son porte-monnaie contre la table pour appeler le garçon; je ne connais pas d'autre image pour symboliser ma nature. Je m'enlève, je retombe, pas plus de fiel qu'un enfant. J'espère que vous me pardonnez?

— De tout mon cœur!

— J'ai l'honneur de vous remercier. Enchanté d'avoir passé quelques instants avec vous. Je vais avoir le regret de prendre congé parce que je dois reconduire une petite dame.

Je crus voir qu'il se rengorgeait un peu en prononçant ces derniers mots. Il paya le garçon et jeta un coup d'œil à la glace qui lui renvoya son sourire éminemment satisfait.

— Cher monsieur, reprit-il, maintenant achevez votre lecture tout à votre aise. Après tout, ce fatras propose un rébus assez piquant pour un amateur. Quand vous aurez fini, si vous croyez avoir besoin de mon expérience, vous savez mon adresse. Ma collection de petites histoires est entièrement à votre service.

J'étais en train de le remercier poliment, lorsque la surprise m'arracha un cri qui le fit changer de couleur, deux fois dans une seconde.

— Je suis nerveux comme une douairière... balbutia-t-il en manière d'explication.

Mais je ne songeais guère à ses nerfs, ni à son trouble, quoiqu'il eût véritablement fait un saut de côté comme un homme à qui on aurait mis un revolver sous le nez.

Je venais d'apercevoir, par la fenêtre, au haut du perron de l'Opéra, cette jeune femme si belle et si triste que j'avais vue, le matin même dans la chambre de Lucien.

Celle qui guettait son sommeil pour entr'ouvrir une porte et glisser un regard ; celle qui m'avait dit avec une si douloureuse mélancolie : « Il n'aurait pas de plaisir à me voir. »

Elle donnait le bras a un homme entre deux âges,

grave d'apparence et portant haut. La figure de cet homme était régulière ; le dessin de ses traits, nettement et finement sculptés avait de la noblesse et sa taille imposait quoiqu'elle ne fût pas beaucoup au-dessus du niveau ordinaire. Ses cheveux bouclés avaient ce gris uniforme et brillant qui est presque une parure.

Son habit noir, ample comme il convenait à l'âge qu'il montrait, me sauta aux yeux par sa remarquable élégance : élégance simple, presque austère et qui venait peut-être uniquement de la façon dont il était porté.

Sa boutonnière avait la rosette de la Légion d'honneur qui est la même, en tenue de ville, pour les simples officiers, pour les commandeurs et pour les grands-officiers. Il y a d'ailleurs une foule de gens, décorés par le roi de Barataria, qui s'émaillent de fleurs à peu près semblables : Cela ne dit donc rien.

Mais cela disait sur la poitrine de cet homme.

Evidemment, il aurait pu être le père de la femme charmante qui s'appuyait à son bras, et pourtant, l'idée ne venait point qu'il pût être son père.

Il n'avait pas l'air d'un mari.

Cette dernière phrase peut sembler ridicule, mais elle dit mon impression.

Je me souviens que mon regard resta fixé sur ce visage blanc, mais d'une belle blancheur de marbre, dont l'expression me frappa comme un point d'interrogation.

Je me demandai : est-ce un homme d'Etat ? est-ce un penseur ? Pour moi, ce ne pouvait être le premier venu, prince des affaires ou de la propriété.

La lumière du gaz glissait sur ses traits pour éclairer

en plein ceux de sa compagne, qui me parut plus splendidement belle encore que le matin.

Ils étaient arrêtés, attendant sans doute leur voiture. Ils ne se parlaient pas.

M. Louaisot de Méricourt, cependant, s'était remis, parce que son regard ayant suivi la direction du mien, il avait découvert le motif de mon exclamation.

J'avoue que je ne m'étonnais pas du tout d'avoir à le ranger dans la catégorie des gens qui ont comme cela des alertes. Il parlait si souvent de conscience !

— C'est bête, les nerfs, dit-il encore, les miens surtout, un rien les met en danse ; ça vous étonne donc de la rencontrer ici ?

— De qui parlez-vous ? demandai-je.

— Mais... ah ça ! vous ne la connaissez peut-être pas ! Allez-vous jouer au fin avec ce bon M. Louaisot de Méricourt ?

— Je l'ai entrevue, une seule fois...

— Où ça ?

— Chez le docteur Chapard.

— C'est-à-dire chez M. Lucien Thibaut. Quelle drôle de tocade de la part d'une personne si bien ! Mais il n'y a pas que l'amour pour mener le monde à la ronde. On peut avoir d'autres raisons... Vous êtes en train de deviner son nom pas vrai ?

— Serait-ce Mme la marquise de Chambray ?

— En propre original. Est-elle assez superbe !

— Et... son cavalier ? demandai-je.

— Ce n'est pas un cavalier, ni même un fantassin, c'est un homme assis. Devine devinaille !...

Il prononça ces deux mots du ton qu'on prend pour souligner une allusion.

Le tranchant de son regard était sur moi.

Un nom vint à mes lèvres, mais je ne le prononçai pas.

— C'est ça, parbleu! me dit M. Louaisot, tout comme si j'eusse parlé, c'est bien ça! Et qui voudriez-vous que ce fût, sinon M. le président, son vieil ami, son ancien tuteur, presque son papa, quoi! Seulement, il a monté en grade. C'est maintenant M. le conseiller, depuis qu'il appartient à la cour impériale de Paris.

M. le conseiller Ferrand et sa belle compagne avaient descendu le perron et gagné leur équipage.

— Voilà qui va donner du montant à votre lecture, mon cher monsieur, reprit Louaisot en habillant ses grosses mains de gants tout neufs et mal faits.

— Et celle-ci! Et celle-ci! m'écriai-je encore au lieu de répondre.

A la place occupée naguère par Mme la marquise de Chambray en haut des marches, et sous le même jet de gaz, une très jeune personne se tenait debout maintenant et semblait chercher quelqu'un dans la foule.

Pour mieux regarder elle avait soulevé le voile-masque qui cachait ses traits.

J'aurais juré que je reconnaissais l'original du portrait-carte à moi montré par Lucien, — ce sourire animé qu'il avait nommé Jeanne Péry.

Seulement, ici, les traits seuls restaient, les traits mignons, jeunes, charmants : ils n'avaient plus de sourire.

Pouvais-je m'en étonner? Je ne connaissais pas encore l'histoire entière de cette malheureuse enfant, mais ce que j'en savais suffisait amplement à expliquer pourquoi le sourire avait disparu de ses yeux et de ses lèvres.

M. Louaisot n'eut point de tressaillement, cette fois ; il regarda sous la marquise du théâtre et activa la mise en place de ses grands gants.

— Ah ! ah ! fit-il, celle-ci ! Vous êtes diablement curieux, savez-vous ? Allez-vous me demander comme ça l'extrait de baptême de toutes les dames et demoiselles qui vont sortir ce soir de l'Opéra? mais je suis de bonne humeur, et j'en ai motif, vous allez bien le voir ! Celle-ci, c'est... ma foi, oui, c'est cela : le mot de l'énigme en chair et en os, la clé du mystère, le nœud de l'intrigue. Pas davantage, monsieur ! Elle n'a pas la beauté de Mme la marquise, il en faut pour tout les goûts, mais comme elle est plus jolie, hein ? Et un petit chic ! Moi, elle me va... et quand à son nom, vous l'avez lu trente-deux fois cette nuit. J'ai l'honneur de vous présenter la « petite photographie. » A vous revoir ! Elle m'attend, le cher bijou ! Je n'ai pas encore tout à fait renoncé à plaire, dites donc !

Il prit son chapeau d'un geste victorieux et ajouta :

— Finissez la lecture. Cassez-vous la tête. Il y a de l'argent en masse—et il reste des chiens à qui jeter votre langue, monsieur et cher client. A l'avantage !

Au moment où il passait la porte, la jeune fille du péristyle descendait les marches avec son voile baissé, et je les perdis de vue derrière les voitures.

Dix minutes après, j'étais à l'ouvrage, bien commodément étendu entre mes draps, ma lampe sur ma table de nuit, mon paquet de papiers sur ma couverture.

Je ne lisais pas encore, mais, je le répète, j'étais au travail.

Pour une œuvre du genre de celle que j'avais entreprise, il faut non-seulement rassembler les éléments, mais encore les retourner entre ses doigts, les rapprocher, les comparer, les briser même, parfois—pour voir ce qu'il y a dedans.

Lucien m'avait choisi parce que je suis un peu diplomate et un peu romancier.

Je lui devais de mettre en œuvre, autant que j'en ai le moyen, les procédés de l'un et l'autre métier.

Je fermai les yeux avant d'ouvrir le dossier.

Et je regardai en moi-même. J'avais besoin de classer mes souvenirs.

Il y avait d'abord et avant tout M. Louaisot de Méricourt.

Ce soir, en lisant l'entrevue de ce dernier avec mon pauvre Lucien, je m'étais étonné plus d'une fois de voir que Lucien n'opposait aucune barrière à la loquacité calculée de l'agent d'affaires.

Je m'étais dit : Si je le tenais, moi, ce Louaisot, il ne m'échapperait pas comme cela !

Je venais de le tenir, et il m'avait échappé.

Il m'avait échappé depuis la première parole jusqu'à la dernière.

Il avait, ce bonhomme, le singulier talent de parler non pas tout à fait pour ne rien dire, car il embrouillait, il inquiétait, il déroutait, mais pour ne jamais dire le mot qui éclaire.

Je fis comparaître M. Louaisot au tribunal de ma mémoire. Je lui demandai : qui es-tu ? que veux-tu ? qui sers-tu ?

Et son ombre évoquée ne me répondit pas plus catégoriquement qu'il n'eût fait lui-même.

Il me sembla entendre encore cette phraséologie à la fois commune et bizarre, aiguisant à plaisir l'envie de savoir, comme certaines épices irritent le besoin de manger ou de boire.

Etait-ce un homme fort ou seulement un bavard un peu plus adroit, un peu moins imprudent que les autres bavards ?

Il y avait ce diabolique regard qui le rehaussait. Je ne peux dire à quel point les lunettes de ce bonhomme flambaient dans mon souvenir !

Leurs fantastiques rayons éclairaient deux figures de femmes : les deux héroïnes de la pièce : Mme la marquise Olympe de Chambray, Jeanne Péry.

Je venais de les voir en quelque sorte l'une à côté de l'autre.

Cette marquise avait, en vérité, grande tournure, à part même sa beauté sans rivale.

Il m'étonnait de plus en plus, qu'elle eût jeté son dévolu sur mon pauvre Lucien. Je ne concevais plus du tout, depuis que j'avais vu « l'incomparable Olympe » cette passion acharnée qui s'adressait justement au modeste juge du tribunal d'Yvetot.

Il y avait là une invraisemblance, presqu'une impossibilité.

Et l'invraisemblance devenait plus marquée, l'impossibilité plus flagrante par l'entrée en scène de cette hautaine figure : le conseiller Ferrand.

Celui-là, je ne me l'étais pas du tout représenté ainsi.

Au début de ma lecture, j'avais vu en lui un brave pasteur de petits magistrats, menant son tribunal comme une école maternelle.

Puis tout à coup,— devine devinaille,— certain écrit mystérieux me l'avait montré sous un aspect tout opposé, mais plus grand : j'avais frémi en me penchant au-dessus d'un abîme.

Rien de tout cela n'était dans le marbre poli—et propre—de cette tête énergique—mais modérée, élégante, intelligente—et sage.

Quant à Jeanne Péry, oh ! elle était, celle là, ravissante de la tête aux pieds, mais tout autrement que la marquise. Ce n'était pas du tout une grande dame. C'était... mon Dieu oui, c'était trop le contraire d'une grande dame pour cadrer avec l'idée que je m'étais faite d'elle.

Selon moi, elle était bien plus l'héritière de notre vieux camarade de folies, le baron de Marannes, que la fille de cette chère sainte, si doucement noble dans son martyre, Mme veuve Péry.

Au premier coup-d'œil, et sans hésiter, je l'avais reconnue, mais tout en la reconnaissant, je gardais comme un étonnement.

Je dirai plus : un désappointement.

Je la cherchais en vain telle que Lucien me l'avait fait rêver.

La photographie justifiait bien le nom de *petit ange* que Lucien appliquait si souvent à Jeanne. L'original passait à côté de ce nom.

Pour tout dire, j'éprouvais un chagrin mêlé de dépit à l'idée du culte si naïf et à la fois si profond que Lucien lui avait conservé.

Et j'éprouvais aussi une sorte d'indignation en songeant que je venais de la voir sortant de l'opéra, en toilette d'opéra, elle que son mari cherchait si douloureusement, elle qui n'avait pas achevé le deuil de sa mère, elle qui devait être encore, j'avais sujet de le croire, sous le coup d'une mortelle accusation.

Du moment que Jeanne ne rejoignait pas son mari, il m'eut fallu Jeanne enlevée violemment ou prisonnière. La force majeure seule pouvait excuser pour moi l'abandon où elle laissait Lucien.

Et Jeanne était libre, et Jeanne attendait M. Louaisot de Méricourt au sortir d'un théâtre !

A mesure que je réfléchissais, une voix s'élevait en moi qui criait : ce n'est pas seulement odieux, c'est absurde et *c'est impossible.*

La pensée que j'étais entouré d'invraisemblances m'apaisait et me rassurait. Sur le point de condamner Jeanne, je suspendais mon jugement.

M. Louaisot me l'avait dit : Plus vous pénétrerez au cœur de l'énigme, plus la solution fuira devant vous....

Il était deux heures du matin, environ, quand je repris mon travail de dépouillement.

J'en étais resté au n° 38 : lettre de François Bochon, dont je supprime la fin comme étant inutile à l'intelligence de l'histoire.

SUITE DU DOSSIER DE LUCIEN THIBAUT

N° 29

Lettre écrite et signée par Mme veuve Thibaut.

« Ce mercredi.

(Sans autre désignation de date.)

» *A Mme la marquise Olympe de Chambray, en son hôtel.*

» Bonjour, bien aimée. Tout un bouquet de baisers, d'abord. Après? encore des baisers. Mais ça vous ennuie? Alors, assez.

» Ah! chère divine, quand je pense au bonheur sans mélange qui pourrait embellir mon âge mûr, à cet océan de délices où nous nagerions, ces demoiselles et moi, si certain événement avait lieu, j'ai peur.

» Ne me dites pas que j'ai la tête partie. Il y aurait

bien de quoi, mais non, je raisonne. Cette félicité est si fort au-dessus de nos mérites! Et le Destin est un monsieur qui se gêne si peu pour railler les pauvres mères!

» Les enfants, ma petite, les enfants! Il faudra pourtant bien que vous en ayez. Et je les dorlotterai! Mais c'est horrible. Quand ils sont petits, encore passe, on leur donne le fouet. Les miens sont tous grands. Quelle responsabilité!

» Si j'étais homme!... Voulez-vous savoir? Mon Lucien n'ose pas, voilà le vrai. Il n'y a que cela. Vous chercheriez cent dix ans sans trouver autre chose. Je vous l'affirme; il n'ose pas, le nigaud qu'il est!

» Il voudrait bien, parbleu! mais comment s'y prendre? Les garçons timides comme lui vont tout droit aux femmes avec qui on ose. C'est la nature. On devrait la supprimer, ça donne trop de tracas aux mères.

» Je ne peux pas en vouloir à Lucien, moi. Ça me fait rire, plutôt. On sait bien qu'il n'est pas une demoiselle. Il a rencontré ce petit chiffon-là dans un pré fleuri, un jour que le soleil était doux et qu'on entendait siffler les merles; ça peut arriver à tout le monde.

» Et puis vlan! Voilà une passion, attrape! Bah! bah! une passion composée de primevères, d'aubépines et de coucous! Ça va et ça vient. Mais on a beau dire, c'est ennuyeux pour les mères.

» La minette n'était pas imposante du tout. Ça lui a donné du courage pour pousser sa pointe. Pourquoi l'a-t-il poussée sa pointe? Chérie, vous avez été mariée, on peut vous parler entre dames. Il a poussé sa pointe par rage du véritable amour qu'il nourrit dans le fond de son âme, et dont le véritable objet lui fait peur.

» Aussi, pourquoi avez vous tant de noblesse, tant d'esprit, tant de beauté, tant de perfection ? Pourquoi ressemblez-vous à une reine ? Il n'ose pas, le cadet, je l'ai déjà dit, mais c'est exprès que je le répète, il n'ose pas, j'en mettrais ma main au feu.

» M. Thibaut, son père, était comme ça. Il a fait un bon mari, ma chérie. Vous trouverez une larme sur le papier. C'est sa mémoire qui me la tire.

» Mon pauvre Antoine ! Pendant vingt-deux mois, quel sang il me fit faire ! Mais ça vint à la fin ! Assez là-dessus, sauf un mot : Quand ça fut venu, dame... ah ! ma chère !

» Il s'agit de Lucien. Est-ce que je ne le connais pas comme ma poche ? Est-ce que je n'ai pas épié le premier éveil de son cœur ? En ce temps-là l'enfant me faisait trembler comme la feuille quand je le voyais rêvasser à un diamant de votre eau. J'aurais autant aimé qu'il eût lorgné les étoiles du ciel.

» Et c'est à moi la faute, peut-être. Combien de fois ne lui ai-je pas répété, le matin, le soir, à midi : malheureux ! tu vas te brûler l'imagination à la chandelle. Ce trésor-là n'est pas pour ton pauvre nez !

» J'aurais dû me couper la langue avec mes dents !

» Car voilà ce qui arrrive, bijou adoré, maintenant qu'il peut espérer et que nous nous tuons à le lui dire, ces demoiselles et moi, il ne peut pas croire à tant de bonheur. Moi, je conçois ça.

» Vous êtes la divine des divines, Olympe, il n'y en a jamais eu comme vous. Vous ne voulez pas le croire, mais la chose crève les yeux de tout le monde. Je le dis tous les jours à Célestine et à Julie, qui ont la fureur de vous copier, je leur dis : « Ecoutez, mes petites bonnes femmes, n'essayez pas, vous seriez tout uniment ridicules. On peut singer Mme Chose ou encore Mlle Machin, mais celle-là, je t'en ratisse ! »

» C'est sûr que je pourrais bien devenir un peu folle à la pensée d'avoir pour bru un ange du firmament comme vous. Le beau malheur! Je guérirais après la noce. Je donnerais trois doigts de chaque main pour y être, à la noce. Voilà comme je dissimule, moi! Tenez! si la santé de mon Lucien était attaquée, je vous le dirais tout de même, à la bonne franquette.

» Sa tête? Sa tête est aussi saine qu'un gland, ma perle. Seulement, il a ses migraines et on dirait quelquefois qu'il s'absente. Pourquoi? Parce que son cœur d'agneau est travaillé, tiraillé, tenaillé, quoi! Vous allez comprendre. Il a osé avec cette Jeanneton qu'il n'aime pas, avec vous qu'il idolâtre il n'a pas osé. Ça fait qu'il est malheureux et que sa tête éclate. Voilà l'histoire.

» Mais que fait-on pour les possédés ? on prie le bon Dieu qui est plus fort que le diable. J'ai tant prié le bon Dieu que mon garçon se dépossède petit à petit. Ecoutez ça un peu :

» Hier, qui était le cinquième jour depuis son retour de Paris, il m'a dit (et c'était de lui-même, je ne lui ouvrais pas la bouche de vous) : « Olympe est encore plus belle qu'autrefois. » Moi, j'ai répondu en faisant celle à qui c'est bien égal: « Trouves-tu, garçon ? » Il a ajouté d'un air pensif: « Oh ! oui, bien plus belle ! »

» Il a du goût, c'est certain.

» Quelque chose le tenait, et je m'en apercevais bien, mais je ne voulais pas l'interroger. Pas si bête!

» Il faut vous faire observer ici entre parenthèses que,

depuis son retour de Paris, le gars n'a pas prononcé une seule fois le nom de son orpheline. Il n'y a donc qu'à faire mine de n'y plus penser du tout, et j'ai dans mon idée que ça s'en ira à la douce, comme c'est venu.

» Il y a ma neuvaine, aussi, et le pélerinage, ces demoiselles n'ont pas tiré la réussite une seule fois sans vous trouver ensemble : le jeune homme blond et la dame brune. Les cartes, c'est de la superstition, j'en conviens, mais le grand jeu ne m'a jamais trompée. Et je vous dis, moi, que c'est un agneau qui ne savait pas écouter son cœur. Il vous a toujours adorée, toujours, toujours, à la sournoise, comme un poltron qu'il est.

» Il a donc repris, au bout d'un petit moment, sans avoir l'air d'y toucher.

» — Est-ce que tu crois qu'Olympe serait contrariée de me voir?

» — Pourquoi Olympe serait-elle contrariée de te voir?

» C'est moi qui ai répondu ça.

» — Dame, a-t-il fait, il y a si longtemps... et puis...

» — Et puis quoi ?

» — Les histoires....

» J'avais bonne envie de rire, mais je gardai mon grand sérieux.

» Allez dire partout que la bonne femme radote, si vous voulez, mais il n'ose pas. Je le répéterais sur l'échafaud !

» Pendant ces derniers jours, il n'a pas quitté le palais. Je lui avais fait écrire avec de la bonne encre par M. le président. Mais, malgré le grand zèle que la semonce de son chef lui a donné, hier soir, il était à la maison dès quatre heures. Jusqu'au dîner il a passé son temps à se bichonner : eau chaude, pommade, pâte d'amande et tout. Monsieur a fait recirer trois fois ses bottes qui ne reluisaient pas assez. Il a essayé onze cols de chemises. Enfin de grands projets !

» Devinez-vous, chérie ?

» Moi, je savais d'avance. Je l'avais entendu marmoter en se fâchant après le nœud de sa cravate :

» — Il faut que je la voie ! Il le faut absolument !

» Vous savez, mon trésor, pas d'enfantillage ! Quand il va se présenter chez vous, aidez-le un peu, je vous en prie. Souvenez-vous qu'il n'ose pas.

» En voulez-vous une preuve ? Après le dîner, il a recommencé sa toilette sur nouveaux frais. Cette fois, je n'ai pas pu résister : j'ai été le regarder par le trou de la serrure. Sa chambre était un pillage. Il houspillait ses chemises blanches pour en trouver une comme il n'y en a pas. J'aurais donné gros pour que vous fussiez-là.

» Rien n'était assez beau. Il a ôté ses bottes pour mettre des chaussures vernies. Je ne vous en dis pas davantage.

» Et puis, au moment de partir, après avoir passé un quart d'heure à peiner sur ses gants, qui ne voulaient pas entrer, et comme il brossait son chapeau neuf, patatras ! tout son courage a tombé à plat.

» Il a ôté ses gants, d'abord en soupirant comme un malheureux. Après ça, il s'est déshabillé et mis au lit sans crier gare.

» Voilà comme il est. Je ne l'ai pas dit à ces demoiselles, elles l'auraient griffé !

» Mais, aujourd'hui, il m'a reparlé. C'est sérieux. Je réponds que ce sera pour ce soir. Je ne plaisante pas, il a eu toute la journée la figure qu'il avait quand il passait ses examens de droit. Méfiez-vous.

» Chérie, j'ai cru bon de vous en toucher un mot pour que vous soyez gentille et que vous vous gardiez surtout de le déconcerter.

» Oh! bien aimée! oh! divine! ma perle, mon diamant, la plus chère de mes filles! Si j'apprenais ce soir, avant de me coucher, que Dieu a exaucé ma neuvaine! si vous étiez à nous enfin! si je m'éveillais demain matin la plus heureuse des femmes et des mères!

» Je vous embrasse mille fois, mais pas comme je vous aime, ce serait à vous étouffer.

» *P. S.* — Je n'ai pas dit un traître mot à ces demoiselles, bien entendu. C'est toujours notre cher mignon secret à nous deux. Célestine et Julie veulent vous embrasser au bas de ma lettre, je tourne la page; pas de danger qu'elles lisent.

» Elles sont la discrétion même et, d'ailleurs, je reste là pour les surveiller. »

N° 39 bis

Billet de mademoiselle Célestine.

» Nous ne savons rien, rien de rien. Maman nous traite comme deux bébés. Il nous est défendu même de deviner.

» On veut vous dire seulement, à la hâte, qu'on vous aime bien, bien, bien, et encore mieux.

» Maman ne veut même pas que nous fassions nos nœuds de tour de cou comme vous. Ce n'était pourtant pas pour vous ressembler, c'est si impossible!

» Mon frère ne bouge plus du palais. On jurerait qu'il n'a jamais été à Paris. Moi, je n'ai jamais cru à l'orpheline.

» Des baisers, et laissez tomber quelque part une miette de votre grâce, j'irai la becqueter. »

N° 39 ter

Billet de mademoiselle Julie.

» Ma sœur a tout dit, l'égoïste. Le droit d'aînesse est pourtant aboli. Elle veut jusqu'à la miette. Laissez-en tomber deux.

» C'est vrai, pourtant, que nous ne savons rien. L'ignorance ouvre la porte aux rêves. Moi j'en fais de bien beaux, et vous y êtes toujours.

» Quant à Lucien, je ne m'y suis jamais trompée. Des âmes ordinaires pouvaient concevoir des inquiétudes et se méprendre à cette erreur du jeune âge, mais moi, je savais quelle empreinte profonde restait gravée dans le cœur de mon frère.

» Vous êtes de celles qu'on ne peut oublier, Olympe, aussi ne craignez pas d'aimer. »

N° 40

(Ecrite et signée par la marquise Olympe de Chambray.)

» Yvetot, 23 juillet 1865.

» *A monsieur Ferrand, président, etc.*

» Cher et digne ami, pour ce qui me regarde, je vous prie en grâce de laisser en repos M. L. T... Comme juge, il vous appartient, mais comme prétendant à ma main, je désire qu'on lui garde sa liberté tout entière. Je crains le ridicule. Cette excellente Mme T... est justement la femme qu'il faut pour noyer quelqu'un sous le ridicule. Au lieu de vous mettre ainsi contre moi, digne ami, venez à mon secours.

» Et ne vous représentez pas votre Olympe sous les traits de Phèdre, brûlant comme un tison pour le bel Hippolyte qui la dédaigne. »

Note de Geoffroy. — Ce billet m'arrêta et me fit rêver longuement. Je recherchai dans le dossier le fragment anonyme qui avait été adressé à Lucien par un correspondant également anonyme, lequel était M. Louaisot, je croyais le savoir désormais.

Je parle ici de cette demi feuille où une inconnue (la marquise?) se confessait en un style froidement dépravé à un inconnu (le président Ferrand?) et qui était accompagnée de la fameuse légende : Devine devinaille, etc.

Cette demi-feuille m'avait laissé une impression presque sinistre. J'y flairais le crime et une complicité qui épouvantait ma raison.

Je comparai minutieusement l'écriture du fragment avec celle du billet portant la signature de madame la marquise.

C'était là un travail qui ne pouvait aboutir à rien de concluant, car le fragment contenait cette phrase : « J'écris maintenant aussi lestement de la main gauche que de la main droite... Vous m'avez donné des talents de faussaire. »

Il n'y avait aucune espèce de rapport entre l'écriture du billet et l'écriture du fragment. Aucune.

N° 40 bis

(Mention écrite de la main de Lucien.)

» J'ai rapproché la pièce qui précède du n° 32 (devine devinaille). Je repousse les pensées que fait naître ce fragment comme on se débarrasse d'un impur cauchemar.

» Je ne juge pas Mme de Chambray que j'ai tant aimée et respectée.

« Mais je déclare en conscience que, pour moi, le président Ferrand est un honnête homme. »

N° 41

(Ecriture de M. Louaisot, sans signature.) Pas d'adresse.

Paris, 23 juillet 65.

» Je suis étonné de ne rien recevoir de vous. Est-ce que vous dormez? Le moment ne serait pas bien choisi.

» Je n'ai aucun avis à vous donner, mais si par hasard vous reculez maintenant devant l'arrestation et ce qui s'ensuit, que faire de la petite ?

» Vous m'avez mis en avant, allez-vous me lâcher ?

» Après la visite domiciliaire, pas moyen de reprendre l'enfant à la maison.

» La police et la justice pataugent, selon leur habitude. Ça fait plaisir, mais ça ne mène à rien. Il serait grand temps de leur fournir un point de départ raisonnable, sous main, s'entend, et de les prendre par la patte pour les conduire tout doucement sur le chemin de la *vérité* (ce dernier mot était souligné au crayon.)

» Je vous prie de me répondre courrier pour courrier, ça en vaut la peine. Je suis très-ennuyé de cette histoire, indépendamment même de la descente de police, qui a porté atteinte à la considération dont je jouis dans mon quartier. Vous aurez à m'en tenir compte. »

N° 42

(Ecrite par la marquise de Chambray, non signée. Réponse à la précédente sans date ni adresse.)

» Ne précipitez rien. Laissez les choses en l'état. J'éprouve un sentiment de pitié pour cette jeune fille.

» Il paraît revenir à d'autres sentiments. On m'annonce sa visite pour ce soir même. Je veux attendre et voir.

» Demain, je vous enverrai mes instructions.

N° 43

(Ecrite par Lucien Thibaut, non signée.)

Yvetot, 23 juillet 1865, 11 heures du soir.

» Pour Geoffroy.

» Tu vas recevoir de mes nouvelles. J'ai mis hier une lettre à la poste pour toi.

» Cette lettre va franchir la mer et aller à Constantinople pour répondre à tes questions amicales sur ma famille et sur moi. Tu y verras notre intérieur, car nous demeurons momentanément ensemble, ma mère, mes sœurs et moi, depuis mon retour de Paris.

» Ma lettre d'hier ne te portera aucun mensonge, mais combien elle est éloignée pourtant de la vérité !

» Vas-tu deviner sous le calme de ma prose l'orage que je porte en moi ?

» Sur mon honneur, je n'avais jusqu'à aujourd'hui, aucune raison pour te rien cacher. Je me taisais par timidité ou mauvaise honte, mais derrière mon silence, il y avait l'ardent désir de t'ouvrir mon âme.

» Mais il est bien certain que je ne suis pas complètement mon maître. Il m'arrive d'agir sous une impulsion qui n'est pas mienne, quoiqu'elle n'émane pas non plus d'une volonté étrangère.

» Je t'ai déjà parlé de cela, et les faits vont expliquer malheureusement ce que ma parole peut avoir d'obscur.

« Aujourd'hui, pour la première fois de ma vie, j'ai commis une action dont je me repens. Il y a quelque chose entre moi et ma conscience. Ce que je n'osais pas t'écrire autrefois, j'oserais encore bien moins te le dire.

» Et, cependant, il faut que je me confesse. C'est un impérieux besoin. J'ai défiance de moi.

» Je sais, ou, du moins, je crois encore que ma raison est intacte ; mais il y a autour de ma raison des murmures et des menaces. Je les entends. J'en suis troublé. Je voudrais chasser ces ombres qui m'importunent.

» Il m'est arrivé d'agir sous la pression d'une force que j'appellerai impersonnelle. Ce n'est plus une crainte, c'est un remords que j'ai. L'acte est accompli.

» Bien plus, il m'est arrivé d'écrire sous la dictée... je dis bien : sous la dictée d'un autre *moi* que moi.

» Je reconnaissais mon écriture, je me voyais tracer les caractères, et les pensées fixées sur le papier par ma propre main ne m'appartenaient pas. Non ! Elles allaient même contre les pensées qui m'appartenaient.

» Cet autre moi vaut mieux que moi. Il est plus sévère que moi, et plus juste. Il sait des choses que j'ignore.

» Aussi ai-je pris déjà depuis longtemps un biais pour assurer ma confession.

» Il n'y a plus, j'en suis sûr, rien d'extravagant ni même de puéril dans ce fait de t'écrire journellement des lettres qui ne te sont pas envoyées. Je les garde toutes pour toi.

» J'y joins certaines pièces authentiques et explicatives, recueillies par moi que je classe autant que possible selon leur ordre chronologique.

» Cela forme déjà un *dossier*, pour employer le langage de ma profession.

» Et le dossier est gros.

» Avec ce dossier, tu instruiras un jour le procès de ma vie.

» Je le veux. C'est mon espoir qui n'est pas sans mélange de crainte. Je t'ai choisi pour cela entre tous ceux que je connais. Tu ne me refuseras pas.

» Jusqu'à cette heure, cependant, une lacune a existé dans la série de ces pages en apparence détachées, mais qui forment un tout suffisamment complet. J'ai supprimé, par un sentiment de pudeur — ou de douleur — les feuilles *écrites par moi quand je ne suis plus moi.*

» L'idée de passer pour fou me faisait frayeur et honte.

» A dater d'aujourd'hui, je ne détournerai plus rien.

» Tu nous verras tous deux, moi et mon ombre...

» *Minuit.* — Je me suis arrêté, mon pauvre Geoffroy. J'ai hésité, je tergiverse au moment même où je fais parade de ma sincérité future. C'est bien vrai : toute cette exposition solennelle a pour but d'apporter un retard au récit des événements de cette soirée.

» Trève de préliminaires ! Je veux parler clairement et brièvement :

» Depuis dimanche (nous sommes au jeudi soir), je sais où est ma petite Jeanne. La façon dont je l'ai appris te semblera singulière.

» J'étais arrivé l'avant-veille de Paris, où toutes mes recherches étaient restées vaines. Le matin du dimanche, au sortir de la messe, je trempais mes doigts dans le bénitier, suivant d'assez près ma mère et mes sœurs qui causaient sous le porche avec leurs amies, quand je me sentis coudoyer brusquement.

» Je me retournai. Il y avait derrière moi, parmi nos autres Cauchoises, une paysanne encore mieux endimanchée que les autres et dont la figure écarlate resplendissait sous une immense coiffe, chargée de broderies.

» J'avais reconnu d'un coup d'œil la florissante Hébé du Jupiter des renseignements, rue Vivienne, au coin du passage Colbert.

» Elle me prit de l'eau bénite au doigt.

» Au lieu de faire le signe de la croix, elle mit un doigt sur sa bouche et sortit de l'église.

» Je la suivis de loin jusqu'au bout de la ville où elle prit un sentier à travers champs.

» Elle s'arrêta derrière une haie, regarda tout autour d'elle, et, sans mot dire, me remit une lettre que j'ouvris précipitamment.

» La pensée de Jeanne était en moi, comme toujours. Voici la lettre :

N° 43 bis

(De la main de M. Louaisot, non signée.) Sans date ni adresse.

» Ceci, cher monsieur, est *gratis et pro Deo,* sauf le picotin de ma mule qui se trouve par hasard en promenade dans votre localité.

» Ne vous évanouissez pas de joie en lisant les lignes suivantes. Votre tourterelle, à qui ne manque aucun membre et qui jouit même d'une santé parfaite, est en ce moment au village de Frémetot, site charmant, sur la route de Lillebonne, dans une maison où Pélagie vous conduira volontiers, si vous le lui demandez poliment.

» Elle irait même, j'en suis certain, car elle est bien bonne fille, jusqu'à vous prêter la main pour un enlèvement. Est-ce gentil de sa part ?

» Soit dit sans vouloir vous effrayer, mon cher monsieur, il ne faut pas vous amuser à réfléchir. Le cas est diablement grave. Un danger qu'il ne m'est pas permis de vous spécifier menace la pauvre enfant : un cruel danger.

» Si vous n'avez pas fait usage encore du *Sésame ouvre-toi,* que j'ai eu l'honneur de vous céder à crédit, dépêchez-vous. Il n'est que temps, si vous voulez éviter la catastrophe.

» Vous entendez : La catastrophe. Le mot n'est ni trop gros ni trop mince, il dit juste la chose.

» Grâce au talisman que vous savez, la divine O... irait jusqu'à réfugier chez elle notre petite minette. *J'en suis sur.*

» *Memento* : LE CODICILE. »

N° 43 ter

(Suite de la lettre de Lucien.)

» Pélagie s'était assise sans façon sur le talus, ses jupes relevées à l'économie. Elle me regardait lire d'un air bon enfant. Quand j'eus fini, elle me dit :

» — Faut tout de même qu'on ne soit pas méchant pour être encore vos bienfaiteurs, après que vous nous avez flanqué le commissaire chez nous, rue Vivienne, dans une maison qui regorge de l'estime de son quartier. Et qu'on ne détenait l'enfant que pour son avantage, à seule fin de l'empêcher d'aller en prison tout à fait.

» — En prison ! m'écriai-je. Et pourquoi irait-elle en prison, grand Dieu !

» Pélagie me fit un petit signe de tête caressant.

» — Le patron vous appelle toujours comme ça : « l'agneau, » dit-elle au lieu de répondre. Ça vous coiffe assez bien. Mais faut être juste, vous êtes fièrement joli garçon tout de même pour un juge ! Voyez-vous, si j'ai parlé prison à propos de la petiote, c'est que tout le monde n'est pas bonnes gens comme nous. Il y a des traîtres et filous qui peuvent avoir censément l'idée de la persécuter dans leur propre intérêt pécuniaire.

» — Est-elle du moins à l'abri, demandai-je, dans cette maison de la route de Lillebonne ?

» — Pour ça, pas déjà tant, répondit Pélagie : à l'abri

comme qui dirait sous un chêne qu'a perdu ses feuilles, quand il fait de la pluie.

» J'entendais, mais j'avais peine à comprendre.

» Pélagie reprit en tirant de sa poche un bon gros talon de pain, coupé en deux et farci moitié beurre, moitié fromage :

» — On serait bien bête aussi de se laisser manquer, pas vrai, monsieur le juge ? Désormais, je ne déjeunerai guère que dans une heure d'ici. Quant à la petite, je garantis bien les gens chez qui elle est, mais c'est sous le rapport qu'ils ne valent pas cher... Oui, oui, pardienne, tout ça vous embarrasse, vous aimeriez que quelqu'un vous tirerait de cette ornière-là. En plus que si vous voulez emmener votre bergère, on ne peut pas fabriquer ça en plein jour, rapport aux mauvaises langues d'Yvetot, qui vous en ont, des yeux !

» — C'est juste, répliquai-je, travaillant avec désespoir à combiner un plan qui eût le sens commun. Pouvez-vous me dire comment faire, vous, ma bonne fille ?

» Pélagie aurait pu servir de modèle pour peindre l'appétit des consciences pures. Elle avalait sans effort ni douleur des bouchées véritablement formidables.

» Un instant, elle resta plantée devant moi à me regarder en silence. Elle riait bonnement : du beurre à un coin de sa bouche et du fromage à l'autre.

» — Voilà donc ce que c'est, poursuivit-elle tout à coup, je ne peux pas laisser un jeune homme dans le pétrin, c'est plus fort que moi, risque à la risque, je vas me fendre ! Vous savez bien, mon frère ?

» Jamais je n'avais ouï parler de son frère.

» — Mon frère Nicolas ? Il s'est laissé tombé au sort

comme un imbécile, et il nous manque vingt pistoles, comme ils disent ici, pour l'empêcher de partir soldat. A Paris, ça fait deux cents francs. Si ça vous va d'obliger notre famille de cette petite somme là, ce soir, à la brune tombée, sans le moindre dérangement pour vous, je charroirai la petite à la porte de derrière de chez vous, et vous l'emballerez censé par le jardin, ni vu ni connu, ça vous chausse-t-il, mon joli magistrat?

» J'acceptai avec empressement, et je lus dans les yeux de Pélagie combien elle regrettait de n'avoir pas demandé davantage.

» — Vous payerez bien à souper en sus, pour moi et Nicolas? ajouta-t-elle, en me tapant dans la main à la Normande : marché fait! Vous en êtes quitte à bon compte. Espérez jusqu'à ce soir, huit heures, et préparez le dodo de l'enfant.

» Elle s'éloigna en dévorant la dernière bouchée de son pain.

» Moi, je restai planté comme un mai derrière ma haie.

» C'était absurde, mon pauvre Geoffroy, cet arrangement-là, dix fois plus absurde encore que tu ne peux l'imaginer. Ma maison est toute petite : juste ce qu'il faut pour un ménage de garçon, et nous étions quatre là-dedans : ma mère, mes deux sœurs et moi.

» Ces dames m'avaient fait l'amitié de s'établir chez moi momentanément, tu devines bien pourquoi. Après la fameuse escapade de Paris, on voulait me surveiller de près et pousser en même temps le grand projet de mon mariage.

» Où mettre ma Jeanne dans cette maison-là, bon

Dieu! Où la cacher seulement pendant une heure? C'était absurde — absurde! Je le sentais jusqu'à la détresse.

» Mon pauvre petit ange! Ma Jeanne! Il me semblait que, du premier coup, elles allaient flairer sa présence comme une meute évente un gibier.

» De toutes les créatures humaines respirant sur la surface du globe, Jeanne était, après Olympe, celle qui les préoccupait le plus.

» Si Olympe était le but, Jeanne était l'obstacle. Pour elle il n'y avait pas de quartier à espérer.

» Et mon étroit logis que ces trois amazones, armées en guerre, parcouraient en tous sens du matin au soir, n'avait ni cachette ni recoin.

» Et pourtant, Geoffroy, sois juste, pouvais-je reculer? nécessité fait loi, il fallait prendre un parti.

» Après avoir creusé ma misérable cervelle qui n'a jamais été bien fertile en expédients, voici tout ce que je trouvai :

» Je m'enfermai sous prétexte de travail, et je travaillai en effet à arracher la moitié du contenu de ma paillasse. A l'aide de ces quelques poignées de paille, avec du linge, avec des habits avec tout ce qui me tomba sous la main, je fabriquai une manière de lit que je mis... ma foi, oui, écoute donc, je n'avais pas à choisir, je le mis dans mon cabinet de toilette.

» Ce n'était pas convenable? à qui le dis-tu? Va, ce n'était pas trop commode non plus, mon pauvre ami, car le cabinet de toilette, ne valait guère mieux qu'une armoire.

» Sans lit, on avait peine à s'y retourner; avec le lit...

mais c'est égal, je fus tout fier de ma trouvaille, et bien heureux surtout.

» Il me sembla que le plus fort était fait. J'attendis le soir avec moins d'inquiétude.

» Mais avec plus d'impatience aussi. Car, tu le croiras, si tu peux, Geoffroy, j'étais heureux comme un roi, — comme un fou !

» Huit heures sonnant, je descendis au jardin.

» J'y étais déjà descendu dix fois, pressant, gourmandant la marche du temps.

» J'avais bonne chance : ma mère et mes sœurs étaient à la neuvaine.

» J'attendis un quart d'heure tout au plus. Il faisait encore jour quand on gratta à la porte, et je reçus ma Jeanne dans mes bras.

» Pélagie fut contente de ce que je lui donnai, car elle baisa l'argent en me souhaitant du bonheur.

» Du bonheur ! ah ! j'en avais ! Ma petite Jeanne était là sur mon cœur.

» Nous restâmes sous le berceau jusqu'à ce que la nuit fût tout à fait tombée. Je la trouvais un peu pâlie, mais beaucoup embellie.

Et comme son sourire plus triste était aussi plus délicieux !

» Ce que nous disions, Geoffroy, sous la tonnelle ? Ah ! je ne sais. Elle est presque aussi timide que moi. Nous étions serrés l'un contre l'autre, et nos cœurs se parlaient. Nous nous aimions, vois-tu, jusqu'à ne plus savoir le dire. Et l'as-tu entendu le merveilleux cantique, chanté par le silence de deux cœurs !

» Il n'y avait plus pour nous ni douleurs dans le passé,

ni frayeurs pour l'avenir. La pure ivresse des jeunes amours nous enveloppait comme le nuage des enchantements dans la poésie d'Arioste. Nous nous aimions et Dieu nous regardait.

» Je la menai à son petit réduit quand la nuit fut noire. Elle s'assit sur le lit, mais moi, ici, je restai debout devant elle.

» Elle me dit en riant :

» — C'est donc ici ma chambre ?

» Mon Dieu ! comme je l'aimais ! Et comme je l'aime ! Y eut-il jamais au palais des Tuileries, à Schœnbrunn, à Windsor, fille d'impératrice ou de reine plus respectée, plus dévotement adorée que ne le fut ma chérie dans ce trou qui s'ouvrait sur la chambre d'un garçon ?

» J'ai dit *qui s'ouvrait,* car il ne se fermait point. Il n'avait ni verrou, ni serrure.

» J'en conviens, il y avait là quelque chose de... le mot ne me viens pas, mais choquant ne dirait peut-être pas assez.

» Oui, certes, je suis de cet avis. Et ce qui me blesse davantage, il y avait aussi quelque chose de ridicule.

» Mais si vous étiez scandalisé, Geoffroy, ou s'il vous arrivait de railler, je ne vous pardonnerais de ma vie.

» Je t'en prie, ne raille pas. Quant à te défier de moi, je n'ai pas peur. Tu le sais bien avant que je te le dise. Elle entra là, elle dormit là, pure comme un doux petit ange.

« Le danger, elle ne le voyait pas : nous avions parlé de sa mère.

» Elle avait confiance en moi comme en sa mère.

» Si tu l'avais vue ! comme elle était heureuse ! comme

elle était jolie ! comme elle me remerciait de la « chambre » que je lui donnais !

» Il faut te dire qu'elle avait eu de grosses frayeurs. Une fois déjà, on l'avait trompée à l'aide de mon nom pour la conduire où je n'étais pas, dans un guet-apens, dans une prison. Aujourd'hui c'était donc avec défiance qu'elle avait suivi Pélagie.

» Mais quand elle me vit, il n'y eut plus rien pour elle que sa joie.

» — C'est donc bien vous cette fois ! Lucien, Lucien, c'est donc vous !

» Elle me regardait à travers les larmes qui baignaient ses pauvres yeux et dans lesquelles le sourire mettait des étincelles.

» C'était moi, cela suffisait.

» Elle resta là quatre jours et quatre nuits dans l'étrange réduit que je lui avais choisi, sans craindre rien, sans même s'étonner de rien. J'étais là. L'instinct de son cœur lui disait que je la protégeais contre tous et surtout contre moi-même.

» Et tout ce que je lui disais, elle le croyait. Je n'étais pas coupable, puisque j'étais le premier à le croire. Je lui donnais des espoirs extravagants qu'elle prenait pour paroles d'évangile. Je lui disais que ma mère allait consentir à notre bonheur, que ma mère ne tarderait pas à la nommer sa fille...

» Car c'était toujours de ma mère qu'il fallait lui parler. Après moi, elle ne songeait qu'à ma mère.

» Mon Dieu ! je ne te défends pas de sourire. Ma pauvre bonne mère s'acharnait à sa neuvaine. Mes sœurs étaient devenues de bonnes clientes pour la somnambule.

» Si quelqu'un leur eût dénoncé le cher petit serpent qui mordait la queue de leur rêve !...

» J'ai quitté la plume un instant, Geoffroy pour essayer de me reposer. Je me suis étendu tout habillé sur mon lit, mais mes yeux n'ont pas voulu se fermer, il faut que j'achève.

» Ce fut pourtant une bien dure prison que celle de ma Jeanne, pendant ces quatre jours et ces quatre nuits. C'est à peine si je pouvais la voir quelques instants à la dérobée. Je lui portais ses repas en cachette et quels repas ! Comme tu le devines, ils ne valaient pas les peines énormes que j'avais à me les procurer.

» Il fallait les voler d'abord, ensuite les dissimuler et les emporter. Quelles frayeurs j'avais d'être découvert, nanti de ma contrebande !

» La nuit, nous étions libres ; mais, je vais te dire, comme la porte du cabinet de toilette ne fermait pas, j'avais imaginé de quitter ma chambre tout doucement pour aller dormir sur un banc, au fond du jardin.

» Elle ne s'en apercevait pas.

» Il faisait beau. Je n'étais pas très-mal sur mon banc, et je pensais à elle.

» Seulement, la dernière nuit, il fit de la pluie tout le temps. Je me réfugiai dans l'escalier, où je fus bien.

» Je pleure un peu en t'écrivant cela, parce que je n'ai pas eu quatre autres jours de bonheur en toute ma vie.

» Pardonne moi, c'est fini.

» A la maison, personne ne s'aperçut de rien. Il est vrai que j'usai de ruse pour la première fois depuis ma naissance. Je fis semblant de m'occuper d'Olympe. Je fis si bien semblant que tout le monde y fut trompé.

» Bien réellement, du reste, je m'occupais d'Olympe, tu ne vas que trop le voir, mais ce n'était pas tout à fait comme l'entendaient ma mère et mes sœurs.

» Je commençai à parler d'elle le lundi avant dîner.

» Toutes les oreilles aussitôt se dressèrent.

» Je m'informai de ses habitudes. Je demandai comme par manière d'acquit si on pensait qu'il ne lui serait pas importun de me revoir.

» Trois paires d'yeux se levèrent au ciel. Maman dit : C'est la neuvaine...

» Célestine et Julie me semblèrent avoir plus de confiance dans la somnambule.

» Le mardi, je rappelai en passant cette liaison d'enfance qui existait entre Olympe et moi. En revenant de chez la somnambule, Célestine et Julie me surprirent croisant sous les fenêtres de l'hôtel de Chambray.

» Sous leurs voiles, elles triomphèrent, et maman, ce soir-là, me suivait dans tous les coins pour m'embrasser.

» Le mercredi, après le dîner, je fis grande toilette pour rendre visite à Olympe, mais le cœur me manqua.

» A l'heure où nous sommes, l'idée de ce que devait être cette visite et de ce qu'il me fallait oser, me fait encore froid dans les veines.

» Oh ! oui, je pensais à Olympe. Je pensais à elle la nuit, le jour, sans cesse : presque autant qu'à Jeanne elle-même !

» Le jeudi enfin, — qui était hier, — après avoir passé une demi-heure agenouillé devant la paillasse de Jeanne, je pris mon courage à deux mains, et je partis pour l'hôtel de Chambray, ganté de frais, mais la mort dans l'âme.

» Je n'ai jamais fait la guerre. Je pense qu'il en doit être ainsi quand on marche à l'ennemi sans espoir de vaincre.

» Au moment où je soulevai le marteau du vieil hôtel, laissé par feu M. le marquis à sa veuve, ma poitrine était si serrée que j'avais peine à respirer.

» Je ne sais pourquoi le souvenir du mari d'Olympe passa dans mon esprit. Je l'avais vu à peine trois ou quatre fois. C'était un homme grand et pâle, d'une santé maladive et qu'on disait très-bon.

» Le concierge m'accueillit avec un empressement remarquable.

» Sa voix sonna comme une fanfare quand il appela sa femme pour garder la loge pendant qu'il m'accompagnait jusqu'au perron.

» Là, je fus reçu par Louette, la femme de chambre qui me connaissait de longue date, car elle servait déjà Mme la marquise à l'époque où celle-ci était encore Mlle Barnod et demeurait avec sa mère.

» Après la mort de Mme Barnod, Louette avait suivi Olympe dans la maison de son tuteur. Celui-là, je ne le connaissais pas. Je savais seulement qu'il demeurait aux environs de Dieppe, non loin du château de Chambray, — et qu'il avait contribué au mariage d'Olympe, ainsi que le président Ferrand, également membre du conseil de famille.

» Un hasard m'a mis à même d'apprendre, il y a quelques jours à peine, que le tuteur d'Olympe était notaire à Méricourt et s'appelait Louaisot. Etait-ce mon Louaisot de Paris ? Il devait être bien jeune en ce temps-là.

» Je suppose que c'était son père.

» Louette écarta d'autorité le valet de chambre qui voulait se mêler de moi et s'écria joyeusement :

» — On vous croyait mort, monsieur Lucien ! Les uns descendent, les autres montent. Me voilà une vieille femme, moi. Vous et madame la marquise, vous vous êtes épanouis comme des roses, ma parole ! Savez-vous que voilà bien des années que c'est passé toutes ces choses-là ?

» Je pense qu'elle entendait, par « ces choses-là » les visites que je rendais autrefois à Olympe jeune fille. Elle m'avait toujours encouragé de son mieux, cette bonne Louette, et j'aurais été un ingrat si je ne me fusse souvenu de l'excellent visage qu'elle ne manquait jamais de me faire au temps dont je parle.

» — C'est déjà bien loin de nous, en effet, Louette, répondis-je.

» Et j'allais enfin demander si Mme la marquise était visible, quand mon ancienne protectrice m'interrompit impétueusement.

» — Pas déjà si loin, dites donc ! s'écria-t-elle. Et il ne faut pas avoir l'air de le regretter. Le temps fait du mal et du bien, c'est sûr. Qu'étiez-vous ? Un marmouset dont on n'aurait su que faire. Et à présent vous voilà un amour d'homme, grave, soigné, un homme dans tout son beau, quoi !

» Elle leva le flambeau qu'elle tenait à la main, pour me toiser mieux à son aise.

» — Je n'adore pas les robes noires, quant à moi, reprit-elle : mais vous ne portez pas ce déguisement par les rues, ni surtout dans votre chambre à coucher, hé, hé, hé ! M. Thibaut ? D'ailleurs, je me dis ceci : quand on s'établit avantageusement, on donne sa démission. C'est le cas d'envoyer sa robe noire à la friperie, où d'autres vont l'acheter. Il faut bien commencer par quelque chose.

» Ici seulement, elle se mit en marche pour me conduire au salon.

» En route, elle acheva :

» — De son côté, mademoiselle (je l'appelle comme ça souvent, quand nous parlons du temps jadis), mademoiselle est devenue la plus belle femme de la Normandie, et même d'ailleurs. Ça lui va si bien d'être une richarde. Je passe par-dessus la noblesse qui ne rapporte rien. Et pour être une richarde, il fallait d'abord épouser un richard. Quitte à choisir après... hé ! hé !

» Son rire n'aurait pas plu à tous les moralistes, mais ce n'était, en somme, qu'une servante.

» Elle tourna le bouton du salon en annonçant :

» — Une ancienne connaissance que madame la marquise n'attend pas !

» Ceci fut dit de ce ton emphatique qui souligne les contre-vérités.

» Puis Louette effaça son buste tout rond pour me livrer passage.

» Olympe était seule dans un petit salon Louis XV que feu M. le marquis avait orné pour l'amour d'elle avec un soin tout particulier.

» M. de Chambray était connu comme amateur. Avant son mariage il possédait déjà une riche et nombreuse collection d'objets d'art où il puisa généreusement pour le salon Louis XV.

» Il fit en outre pour ce même salon des dépenses déclarées folles par les gens sages de l'arrondissement et dont il fut parlé jusqu'à satiété dans les familles.

» La chose certaine, c'est que les étrangers de passage à Yvetot demandaient la permission de visiter les salons et la galerie de l'hôtel de Chambray.

» Moi, je m'y connais peu, et j'étais d'ailleurs absorbé si profondément dans la pensée qui m'amenait chez Olympe que je ne fis aucune espèce d'attention aux merveilles du petit salon Louis XV.

» Je ne vis qu'Olympe elle-même, et non loin d'elle, incliné, comme pour la contempler encore, le portrait de feu M. de Chambray, qui me parut extraordinairement ressemblant.

» Olympe était assise à la place qui devait lui être habituelle, auprès du guéridon-bijou qui supportait son livre et sa broderie.

» Je la vis au travers d'une douce lumière qui se colorait de toutes les nuances heureusement mêlées, de tous les reflets égarés savamment dans cette retraite gracieuse, dont l'atmosphère chatouillait les sens comme un velours fluide.

» Louette venait de me dire qu'Olympe avait embelli. C'était vrai. Je la trouvais belle splendidement.

» Et quelque chose en moi, dès le premier moment, se révolta contre cette splendeur de beauté.

» Il me semblait qu'elle insultait ainsi à la détresse de Jeanne. Elle volait Jeanne. J'étais jaloux pour Jeanne.

» Est-on assez fou, Geoffroy ?

» Jeanne, dans sa misère, restait pourtant victorieuse. Elle était au-dessus de cette femme, elle allait l'opprimer.

» L'opprimer, tu entends bien, cette femme noble, heureuse, puissante, elle, ma pauvre petite Jeanne, du fond de son trou usurpé, — et l'opprimer terriblement jusqu'à arracher des pleurs de sang à ces grands yeux où brillait maintenant le calme sourire des reines !

» Olympe se leva quand elle m'aperçut sur le seuil, et fit un mouvement comme pour tendre ses deux bras vers moi.

» Je ne sais pourquoi, je cessai aussitôt de marcher.

» Peut-être que je l'admirais avec sa taille svelte et hardie, avec les masses d'un brun opulent qui encadraient l'ovale exquis de sa joue, et d'où un rayon, glissant à travers le globe dépoli de la lampe tirait des lueurs fauves, discrètes comme les polis d'un bronze.

» A l'instant où je m'arrêtai, les bras d'Olympe retombèrent, mais elle continua de s'avancer vers moi.

» — Il y a bien longtemps que je vous espérais, Lucien, me dit-elle de sa voix grave et douce, je vous remercie d'être enfin venu.

» C'était tout simple, et même il ne se pouvait guère qu'elle me dit autre chose. Elle me l'avait écrit plusieurs fois.

» Et pourtant je me sentis décontenancé comme si elle m'eût compromis ou qu'elle eût gagné un avantage sur moi. J'aurais voulu parler tout de suite dans le sens de la préoccupation qui avait déterminé ma visite.

» Les mots ne me vinrent pas.

» Je pris la main qu'elle me tendait et je restai muet devant elle.

» Ce n'était pas à elle que je pensais. J'étais malheureux jusqu'à l'impuissance. Je me disais : les intérêts de Jeanne sont en mauvaises mains. Je ne réussirai pas.

» Olympe sourit, me croyant seulement déconcerté. Peut-être y avait-il déjà pourtant de la souffrance dans son sourire.

» Et de la défiance aussi.

» Ce fut en me désignant un fauteuil qu'elle ajouta :

» — Êtes-vous donc toujours aussi timide qu'autrefois ?

» Je m'assis et je répondis :

» — Plus timide.

» Il y eut une pause. Olympe aussi avait repris son siége.

» C'est une chose singulière à dire, j'avais du sang-froid dans mon trouble. Je choisissais ce moment inopportun pour réfléchir, songeant à tous les points que j'aurais dû régler avec moi-même avant la visite, et constatant que je m'étais trompé en croyant me préparer.

» Je n'étais pas préparé du tout. Je n'avais pensé à rien de ce qu'il me fallait avoir et savoir.

» Je me souvins à cette heure des soupçons qui m'avaient traversé l'esprit à Paris; je relus en moi-même le « fragment » écrit de la main gauche.

» Mais j'eus beau essayer de croire à cela, je ne pus pas.

» Le souvenir me revint aussi de ce qui m'avait été suggéré tant de fois par M. Louaisot, par ma mère, par mes sœurs ; était-il possible que cette femme, si supérieure à moi sous tous les rapports, fut éprise de moi ?

» Et si cela était, que faisais-je chez elle ?

» Une autre idée se fit jour, honteusement et malgré moi. M. Louaisot m'avait dit une fois : « Vous êtes peut-être millionnaire sans le savoir ! »

» Olympe avait prouvé déjà qu'elle était ambitieuse...

» Oh ! que n'était-ce vrai ? Que n'avais-je des millions, tous les millions de la terre à lui offrir pour prix du bizarre secours que je venais implorer d'elle !

» En même temps que tout cela roulait dans ma tête, mon regard ne pouvait se détacher d'Olympe. Je la voyais, même quand mes yeux se baissaient ou se détournaient d'elle. Je subissais de plus en plus douloureusement l'empire de sa beauté.

» Je dis douloureusement parce que, tout en admirant malgré moi et avec de puériles colères, je comparais ou plutôt je combattais.

» L'image de Jeanne était là, plein mon cœur. Pauvre petite vaincue ! Je la voyais entre Olympe et moi comme une cause de guerre implacable.

» Jeanne était belle aussi, mille fois plus belle à mes yeux que cette orgueilleuse. C'était vrai, mais ce n'était vrai que pour moi.

» J'avais conscience de ce fait qu'entre elles deux moi seul pouvais donner la préférence à Jeanne.

» Tout le reste de l'univers, j'en étais sûr et je m'en indignais amèrement, eût décerné le prix à Olympe.

» Je voudrais en vain expliquer comment je trouvais cela tout à la fois inique et naturel. Le contraire ne me tombait pas sous le sens, et ma rancune contre la victorieuse de cette lutte imaginaire grandissait — grandissait jusqu'à provoquer en moi un fougueux besoin de vengeance.

» Ma pensée énumérait à plaisir les avantages d'Olympe, trônant au milieu de ce luxe et de ces élégances qui lui allaient si bien. Je les lui reprochais comme si elle eût tout volé à Jeanne.

» A Jeanne, qui n'avait rien, pas même l'abri dont personne ne manque ! A Jeanne qui se cachait comme un pauvre oiseau dans un trou !

» Et sa présence dans ce trou, découverte par malheur, lui eût été comptée pour la dernière des hontes !

» Je suis sûr de n'avoir jamais adoré mon cher petit ange si pieusement qu'à cette heure où je l'écrasais moi-même sous l'insolente victoire de sa rivale.

» Tu vas voir tout à l'heure comme je l'aimais.

» J'ai dit d'un coup ici tout ce qui s'agitait dans mon cœur et dans ma tête, mais il ne faut pas croire que nous fussions silencieux, Olympe et moi, en face l'un de l'autre, pendant que je songeais.

» Matériellement, la conversation ne languissait même pas trop, parce que sa science de femme usagée portait l'entretien vers des sujets qui m'étaient faciles. Elle parlait de ma mère, de mes sœurs, de leur affection pour moi, et je répondais à peu près comme il se devait.

» Mais mon esprit était si manifestement ailleurs, qu'Olympe, malgré sa souveraine aisance, laissa percer plus d'une fois un symptôme de gêne.

» Voyait-elle au travers de mon front ?

» Avant l'orage, un malaise court qui souvent a pesé sur mes tempes et oppressé ma poitrine.

» Il y avait de l'électricité dans notre air.

» Comme je tarde, Geoffroy ! La plume me brûle. Tout à l'heure, je viens de repousser ma table et de marcher à grands pas comme pour fuir.

» Mais ce calice est de ceux qu'on ne peut éloigner. Je veux que tu saches.

» Je ne sais plus quelle transition Olympe employa pour arriver aux souvenirs de notre adolescence, ce que je puis dire, c'est que l'exquise mesure de ses prévenances mit le comble à mon irritation.

» Chacun de ses regards, chacune de ses paroles étaient empreints d'un charme inexprimable, et c'était ce charme odieux qui me jetait hors de moi-même.

» N'étais-je pas là, moi, depuis une demi-heure, m'efforçant avec désespoir et cherchant des mots introuvables pour aborder le sujet extravagant de ma démarche ?

» Déjà dix fois, j'avais eu envie de me précipiter à ses genoux et de briser mon arme, en implorant sa pitié.

» Qu'aurait-elle fait si j'eusse capitulé ainsi ?

» C'est à toi que je le demande, Geoffroy ; moi, je l'ignore.

» Il y a une brutalité dans la poltronnerie. Ceux qui tremblent sont durs. Je me souviens que dans un moment où Olympe me rappelait les lettres enfantines que nous échangions pendant que je faisais ma rhétorique à Paris, je lui coupai la parole et lui dis, tressaillant moi-même au son méchant de ma propre voix :

» — Madame, je ne suis pas venu pour parler de cela.

» Elle pâlit. Crois-tu que je me repentis? Non, je fus content d'avoir frappé fort.

» Et je ne laissai pas le temps de naître au sourire que sa vaillance rappelait sur ses lèvres.

» Je continuai tout de suite.

» — Madame, je vous prie de m'écouter. Je suis très-malheureux, ce qui me donne le droit d'être très pressant. J'aime Mlle Jeanne Péry, votre cousine...

» — Et c'est à moi que vous venez la demander en mariage, Lucien? interrompit-elle d'un ton douloureux qu'elle essayait de rendre sarcastique.

» Je ne répondis pas immédiatement.

» Cette question me frappait, et c'est la preuve de l'étrange sang-froid dont je te parlais tout à l'heure : je voulais voir quel avantage on en pouvait tirer dans ma situation.

» J'ai beau être faible de caractère et sans doute aussi d'esprit, l'habitude d'instruire les affaires et d'interroger méthodiquement m'a rompu aux feintes de la parole; sans l'avoir étudiée, je connais l'escrime du langage.

» Je répliquai après un court silence :

» — Ce n'est pas tout à fait cela, madame, ou du moins je ne m'étais pas dit, en entrant ici, que je vous demanderais la main de votre cousine, mais, en définitive, cette marche me parait régulière et je vous remercie de me l'avoir indiquée.

» — Ne me remerciez pas, Lucien, prononça-t-elle tout bas. Vous ne pouviez vous adresser plus mal. Mlle Péry de Marannes est en effet ma cousine, du côté de M. de Chambray; mais je ne la fréquente pas plus que je ne fréquentais son père ni sa mère, et je vous prie de croire que je n'ai aucun droit, — aucun désir non plus, assurément, de me mêler de ses affaires.

» Elle fit un geste qui ajouta au dédain exprimé par cette phrase.

» Le rouge me monta au front, mais je me contins et je poursuivis :

» — Madame la marquise, notre entretien s'égarerait dans cette voie. Ce n'est pas à vous que je demande la main de votre cousine, mais c'est sur vous que je compte pour l'obtenir... Permettez ! je ne refuse pas de m'expliquer, et veuillez croire que mon envie est de ne pas m'écarter un seul instant du respect qui vous est dû. Mlle Jeanne Péry se trouve dans une situation...

» — Et que m'importe la situation de cette fille ! s'écria Olympe avec une violence soudaine. Je la connais mieux que vous, sa situation ! je lui ai déjà fait l'aumône ! Et c'est pure pitié de ma part si je ménage votre folie en ne vous disant point ce que je sais sur le compte de Mlle Jeanne Péry !

» Ses yeux brûlaient d'un feu sombre et ses lèvres blêmes tremblaient.

» Moi, j'écoutais encore, quoiqu'elle eût déjà cessé de parler.

» En écoutant, j'avais laissé mon regard monter jusqu'au portrait de feu M. le marquis.

» Il souriait, à ce que je crus.

» Ne crains rien, ce n'était pas encore ma folie qui me prenait.

» J'écoutais parce que j'étais l'ennemi mortel de cette femme. Que pouvait-elle inventer contre ma Jeanne ?

J'aurais eu plaisir à voir l'éclat superbe de cette bouche, terni par la calomnie.

» Cependant, comme elle se taisait, je repris encore :

» — Madame la marquise, il ne me convient pas de vous interroger. Je connais Jeanne comme je connais l'âme qui anime mon propre corps. Ce qui pourrait être allégué contre Jeanne ne me causerait aucun chagrin parce que je n'y croirais pas.

» Je comprends bien que ma bonne mère et aussi mes sœurs soient chagrines à cause de moi et s'efforcent de me faire contracter ce qu'elles appellent une union avantageuse. Je voudrais sincèrement leur donner cette joie, mais c'est impossible. En ce monde, il n'y a pour moi, et jamais il n'y aura qu'une femme.

» D'autres peuvent être plus brillantes, plus belles, même; d'autres sont aussi riches qu'elle est pauvre. Je ne vois rien de tout cela, je ne vois qu'elle.

» Vous souriez, madame ? Après la mort de sa mère... Oh! ne souriez plus. Quand je prononce le nom de celle-là, je suis tenté de m'agenouiller, car c'était une sainte. Depuis la mort de sa mère, des personnes dont ce n'est pas ici le lieu de juger les intentions, se sont approchées de ma petite Jeanne, soit pour la secourir, soit pour la persécuter. Je ne connais pas, et que m'importe? la situation à laquelle vous faisiez allusion tout à l'heure, mais la situation dont je vous parle, moi, est celle-ci : J'ai pu retirer Jeanne des mains de ses ennemis. Elle est chez moi...

» — Chez vous! fit-elle en bondissant sur son siége. Vous avez dit chez vous?

» — J'ai dit chez moi, madame.

» — Ici, en ville !

» — Ici, en ville, dans ma propre chambre.

» — Mais votre mère ! mais vos sœurs ! Elle ose souiller leur toit...

» — Madame, interrompis-je avec un calme surprenant, vous ne pouvez ni me blesser, ni l'insulter. Il est en mon pouvoir de vous réduire au silence comme par magie.

» Elle me regarda fixement.

» Je ne puis dire tout ce qu'il y avait d'étonnement et de courroux dans ce regard.

» Je repris :

» — Madame la marquise, il n'entre point dans mon dessein de vous menacer sans nécessité. Je serai trop heureux si nous tombons d'accord en restant dans les termes de la bienveillance, ou du moins de la courtoisie. Tout à l'heure, quand vous m'avez interrompu, j'allais vous dire que le pauvre asile de ma Jeanne est respecté par moi à l'égal du plus saint des temples, mais à quoi bon ! cela ne vous intéresserait pas.

» Revenons à ce qui est surtout notre affaire. Il est utile, madame, il est indispensable que je vous expose ma situation après vous avoir exposé celle de Jeanne.

» Je n'ai pas de courage contre ma mère. Je consentirais à vivre malheureux le restant de mon existence pour écarter de moi la malédiction dont elle m'a menacé. Mais, à part cette malédiction, je suis prêt à tout braver pour conquérir mon bonheur, qui est celui de ma Jeanne.

» Vous seule, en ceci, madame, pouvez venir à mon aide. Et si je suis ici, c'est que j'ai compté sur vous.

» Elle m'avait écouté sans m'interrompre. Je m'arrêtai de moi-même. Elle se renversa dans son fauteuil en balbutiant :

» — Sur moi! vous avez compté sur moi !

» Dès longtemps une crainte s'était éveillée en elle. Je la voyais pâlir. Mais cela ne m'inspirait aucune pitié. Je me disais :

» — Voilà que les choses changent bien! c'est à son tour de souffrir.

» Et j'étais content. A chaque minute qui s'écoulait, je me sentais plus impitoyable. Mon amour était en moi comme une férocité.

» Olympe n'ajouta rien. Ce fut moi qui repris la parole.

» J'expliquai en termes nets et modérés l'engouement sans bornes qui entraînait ma mère et mes sœurs vers Mme la marquise de Chambray. Je ne dis point quel était à mes yeux le principal motif de cet entraînement. Je ne voulais plus blesser, je voulais vaincre.

» J'appuyai sur la confiance qu'on avait en Mme la marquise, sur le culte à la fois frivole et sérieux dont on l'entourait. On avait fait un rêve féerique, on m'avait vu, moi, Lucien, dans une sorte d'apothéose, aborder le firmament où brillait l'étoile. On m'avait vu fiancé, puis époux.

» Mais que fallait-il pour faire évanouir ce rêve ?

» Un mot, un seul mot de Mme la marquise...

» Ici, je m'arrêtai encore. Olympe resta muette.

» Elle ne protestait pas. Ma vaillance s'en accrut. Je poursuivis :

» — Ce mot, vous le prononcerez, j'en suis sûr, madame. Vous le devez. Vous devez davantage et je n'ai pas tout dit.

» Le fol espoir de ce mariage était le grand obstacle à mon union avec Jeanne. Nous venons de supprimer cet obstacle.

» Mais l'espoir mort, l'espoir qui attirait à vous, restent les craintes qui éloignent de Jeanne. On lui reproche sa pauvreté, son isolement, son néant. Vous avez tout ce qu'elle n'a pas, madame. Vous êtes riche, vous êtes entourée, — vous êtes reine dans ce monde qui la dédaigne parce qu'il ne la connaît pas.

» Elle est votre parente. Rien ne sera plus simple que de lui prêter votre appui.

» Qui donc s'étonnera si vous lui tendez la main, fut-ce un peu tardivement? Il est toujours temps d'accomplir un devoir. Vous prendrez l'orpheline sous votre aile. Vous la présenterez, et de votre main le monde l'acceptera...

» Pour la troisième fois, je m'arrêtai.

» Je n'avais pas conscience de mon audace, non, j'avais parlé comme si j'eusse soutenu la plus simple des thèses.

» Olympe avait les yeux baissés maintenant. Elle se tut encore.

» Et moi (Geoffroy, vas-tu le croire?) je repris :

» — Vous serez sa sœur aînée, madame, presque sa mère, puisqu'elle n'en a plus. Mais je n'ai pas exprimé toute ma pensée. A l'instant, je vous disais : vous êtes riche. Vous savez que ma mère tient à la fortune...

» — Ah! ah! fit Olympe qui releva la tête.

» Elle semblait n'en pas croire ses oreilles.

» De fait, M. Louaisot lui-même, au moment où il me vendait son talisman, n'avait certes pas deviné jusqu'où j'en pousserais l'usage.

» Je te répète que les paroles me venaient comme cela. Je discutais en homme qui use d'un incontestable droit.

» Mes souvenirs sont précis comme l'était mon argumentation. Je puis noter ce détail que je rapprochai familièrement mon fauteuil pour répondre à l'exclamation de Mme la marquise.

» — Ne vous méprenez pas, dis-je en souriant. Vous me connaissez. Ai-je besoin de spécifier qu'il n'y a ici aucune question d'intérêt matériel?

» — Bah! fit-elle. Alors je ne comprend pas.

» — Ce que je veux, madame...

» — C'est une donation entre vifs, n'est-ce pas?

» — Fi donc! Je n'ai jamais pensé...

» — Qu'à mon testament, fait en faveur de Mlle Jeanne? C'est encore bien de la bonté de votre part!

» — Madame, repris-je sévèrement, je n'ai pensé à rien, à rien qui puisse motiver vos sarcasmes. Il ne s'agit que d'une apparence. En mon nom comme en celui de Jeanne, je vous déclare que nous n'accepterions rien de vous. Mais il faut que ma mère consente, et pour qu'elle consente il faut qu'elle croie Jeanne votre héritière, au moins pour une part.

» — Pour une bonne part? demanda-t-elle les lèvres serrées.

» Je répondis :

» — Pour une part convenable.

» Sur ce mot elle éclata de rire si brusquement et d'une

façon si provoquante, que j'en serais resté décontenancé en tout autre moment.

» Mais à cette heure, j'étais d'acier.

» — Il le faut ! dis-je tout uniment.

» Et je reculai mon fauteuil à sa première place.

» Elle riait toujours, mais cela ne sonnait déjà plus franchement. Dans sa méprisante gaieté on aurait pu voir l'inquiétude qui renaissait. Moi, j'attendais, tranquille, les mains croisées sur mes genoux.

» Quand elle fut lasse de rire, elle me demanda, gardant avec peine son accent de moquerie :

» — Et pourquoi le faut-il, cher monsieur Thibaut ?

» — Parce que je le veux, répondis-je.

» Je ne dis pas autre chose. Ce qu'il y avait dans mes yeux, je n'en sais rien, mais son regard se déroba sous le mien.

» — Ah ! fit-elle avec lenteur, vous le voulez !... Alors vous croyez avoir les moyens de me contraindre ?

» — Je le crois, répondis-je.

» Il est vrai que j'ajoutai un instant après :

» — J'en suis sûr.

» La contenance d'Olympe avait peu changé jusqu'à ce moment. Son effroi, si réellement elle en éprouvait, se dissimulait derrière un redoublement de hauteur.

» Elle me dit en relevant les yeux sur moi d'un air de froid défi :

» — Voyons vos moyens, monsieur Thibaut.

» — Je n'en ai qu'un, madame la marquise, répondis-je, mais il est bon : je sais votre secret.

» Elle fit effort pour garder son sourire.

» — Vous êtes plus avancé que moi, alors, prononça-t-elle, d'un ton léger qui n'était plus qu'un reste de fanfaronnade : je ne me connais pas de secret.

» J'avais sur les lèvres les paroles cabalistiques que M. Louaisot de Méricourt m'avait vendues au prix de 3,000 francs, mais quelque chose me retenait de les laisser tomber.

» Ce n'était pas défiance du talisman : depuis que j'avais parlé de secret, Mme la marquise de Chambray vibrait sous ma main comme une feuille au vent.

» Je sentais le tremblement de sa conscience.

» Oh! certes, cette femme avait un secret, peut-être plusieurs. Les plus mauvais soupçons que j'avais pu concevoir autrefois d'une façon passagère, revenaient et prenaient racine en moi.

» Non, ce n'était pas défiance, c'était plutôt excès de confiance en l'efficacité du levier que j'avais dans ma main.

» L'arme était trop lourde, l'instinct de ma profession me le disait. J'avais pudeur d'en écraser une femme...

» Geoffroy, je viens de faire allusion à mon état de juge. Ce mot me fait mal à écrire. Je ne me souviens pas d'avoir commis une autre mauvaise action en toute ma vie. Ceci était une mauvaise action.

» Plus mauvaise parce que j'étais un juge.

» Ma profession affilait dans ma main l'arme à moi livrée par l'homme de la rue Vivienne.

» Si j'eusse été dans l'exercice public de ma fonction je n'aurais pas hésité. Dans l'intérêt social qui lui est confié, un magistrat a droit d'agir autrement qu'un simple citoyen. L'utilité de tous, opposée au désastre mérité d'un seul est l'éternelle excuse de certains agissements judiciaires.

» Comment n'aurait-il pas le champ libre, les coudées franches, la conscience débridée celui qui cherche la vérité pour le compte de tous les honnêtes gens, à l'encontre d'un seul malfaiteur ?

» Et pourtant, bien des fois, dans l'exercice public de mes fonctions, la répugnance m'a saisi au collet.

» Bien des fois je me suis dit : « Ce sont là d'adultères
» accommodements. Le mal est toujours le mal, même
» quand on l'emploie comme outil pour produire le
» bien. »

» Ici, toute excuse professionnelle me manquait. J'agissais pour moi, pour mon amour qui était moi-même.

» J'hésitai. Ma conscience me criait : Arrête ! Mais ma passion, parlant plus haut encore, me montrait l'avenir sous son voile de deuil.

» C'était ici une occasion unique. Si je reculais, tout était perdu.

» Et là-bas, dans ce pauvre réduit où chaque minute pouvait la dénoncer et la déshonorer, je vis ma petite adorée qui me regardait à travers ses larmes souriantes, et qui me disait : Je n'ai plus que toi pour défenseur.

» Qu'aurais-tu fait, toi, Geoffroy ?

» J'avais à proférer un mensonge, car le talisman était vide, comme ces pistolets non chargés qui effraient les voleurs de nuit.

» J'avais à dire : JE SAIS, et je ne savais rien.

» Geoffroy ! est-ce que tu aurais laissé mourir ta Jeanne ?...

» Voici ce qui arriva :

» Depuis que je ne parlais plus, Olympe me guettait de ses grands yeux avides. Elle voyait bien comme je souffrais ; elle pouvait compter les gouttes de la sueur froide qui baignait mon front.

» Elle crut que je m'étais avancé au hasard.

» — Lucien, fit-elle tout bas et presque tendrement, n'est-ce qu'un jeu? un jeu cruel? Avez-vous tendu à votre amie d'enfance le piége qui vous sert, à vous autres juges, pour prendre les criminels? Lucien, répondez-moi, je peux encore vous pardonner.

» Elle avança la main. De son propre mouchoir, elle essuya l'eau glacée qui coulait sur mes tempes.

» Cela me redressa comme si une main d'homme m'eût sanglé un soufflet au visage.

» — C'est un duel entre vous deux ! m'écriai-je, saisi par une exaltation soudaine, un duel à mort entre celle que j'aime et celle que je hais ! Vous êtes la plus forte, dix fois, cent fois la plus forte ! Vous avez tout ce que prodigue l'enfer : l'or, la beauté, la science de la vie, et le monde imbécile vous grandit encore de son respect. Elle n'a rien, elle est seule, le mépris de ce même monde va l'accabler en face de vous, elle est brisée d'avance ! Elle ne saurait se défendre contre vous, puisqu'elle est la faiblesse et que vous êtes la force. Pourquoi donc ne me mettrais-je pas au-devant d'elle pour empêcher un assassinat? Pourquoi ne vous arrêterais-je pas comme un bouclier? Et si ce n'est pas assez, comme une épée?

» — Lucien, Lucien ! fit-elle on va vous entendre.

» Je la repoussai, car elle s'était levée et venait vers

…oi plutôt étonnée qu'effrayée, et comme on s'approche
un enfant pour le calmer.

» Je venais de tomber dans ce qui ne fait jamais peur :
déclamation.

» La rage me mordit : la grande, celle qui est froide.

» Rien qu'au son changé de ma voix, je vis Olympe
devenir pâle quand je répliquai :

» — Vous avez raison, madame, il faut parler bas. Si
tout le monde était dans le secret, je ne pourrais plus
vous le vendre.

» — Le vendre ! Et c'est vous qui parlez ainsi ! mur-
mura-t-elle, cherchant éperdument une arme pour parer
le coup qu'elle voyait suspendu dans mes yeux.

» Elle crut l'avoir trouvée, car elle ajouta :

» — C'est affreux ! Si j'en usais comme vous, si je
vous dénonçais au président Ferrand, votre chef et mon
ami…

» Ce fut à mon tour de rire. Le nom du président
Ferrand venait mal.

» — Écrivez-lui cela, interrompis-je, écrivez-le lui
de la main gauche.

» Elle recula jusqu'à chanceler contre son fauteuil.

» Cela ne m'arrêta pas, j'achevai :

» Et dites-lui dans votre lettre : destituez bien vite
L. Lucien Thibaut, car *il sait l'histoire du codicile*…

» J'aurais voulu continuer que je n'aurais pas pu.

» As-tu vu bondir une bête fauve ?

» Elle se jeta sur moi comme une lionne et ses deux
mains pesèrent sur ma bouche.

» Et jamais de ma vie je n'oublierai ce regard, — le
regard qu'elle lança, tout en me bâillonnant, au portrait

de feu M. le marquis de Chambray, dont le visage sévère et pâle pendait à la muraille au-dessus de nous...

» J'ai du reprendre haleine, Geoffroy, comme un lutteur épuisé.

» Geoffroy, je fis cela. J'ai cru que je ne parviendrais pas à te le dire.

» Juge moi comme tu voudras, mais n'abandonne pas Jeanne. Elle ignorait tout. Elle n'est pas ma complice.

» Geoffroy, Geoffroy, je sentais contre mes lèvres les mains de cette femme, plus froides que celles d'une morte.

» Elle tremblait si fort que j'en étais secoué de la tête jusqu'aux pieds.

» Et ses yeux, convulsés par un strabisme effrayant, semblaient cloués au portrait de son mari décédé.

» Je la regardais avec une indicible épouvante. Deux cercles se creusaient sous ses paupières. Ce n'était pas blême qu'elle devenait, c'était verte.

» Et toujours belle — à la façon des tragédiennes qui expirent savamment.

» J'eus peur, en conscience j'eus peur de la voir mourir là, devant mes yeux.

» Il me sembla un instant que ma raison vacillait dans mon cerveau, mais je n'eus pas d'absence mentale.

» Au contraire, je restai dur comme un marbre.

» Geoffroy, j'ai été un magistrat. Toi, tu as jeté sur la vie humaine le regard doublement espion du diplomate et du romancier.

» A nous deux, saurions-nous répondre à cette question : Qu'y a-t-il dans la conscience de Mme la marquise de Chambray ?

» Si elle avait pu me tuer en ce moment, je serais au fond d'un cercueil.

» Ses yeux quittèrent enfin le portrait et revinrent me frapper comme deux poignards.

» Elle était belle, toujours plus belle ! Comment avoir pitié ?

» Oh ! je ne me repentais pas ! Jeanne bien aimée, je t'avais sacrifié la fierté de mon âme. Tu ne savais même pas l'étendue de mon sacrifice. Tu pouvais encore sourire.

» J'avais envie de revoir Jeanne, maintenant que ma tâche était accomplie...

» On sonna à la porte extérieure.

» Olympe se rejeta en arrière et passa la main dans ses cheveux pour refaire sa coiffure.

» Puis elle appela Louette d'une voix que je ne connaissais pas. Elle dit :

» — Je n'y suis pour personne.

» — C'est que, objecta Louette qui nous dévisageait tous deux, c'est la mère... Mme Thibaut.

» — Pour personne ! répéta Olympe.

» — C'est différent, dit Louette, qui se retira, non sans marquer sa surprise.

» Je n'avais ni parlé ni bougé.

» Quand Louette fut sortie, Olympe essaya quelques pas. D'abord elle chancelait, puis elle se raffermit. J'épiais ses yeux. Ils ne se dirigèrent plus une seule fois vers le portrait.

» Après deux tours de salon, elle regagna son siége où elle s'installa avec une apparente tranquillité.

» L'effort qu'elle faisait sur elle-même ne se voyait presque plus. Elle disposa les plis de sa robe avec la grâce qui lui était ordinaire et me dit très-doucement.

» — Lucien, vous m'avez fait beaucoup de mal.

» — Je l'ai vu, répondis-je.

» — Refuseriez-vous de m'apprendre qui vous a dit cela ?

» — Mon Dieu non... commençai-je.

» Et le nom de Louaisot me vint à la bouche.

» Mais je me ravisai à temps pour achever tout naturellement :

» — C'est tout le monde et ce n'est personne. Au palais, nous savons ainsi beaucoup de choses.

» Le mensonge entraîne, c'est certain. Compromettre ma robe en tout ceci était encore un acte coupable.

» Mais ma réponse porta coup. Olympe fut frappée presque aussi violemment que la première fois.

» Seulement, elle garda mieux les apparences.

» — Pensez-vous, me demanda-t-elle, que M. le président soit aussi instruit que vous ?

» — Je n'en sais rien, répliquai-je.

» Elle garda un instant le silence, puis elle reprit :

» — M. Thibaut, vous avez été ma première et peut-être ma seule affection. Répondez-moi sans irritation ni forfanterie. Vous croyez avoir une arme dans la main. Feriez-vous usage de cette arme contre moi ?

» Je répliquai :

» — Je vous réponds avec calme, madame : J'userai de cette arme si vous ne faites pas ce que je veux.

» Les paroles étaient dures, mais ma voix tremblait. J'étais à bout d'énergie.

» Olympe le vit bien. Elle se leva aussi digne, aussi tranquille que si elle eût été importunée par l'impuissante menace d'un mendiant.

» — Vous êtes un lâche, monsieur Thibaut, me dit-elle. Au palais dont vous parlez, ils ont un mot pour flétrir le genre de vol que vous essayez de commettre chez moi. Votre arme ne vaut rien, vous en serez pour votre honte. C'est uniquement en considération de votre mère que je ne vous fais pas chasser par mes valets. Sortez d'ici et n'y rentrez jamais!

» Son geste impérieux me désignait la porte.

» J'obéis sans répondre un seul mot.

» Dans la rue, ma bonne mère me guettait en faisant mine de se promener avec mes deux sœurs.

» Elles m'entourèrent aussitôt, et ma mère s'écria :

» — Eh bien! innocent des innocents, était-ce donc si difficile?

» Mes sœurs ajoutèrent en passant leurs bras sous le mien :

» — Beau fiancé, quand vous êtes là, on barricade les portes. A quand la noce? »

N° 44

(Billet écrit par la marquise de Chambray, non signé.)

» 23 juillet, onze heures du soir.

» *A Monsieur Louaisot de Méricourt, Paris.*

» Prenez le train express, toute affaire cessante. Je vous attends demain. Pas d'excuse. »

N° 45

(Dépêche télégraphique, 23 juillet, onze heures et demie du soir.)

» M. Louaisot, rue Vivienne n°... Paris.
» Recevrez demain billet, non avenu. Restez.

» OLYMPE. »

N° 46

(Ecriture de Lucien, mais pénible et difficile à lire. Sans signature. Sans date ni adresse.)

» M. Geoffroy de Rœux a toute raison de s'étonner, mais il est prié de considérer : 1° que M. Lucien T. n'est pas dans un état de santé normal ; 2° que l'homme de la rue Vivienne avait donné à entendre au même L. T. que Mme la marquise de C. avait pu faire, de manière ou d'autre, un tort considérable à Mlle Jeanne.

» On croit pouvoir dire que ce tort, en tant que matériel, avait trait à la succession de M. le marquis. Mlle Jeanne était héritière au degré utile.

» La carrière judiciaire de M. L. Thibaut a été de tout point honorable.

» Sa vie privée est également sans reproche.

» Quant à l'affection cérébrale dont il est atteint, elle n'est pas très-bien définie par la faculté. Quelques médecins la désignent sous le nom de métapsychie.

» Ce n'est pas du tout un genre de folie, mais cela diminue la responsabilité du sujet dans une certaine mesure.

» Le fait assurément condamnable qui est confessé ci-dessus par M. L. T. lui-même, avec une entière franchise, ne doit peut-être pas être jugé selon la rigueur de la morale ordinaire.

» On n'excuse pas ici l'action, qui est mauvaise, on met M. Geoffroy de Rœux en garde contre l'erreur d'une sévérité absolue.

» Il est constant, en effet, que dans les moments de forte émotion les métapsychiques n'ont pas l'entier usage de leur raison.

» D'autre part, la supercherie que M. L. T. s'est laissé entraîner à employer, s'entoure de circonstances atténuantes que M. Geoffroy de Rœux saura grouper de lui-même sans qu'on prolonge ici cette plaidoirie.

» M. L. T. a été bien cruellement éprouvé depuis lors. On espère que M. Geoffroy de Rœux ne lui retirera pas son estime. »

Note de Geoffroy. — Cette pièce si singulière arrêta un

instant ma lecture. Il était quatre heures du matin, et le sommeil rôdait autour de mes paupières.

Lucien devait être en état de « métapsychie » quand il avait écrit cela.

Il y parlait de lui-même à la troisième personne, avec la compassion qu'on éprouve pour un tiers, plus malheureux que coupable.

Après avoir lu cette note, je laissai errer ma pensée en arrière, rappelant à ma mémoire des faits et des impressions oubliés depuis longtemps.

Je revis, mieux que je ne l'avais fait encore, le Lucien de notre enfance, si bon, si naïf, si généreux !

Parmi nos autres compagnons d'étude et de plaisir y en avait-il un seul capable de plaider avec tant de timidité une cause gagnée ?

Non, il fallait être mon pauvre, mon cher Lucien Thibaut pour s'accuser ainsi amèrement et humblement, d'avoir usé du droit de légitime défense.

Frapper une femme répugne toujours, mais c'était pour défendre une jeune fille.

Ce que pouvait être cette jeune fille importait peu puisque sa pureté, pour Lucien, égalait celle des anges.

Je lui donnai mon absolution de bon cœur. S'il faut le dire, même, cette aventure qu'il avait menée grand train, en définitive, ajouta singulièrement à mon affection pour lui.

Je l'en aimai mieux à la fois pour ses remords et pour son crime.

Les remords prouvaient l'exquise délicatesse de son cœur, mais la bataille avait été rondement livrée — et gagnée, malgré ce dernier geste de Mme la marquise, cachant sa détresse sous l'insolence et mettant à la porte son vainqueur.

Je n'étais pas plus sorcier que Lucien par rapport au cas de cette adorable dame : que diable pouvait-il y avoir dans son passé ?

Je m'accuse d'avoir un peu bâillé en songeant ainsi. Morphée était le plus fort, décidément : et quand je tournai la page, je ne m'en donnais pas pour un quart d'heure avant de me laisser aller dans ses bras.

Je continuai pourtant :

N° 47

(Ecriture de M. Louaisot, non déguisée, sans signature, sans date ni adresse.)

» Bien touché, agneau ! Au milieu du rond ! Vous allez recevoir des nouvelles de la dame de pique.

» Je parie un franc qu'on fera quelque chose de vous. Tenez-vous ferme ! »

N° 48

(Ecrite et signée par Mᵐᵉ la marquise de Chambray.)

« Yvetot, 25 juillet 1865.

» *A monsieur Lucien Thibaut, en ville.*

» Je vous prie, mon cher monsieur Lucien, de vouloir bien m'accorder une entrevue. J'espère encore qu'elle peut être amicale.

» J'aurais quelques explications à vous demander

avant d'entamer ce procès qui pourrait avoir pour vous de si graves conséquences. (Les deux mots *ce procès* remplaçaient les deux autres mots *cette guerre* qu'on avait raturés avec soin.)

» Veuillez agréer tous mes compliments empressés. »

Mention écrite de la main de Lucien au bas de la lettre :

» Sans réponse. »

N° 49

(Ecrite et signée par la marquise de Chambray.)

27 juillet.

» Mon cher Lucien,

» Cette lettre vous sera remise en mains propres par Louette. Vous voudrez bien au moins m'en accuser réception.

» J'ai eu vis-à-vis de vous un mouvement de vivacité que je regrette. Nous aurions mieux fait l'un et l'autre de discuter froidement.

» Mais vous me rendrez cette justice que je n'ai pas abusé de votre confidence. Mme Thibaut ignore toujours ce que vous cachez dans votre cabinet de toilette.

» Tenez, Lucien, vous avez été le meilleur ami de mon enfance. Je ne puis m'habituer à vous regarder comme un adversaire (ce dernier mot remplaçant *ennemi*, raturé).

» Je ne me refuse pas du tout à faire quelque chose pour cette malheureuse enfant à qui, vous ne l'ignorez pas, j'ai déjà témoigné de la bienveillance.

» Venez me voir. Votre mère ne sait rien, pas même notre brouille. »

Au bas de la lettre, de la main de Lucien :

» Sans réponse. »

N° 50

(Ecrite et signée par Lucien.)

» *A madame Rouxel, fermière au Bois-Biot, près Yvetot.*

« 27 juillet 1865.

» Ma bonne dame, Mlle Jeanne Péry, qui a déjà demeuré chez vous avec sa mère, désire passer quelques jours dans la petite maison qui est pour elle si pleine de souvenirs. Préparez, je vous prie, son ancienne chambre. Je vous la conduirai demain.

» Mlle Péry est en grand deuil et comptera sur vous pour lui épargner les visites importunes. »

N° 51

(Ecrite par la marquise de Chambray, mais non signée.)

A M. Louaisot de Méricourt. Paris.

« 27 juillet 1865.

» Sachez au plus vite si votre ancien petit clerc J.-B. Martroy a reparu en France. Il m'arrive une chose si extraordinaire que j'en perds la tête. Je ne peux pas vous expliquer cela par écrit.

» Répondez, s'il se peut, courrier pour courrier au sujet de Martroy. Il n'y avait que lui — et vous....

» Vous, je ne peux vous soupçonner, puisque votre intérêt...

» Mais, brisons là. Il faudrait que vous fussiez atteint de folie. Répondez.

P. S. Où en est l'instruction pour l'affaire du Point-du-Jour? J'ai peur maintenant d'en être réduite à frapper le grand coup. »

N° 52

(Ecrite et signée par Lucien.)

» *A monsieur Louaisot de Méricourt, rue Vivienne, à Paris.*

» Yvetot, 27 juillet 1865.

» Monsieur,

» Vous m'en avez trop dit, ou vous ne m'en avez pas dit assez. Je suis sans autre fortune que le petit bien de feu mon père, mais je peux prendre hypothèque et me procurer une somme assez ronde.

» Faites-moi savoir, je vous prie, quel prix vous exigeriez pour me fournir un *renseignement complet* au sujet des paroles qui ont produit un si grand effet sur Mme la marquise O. de C.

» J'ai l'honneur de vous saluer. »

N° 53

(Ecriture ronde de copiste. Pas de signature.)

Timbrée à Paris, place de la Bourse, levée de six heures, soir, 28 juillet.

« *A monsieur L. Thibaut.*

» Mon joli juge, le reste du renseignement vous coûterait dans les trois ou quatre millions, au bas mot, et ça vaut bien ça.

» Le petit bien du défunt papa serait trop court, même au prix où est le beurre.

» Dame, je ne dis pas, c'est une histoire bien curieuse, allez, et qui vous divertirait comme un bossu. Quand vous serez en possession de vos moulins, de vos étangs, de vos châteaux, polisson de grand propriétaire-sans-le-savoir, on pourra voir à vous vendre le dénouement de l'anecdote en question.

» Pour le présent, on vous a dit juste ce qu'on voulait vous dire, rien de plus, rien de moins, et ça suffit.

» Vous voyez bien que ça suffit, puisque la princesse de Navarre met les pouces.

» J'ai quelqu'un pour la corbeille de noces. Quand vous en serez là, n'oubliez pas que je réclame la préférence.

» Est-ce que vous n'avez jamais songé à vous faire assurer sur la vie ? Ça dédommage une pauvre petite veuve. — Mais peut-être que ce sera un veuf qu'il y aura à consoler.

» L'affaire engraisse. Elle a trois mentons. Ah! quelles

marionnettes nous sommes entre les mains du hasard! Surtout quand quelqu'un de moins idiot que ce vieux clampin de Destin prend la peine de tirer nos ficelles!

» Je vous salue d'amitié. »

N° 54

(Ecrite et signée par M⁽ᵐᵉ⁾ la marquise de Chambray.)

» Yvetot, 29 juillet.

« *A mademoiselle Jeanne Péry, au Bois-Biot.*

» Mademoiselle et chère cousine,

» J'apprends que vous habitez tout auprès de nous et je m'en félicite de bien bon cœur, puisque cela me donne l'occasion d'entrer en rapport avec vous.

» Des circonstances qui ne provenaient ni de mon fait, ni du vôtre, nous ont séparées du vivant de vos parents, néanmoins je n'ai jamais cessé d'avoir pour vous une vive et sincère sympathie.

» Je crois vous en avoir donné une preuve aussitôt après la mort de votre chère mère. C'était peu de chose, il est vrai, mais cela suffisait dans le premier moment de votre deuil, et par la suite je comptais faire davantage.

» J'apprends aujourd'hui seulement le motif qui vous a portée à quitter la maison de mes respectables amies, les dames de la Sainte-Espérance. Vous avez voulu vous rapprocher de l'homme que vous aimez et qui vous a promis mariage.

» Je ne suis point de celles qui croient devoir prendre des gants pour parler de ces choses, mademoiselle et chère cousine. Je suis du parti de l'amour quand il est honorable et légitime. J'imite en cela Notre-Seigneur qui protége l'amour pur et le bénit.

» Celui qui a su toucher votre cœur est une noble et belle âme : je le connais depuis plus longtemps que vous. Cela me donne le droit d'entrer dans vos affaires à tous les deux plus intimement que s'il ne s'agissait que de vous.

» Car vous ne m'avez rien confié, tandis qu'il m'a rendue dépositaire de son secret, qui est aussi le vôtre.

» Malheureusement, entre vous deux, un obstacle se dresse : la volonté, ou plutôt le préjugé d'une excellente mère, et l'asile que vous avez choisi au Bois-Biot, pour attendre des jours plus favorables ne convient, ce me semble, ni à vous, ni à M. Lucien Thibaut.

» Il s'est adressé à moi (et faut-il tout dire, lorsqu'il l'a fait, vous étiez encore plus mal logée qu'au Bois-Biot); il s'est adressé à moi, la compagne de son enfance, et il m'a dit : Venez à notre secours.

» Quoi de plus simple? Je l'eusse fait pour Lucien tout seul, ma chère cousine (laissez-moi parler avec cette familiarité qui grandira entre nous, je l'espère), car j'ai pour lui une véritable affection, mais je le ferai plus volontiers encore pour vous, — et surtout pour moi.

» Pour moi qui, seule ici-bas désormais, ai si grand besoin d'une amie, d'une sœur!

» Je suis votre aînée, j'essaierai de vous guider dans le monde où est votre place; le hasard m'a mise à la tête d'une fortune assez considérable, nous la partagerous; enfin, je crois avoir sur la famille de Lucien une assez grande influence : je la consacrerai tout entière à vous concilier l'amitié de sa mère et de ses sœurs.

» Je ne pense pas que vous puissiez repousser des offres si naturelles, faites si cordialement et avec tant de plaisir.

» Venez donc quand vous voudrez, et le plut tôt sera le mieux, ma bien chère petite cousine. L'hôtel de Chambray vous est tout grand ouvert.

» Préférez-vous que j'aille vous chercher?

» On travaille depuis ce matin à disposer les pièces qui seront votre appartement.

» A bientôt. Je vous espère avec impatience, et en attendant le plaisir de vous recevoir, je vous prie d'accepter mon baiser de grande sœur. »

N° 55

Anonyme. — Ecriture déguisée, la même que celle de plusieurs numéros anonymes ci-dessus. (Sans date.)

» *A monsieur Louaisot, à Paris.*

» Je vous avais demandé si Martroy, votre ancien clerc, était de retour en France. Vous ne m'avez même pas répondu.

» Serait-ce donc vous qui m'avez porté ce coup, homme terrible, être inexplicable?

» C'est vous, ce doit être vous. Quelqu'un mourra de cela.

» J'ai du feu plein le cœur. Je crois que je l'aimais. Est-ce possible? non. Mais cela est. Je l'aime.

» Il m'a frappée, savez-vous, avec vigueur et sans miséricorde. Il est homme, il est fort. Il aime admirablement.

» Aussitôt cette lettre reçue, vous ferez le nécessaire auprès du juge qui tient l'instruction de l'affaire Rochecotte. Que justice se fasse ! Plus de pitié criminelle ! Cette fille m'a vaincue et perdue. Je la veux morte.

N° 56

(Ecriture de Louaisot, sans signature.)

Pas d'adresse.

« Ce vendredi.

» Douce madone,

» J'ai bien reçu vos deux honorées à leur date, et j'en ai pris bonne note.

» Ça chauffe donc ? Vous voilà mordue ? Je plains l'agneau qui a eu le bonheur de vous plaire. Voilà un métier !

» Où diable voulez-vous que je pêche mon Martroy ? Je l'ai cherché plus d'une fois dans les souterrains de Paris, car il avait son utilité — et son danger, mais je n'ai jamais trouvé trace de lui.

» L'absinthe a dû le régler depuis longtemps.

» Quant à vos insinuations sous forme d'invectives, je plane au-dessus de tout ça. Quel est le fond de la profession ? La conscience. Qu'est-ce qui en fait l'ornement ? La minutie dans la délicatesse.

» C'est vrai, je nourris l'affaire, mais à qui la faute ?

J'avais proposé une association loyale. On m'a laissé à mes pièces. Je travaille.

» J'ai mis un ruban rose autour du cou de l'affaire et je la mène paître comme un beau petit mouton.

» Quant à l'instruction du Point-du-Jour, c'est fait. Vous êtes obéie, ô belle reine !

» Mais il ne faut pas aller là-dedans comme une corneille qui abat des noix. Le terrain des cours (d'assises) est glissant. J'ai trouvé quelque chose de plus important que feu Martroy.

» Elles avaient vendu la boîte à ouvrage, pendant la dernière maladie de la mère. Alors, vous comprenez, le détail des ciseaux tombait dans l'eau et se noyait comme un plomb.

» Mais, pensez-vous, souveraine princesse, que j'aie chez moi, dans mes écuries, une mule pour ne rien traîner ! Pendant que la minette était à la maison, Pélagie l'a confessée. Nous avons eu le nom du brocanteur qui avait acheté l'objet. Alors, pas et démarches d'abord infructueux, puis couronnés de succès.

» J'ai la boîte à ouvrage depuis hier. Je l'ai bien reconnue : fabrique anglaise, jolis petits estampages gravés, marque de la *manufactory* : un petit chien entre les deux initiales S. W. — Birmingham.

» Je n'ai pas besoin de vous en dire davantage. La boîte voyagera en même temps que ma lettre.

» Qu'est-ce qu'on offrira à papa pour une attention si mignonne ?

» Allons, soyez tranquille, superbe lionne, aimez, détestez, caressez, écorchez et dormez sur les deux oreilles.

Fiez-vous à moi. La petiote n'assassinera plus personne, pas même vous.

» *P. S.* — Vous êtes priée d'envoyer le nerf de la guerre, s. v. p. Confiez trois ou quatre chiffons à la poste, en attendant que je fasse le compte de mes frais. Chargez votre lettre pour qu'elle ne passe pas au bureau des détournements.

» Admirons la poste comme institution, mais ne nous fions jamais à ses pontifes. »

N° 57

(Ecrite et signée par la marquise de Chambray.)

» Yvetot, 1ᵉʳ août 65.

« *A monsieur L. Thibaut.*

» Lucien, je ne sais pas pourquoi j'ai mieux aimé capituler devant cette enfant que devant vous.

» Avec elle je n'ai pas eu de peine. Il n'y a rien de sa faute. Sait-elle seulement le mal qu'elle m'a fait?

» Et vous, Lucien, et vous, saurez-vous jamais à quel point vous m'avez méconnue?

» On n'est pas frappée deux fois ainsi. Du premier coup vous m'avez brisée. Hier encore je vivais par l'ambition, par l'amour, par tout ce qui fait vivre, aujourd'hui, je suis morte.

» Ambitieuse, ai-je dit? C'est vrai, mais non pas pour moi : ambitieuse pour un autre.

» A cet autre j'avais lié en rêve mon avenir. Nous sommes des folles, oui, toutes, même les plus sages. A cet autre j'avais sacrifié ma jeunesse. Pour lui, pour lui seul je m'étais vendue, presque enfant que j'étais, à l'homme respectable que j'ai servi, soigné, — aimé comme un père.

» Cet autre-là, en effet, je le voulais riche, brillant, heureux, le plus riche, le plus brillant, le plus heureux — tout cela par moi.

» On ne doit jamais se vendre. Je suis punie justement. Mais était-ce par vous que je devais être punie?

» Lucien, ceci est ma dernière plainte. Ne craignez plus rien de moi, pas même un reproche. Je suis morte — morte. Vous avez brisé tout ce qui était en moi, espoir ou désir. J'ai l'âme broyée, Lucien. Je n'y saurais même plus trouver de haine.

» Ne vous défiez pas de mes offres à cette enfant. C'est à vous que je les fais, et c'est de l'obéissance. J'agis selon que vous avez ordonné. Et je n'ai pas de peine à cela. J'abdique mon restant de jeunesse, ma fortune qui m'a coûté si cher, ce qu'on appelle mes succès du monde, je renonce à tout cela, Lucien, en renonçant à ma dernière espérance.

» Il n'y avait que cette espérance en moi. Le reste n'est rien, je le donne.

» Non pas en apparence comme vous le souhaitiez pour fléchir la résistance de votre chère mère, je le donne en réalité.

» C'est elle — je n'ai pas encore pu écrire son nom — c'est elle qui me succédera, non pas après ma mort, mais de mon vivant.

» Votre mère l'acceptera, je me charge de cette tâche.

» En échange de ce que je vais souffrir, je ne vous demande qu'une seule chose : Lucien, connaissez-moi enfin.

» Regardez ce qu'il y avait pour vous dans mon cœur ! »

N° 58

(Ecrite et signée par M. Amyntas Pivert, substitut.)

Cabinet du procureur impérial.

« Yvetot, 1ᵉʳ août 1865.

» *A monsieur Cressonneau aîné, juge au tribunal de première instance de la Seine, Paris.*

» Cher maître,

» Je vous ai minuté ce matin la réponse officielle de notre petit parquet à l'espèce de mission rogatoire dont Vos Hautes Puissances parisiennes avaient daigné nous investir, pour l'affaire Fanchette. J'y ajoute quelques lignes moins graves pour me rafraîchir un peu le sang.

» Toujours la bienveillance même, notre cher président! Pensez-vous qu'il ait eu vingt ans, à l'époque? Il a la distinction de la momie. Au reçu de votre seconde lettre, qui réclamait un supplément d'enquête, il a dit :

» — Voilà un petit Cressonneau qui va bien! mazette! Il veut gagner un galon dans cette instruction-là. Tâchez de lui lever son gibier, Pivert.

» Il a regardé ensuite la carte photographique, jointe au dossier et il a ajouté :

» — Quelle drôle de petite bonne femme ! Ça ne ressemble pourtant ni à Lacenaire, ni à Papavoine. Les temps sont durs, messieurs ! si ces demoiselles se mettent à percer leurs Arthurs comme des écumoirs avec leurs ciseaux, le pays latin ne sera plus tenable. Est-elle assez gentille, au moins, cette perruche !

» Il vous dit ces choses-là du ton de Cicéron embêtant Catilina. C'est un original. Nous le verrons sous peu à la cour d'appel.

» Mais le fait est qu'elle est à croquer, dites-donc, Cressonneau, cette petite chacale ! Quand vous l'aurez trouvée, n'allez pas vous laisser empaumer !

» Foi de gentilhomme ! comme nous disions jadis en sortant de la Porte-Saint-Martin, les soirs de Mélingue, je n'avais pas besoin de la permission du patron pour tâcher de vous être agréable. J'ai fait ce que j'ai pu. Le ban et l'arrière-ban de nos observateurs invalides ont été mis sur pied. J'ai armé en guerre toute notre police (pauvre régiment, le Royal-Bancroche !) J'ai lâché jusqu'aux gardes-champêtres !

» Néant ! Royal-Bancroche est rentré bredouille et tout essoufflé. Nous n'avons pas ici une jeune personne, sédentaire ou voyageuse, qui ressemble de près ou de loin à la photographie.

» Désolé, cher maître, de n'avoir pu mieux faire. Je ne veux pas du moins vous leurrer, et je vous dis franchement : il faut chercher ailleurs. Fanchette n'est pas chez nous.

» Je suis d'autant plus triste d'avoir si mal réussi (remarquez l'habileté de la transition) que j'avais un service à vous demander.

» Voyons ! soyez clément, heureux Cressonneau, vous qui fleurissez sous les rayons du soleil, et songez combien il y a loin de notre misérable petit parquet au ministère de la justice.

» Il s'agit de mon pauvre avancement. Je voudrais « gagner un galon » comme dit le président Ferrand en parlant de vous.

» L'occasion y est.

» Hélas ! je ne demande pas encore à me rapprocher de Paris, cœur et cerveau du monde. Mon ambition ne va qu'à gonfler sur place.

» J'expose :

» Nous avons ici un juge (celui justement qui aurait dû s'occuper de votre affaire, mais qui, depuis des mois et des mois, ne s'occupe plus de rien), un juge, dis-je, M. Thibaut (Lucien), assez bon garçon, fort instruit, galant camarade, ayant, dit-on, des protections convenables et suffisamment bien vu de notre président.

» Vous allez croire qu'un pareil gaillard est en passe de me laisser son siége en grimpant un échelon ?

» Pas du tout. Au contraire.

» Ce que je viens de vous dire doit être mis au passé. Il était tout cela, il ne l'est plus. Pour le présent, il a reçu sur la tête je ne sais quel coup de mailloche qui le rend propre à s'en aller, et voilà tout.

» On peut dire que notre président le soutient ici à bout de bras, car il est brûlé au palais de la tête aux pieds.

» Vous me demanderez quel est son crime ? Il n'y a

pas de crime. Ce qu'il a fait, enfin? Je n'en sais rien, ou plutôt je le sais mal.

» Vous n'êtes pas sans connaître, roué que vous êtes, le danger d'avoir mis sa jeunesse dans sa poche avec son mouchoir par-dessus.

» Tel est d'abord le cas du pauvre diable. Jusqu'à l'âge de vingt-huit ans, il a vécu comme un ermite. Encore, les ermites commencent-ils à baisser dans l'opinion, mais le collègue Thibaut était un ermite du bon temps et de la bonne sorte.

» Première qualité d'ermite !

» C'est gandilleux, vous savez? Un beau jour saint Antoine est tenté, ça ne manque jamais.

» Ça débuta comme un roman champêtre. On se rencontra derrière une haie. Il y eut des chèvrefeuilles de cueillis, et l'ermite Thibaut, prenant le mors aux dents, jeta tout à coup son capuchon par-dessus les moulins.

» Le modèle de toutes les vertus se mit en goût subit de cabrioles, laissa de côté sa besogne, planta là son métier et fit des fugues jusqu'à Paris pour suivre sa bucolique.

» Or, il y a une Mme veuve Thibaut qui voudrait bien marier ce grand fils-là pour le ranger, — et il y a une marquise Olympe de Chambray (ne rions plus, Cressonneau ! Celle-là est une vraie merveille et marquerait même à Paris), qui ne demanderait pas mieux que de ranger le même grand gars.

» On dit cela et ce doit être vrai, car c'est étonnant comme ces innocents ont toujours les mains pleines d'atouts !

» Mais rien n'y fait, l'ancien ermite ne veut absolument pas entendre raison. Il se cramponne à la bucolique qui jouit d'une réputation détestable, et on dit : Voilà le nœud (en latin *infandum* ou chose qui peut provoquer la retraite forcée d'un inamovible), on dit qu'il a pris avec lui la bucolique et qu'il la cache à tous les yeux dans le grenier de son domicile légal.

» Je n'y ai pas été voir, et je dois même ajouter que personne n'a vu la bucolique.

» Mais ce bruit court, on ne parle que de cela dans Yvetot. Mme veuve Thibaut est peut-être la seule qui n'en sache rien.

» Cher maître, vous croyez bien, je suppose, que je ne suis pas capable d'une dénonciation. Je vous répète, à vous qui êtes mon camarade et mon ami, des choses vraies ou fausses, qui sont littéralement la fable de la ville...

» J'ai été interrompu par l'arrivée d'un renseignement. La bucolique, qui s'appelle Mlle Jeanne Péry, a quitté le domicile de M. Thibaut pour se retirer dans une ferme des environs — où elle est, en quelque sorte, cloîtrée.

» M. Thibaut seul est admis à la voir.

» Vous voyez qu'il est difficile de se compromettre plus maladroitement.

» Arrivons à la conclusion de cette longue lettre qui vous dira au moins le fond de ma pensée : je n'ai aucun sentiment d'inimitié contre M. L. Thibaut ; je me regarderais comme le dernier des drôles si je faisais la moindre des choses, fût-ce un simple *nutus* pour l'aider à glisser hors de son siége.

» Mais enfin, si les événements tournaient contre lui, comme il y a apparence, s'il était forcé de donner sa démission ou même simplement de quitter le ressort...

» Je vous rappellerais notre vieille amitié dans un billet courtois et bien senti, en vous disant : Cher maître, l'heure est venue. Vous qui êtes sur les lieux, donnez-moi un coup d'épaule. »

N° 59.

(Ecrite et signée par Mlle Agathe Desrosier.)

« *A mademoiselle Maria Mignet, aux bains de mer d'Etretat (Seine-Inférieure).*

» Yvetot, le 24 août 1865.

» Ma chère Mariquita,

» Je vous remercie bien des détails que vous me donnez sur ce paradis aquatique dont vous devez être le plus joli ange. Je vous vois d'ici sur votre grève, avec votre capot rouge et votre lorgnon pince-nez, posé à la crâne — sur l'oreille. Les Parisiens doivent en devenir fous et les Parisiennes en mourir de rage.

» Figurez-vous que M. Pivert, le substitut précieux qui vous déplaît parce qu'il s'appelle Amyntas, de son petit nom, nous répète tous les soirs à la promenade qu'Etretat n'est qu'un petit tas de macadam, pris entre deux pierres percées.

» Vous allez le détester bien davantage.

» Il dit que la grève, ou plutôt le galet a été jeté là,

après avoir servi pendant des siècles à l'Opéra-Comique.

» Il ajoute que le Casino est une masure et qu'on est obligé de mettre des sabots pour descendre se baigner.

» Enfin, selon lui, faut écrire à Paris quand on veut manger des crevettes fraîches.

» Quant à la société, le même précieux M. Pivert (Amyntas) affirme qu'elle est poivre et sel, moitié *biches*, moitié bonnetières.

» Quelle mauvaise langue ! Il n'est pas sot. J'aime bien mieux vous croire, ma chère, puisque vous avez dansé avec un duc.

» Mais pour mon compte, si j'avais à me baigner, je préférerais Trouville. Au moins, les journaux publient le nom des ducs qui y dansent.

» Nous avons dansé aussi dans notre humble Yvetot, si désert et si terne, depuis que vous autres élégantes l'avez abandonné. Il y a eu un, deux, trois bals pour le mariage de Dorothée. Je ne vous parlerai que du troisième, donné par la vicomtesse.

« C'était tout uniment superbe : orchestre complet, tous les orangers dans l'escalier, on avait loué jusqu'à des lustres. Et des glaces à gogo ! j'en avais le cœur affadi.

» Quand on en mange trop, ce n'est plus bon du tout.

» Dorothée avait l'air d'une corbeille. La toilette ne lui va pas.

» Son mari n'est pas trop mal pour un blond fade, mais il a les oreilles désourlées.

» Sidonie était en rose passé, avec son matelas de cheveux crépus. Elle est plus longue que jamais. Elle faisait horreur. M. Pivert a dit qu'elle avait l'air d'un peuplier qui a un nid de pie. Il est méchant.

» La sous-préfète avait sa garniture de point d'Angleterre. L'une portant l'autre, elles ont beaucoup servi toutes les deux, la garniture et la sous-préfète.

» Les trois Thibaut, mère et filles (je vais vous reparler tout à l'heure de la famille, ma chère), s'étaient fagotées de leur mieux. La bonne femme avait son fameux velours épinglé d'avant la première révolution. Célestine portait la parure omnibus en petites pierres violettes : c'était son tour. Julie avait un paquet de myosotis qui criait à tous les messieurs : pensez à moi, pensez à moi, sur l'air des lampions !

» Quand je songe qu'elles se donnaient les gants de nous fiancer toutes les deux, vous et moi, à leur grand nigaud de frère !

» Joli parti ! parlons-en ! C'est bon pour une perle fine comme Mme la marquise de Chambray.

» Croyez-vous que je plaisante ? à moitié tout au plus. Je veux bien rayer *perle*, mais *fine*, ah ! ma chère, demandez plutôt aux héritiers de feu son bonhomme de mari !

» Elle était là dans toute sa gloire. C'est bien étonnant tout de même qu'une pareille femme ait eu quelque chose pour ce flandrin de Lucien. Elle avait ses bracelets, son diadème, sa rivière et ses aigrettes. Fermez les yeux. Sa toilette était arrivée le matin même de Paris. Il y en a qui n'ont pas besoin de tant d'embarras pour être passables.

» Mme la marquise n'était pas seule, elle avait amené avec elle sa nouvelle amie, habillée aussi par Würtz.

» Je vous entends, bonne chérie, vous ne savez plus où nous en sommes. De qui parle-t-on là? qui est cette nouvelle amie? Ecoutez donc, il y a une histoire. Je l'amène tout doucement.

» Nous ne sommes pas à Etretat, nous autres, nous restons chez nous tout l'été comme des malheureux, — mais nous avons des aventures !

» Mariquita, ne faites pas la petite bouche. Je vous préviens que c'est extraordinairement curieux...

» Encore plus curieux que cela, ma chère, surtout pour nous deux qu'on a mariées tour à tour à ce dadais de juge.

» Voyons ! laissez là pour un quart d'heure le Casino, revenez en idée à votre humble pays d'Yvetot, et tâchez de vous bien rappeler l'état de la question Thibaut au moment de votre départ.

» Faut-il vous aider un peu? soit. Quand vous vous êtes envolée, la mère du plus beau des juges à marier avait déjà tourné casaque à vous, à moi et à l'interminable Sidonie. Célestine, qui était chargée de me monter l'imagination, avait fui comme une ombre, la romanesque Julie, qui avait mission de vous enflammer, était rentrée dans son nuage. Tous les efforts de la famille s'étaient tournés contre l'opulente Olympe.

» Sous quel prétexte? D'où leur venait l'espoir d'escalader cette cime avec leurs courtes jambes? Etait-ce tout simplement la folie particulière aux mamans enragées?

» Non. Il y avait folie, mais ce n'était pas dans la maison Thibaut. La maison Thibaut a trop grand faim et trop grand soif pour être folle. La folie était chez cette femme, qui est la plus riche du pays, sans conteste, et qui attend, par-dessus le marché un héritage comme il n'y en a pas ailleurs que dans les contes de fées.

» Celle-là qui pourrait prétendre à je ne sais quoi et se faire faire un mari sur commande s'est amourachée de qui ? Du nigaud dont nous n'avons pas voulu, vous ni moi, chérie ; elle nourrit, selon le bruit public, depuis sa première communion, une passion mystérieuse et irrésistible pour ce dadais de Lucien.

» Voilà ce que vous pouviez savoir comme moi.

» Mais ce que vous ignorez probablement, c'est que pendant cela, le dadais nourrissait de son côté, sans faire semblant de rien, une passion irrésistible et mystérieuse pour une petite personne que maman Thibaut appelait franchement « une coquine, fille de coquin et de coquine. »

« C'était sa phrase. Vous savez qu'elle a le parler gras.

» Vous étiez au fait ? Bon ! Je ne me déconcerte pas pour si peu. Il m'en reste assez à vous apprendre. Vous allez voir qu'une lettre d'Yvetot peut être aussi bourrée d'événements qu'un courrier d'Etretat.

» Patience ! Je suis certaine au moins que vous étiez partie bien avant les cancans qui coururent touchant le séjour de la petite coquine dans la propre maison du sage Lucien, où demeuraient justement alors sa mère et ses sœurs.

» Vous dressez l'oreille, pour le coup ? Cela fit un scandale pitoyable. Un magistrat ! chez lui ! Moi, d'abord, je ne voulais pas y croire.

» En ville, c'est déjà bien honnête, mais chez soi, ma chère, chez soi !

» Eh bien ! c'était vrai ! allez donc donner le bon Dieu sans confession à ces saints-n'y-touche ! Il lui avait fait un dodo devinez où ? Dans son cabinet de toilette.

» M. Pivert a vu le dodo.

» Soyez juste, on ne devine pas des inconvenances pareilles, d'autant mieux qu'une belle après-midi toute la ville sut que M. Lucien Thibaut s'était rendu en habit noir et en cravate blanche à l'hôtel de Chambray, où il resta deux heures d'horloge, plutôt plus que moins. — Et les trois dames Thibaut l'attendaient dans la rue.

» Il aurait fallu avoir tué père et mère, n'est-ce pas, pour ne pas conclure de là que M. Lucien, cédant aux larmes de sa famille, et pour se faire pardonner ses récents déportements, avait enfin demandé la main de l'amoureuse Olympe.

» Ma foi, pendant vingt-quatre heures, la ville d'Yvetot, un peu à court de *potins* (c'est le mot nouveau de cette année, M. Pivert l'a rapporté de Paris) se raconta cette anecdote à elle-même.

» On en parla à tous les étages de toutes les maisons, et le dodo de la petite coquine fut relégué au rang des fables....

» Mais huit jours après, la nouvelle amie et cousine de madame la marquise faisait son entrée à l'hôtel de Chambray, ma chère !

» Ma chère, une entrée solennelle ! ! !

» Et puis ?... Pourquoi ces trois points d'exclamation ?

» Voilà. J'ajoute un mot et vous sautez au plafond :

» La nouvelle amie et cousine de M*me* la marquise s'appelle Jeanne Péry.

» Comprenez-vous? La demoiselle au dodo, la petite coquine, *fille de coquin et de coquine,* selon l'évangile de M*me* Thibaut?

» Attention à retomber sur vos chers petits pieds, Mariquita, ma belle, en revenant du plafond ! Est-ce assez drôlet? N'aurais-je pas pu en mettre six au lieu de trois, des points d'exclamation ?

» Mais ce n'est rien encore. Nous sommes chez Nicolet.

» Cette M*lle* Jeanne, tombant des nues, ou du second étage de la maison Thibaut chez sa cousine, pensez-vous qu'elle y soit en visite? Erreur. La demoiselle Jeanne est installée à chaux et à sable; elle ne s'en ira jamais, jamais, jamais.

» C'est un pacte, une société, quelque chose comme une adoption.

» M*me* la marquise est la maman, M*lle* Jeanne est le bijou de fille unique. On s'adore, on ne se quitte pas d'un instant, et il y a déjà dans la tenue de la superbe Olympe une petite idée de cette majesté, de cette résignation aussi, — et même de cette mauvaise humeur qui distingue certaines physionomies de mamans.

» Les mamans qui regrettent.

» Enfin, je vais écrire un mot qui sera le point sur l'i

» *Madame la marquise ne danse plus.*

» Elle regarde danser M*lle* Jeanne.

» Qui danse avec M. Lucien !

» Ouf! maintenant, je vais me relire, car j'ai peur d'avoir raté mon effet, comme dit M. Pivert. Il n'a pas toujours très-bon ton.

» Et figurez-vous qu'il est aux cent coups, ces jours-ci. Le parquet de Paris l'accable de besogne. C'est au point qu'il n'a pas encore vu la fameuse cousine et amie. Il en sèche...

» J'ai relu, Mariquita. Je ne suis pas mécontente de ma chronique. Seulement, elle demande à être complétée.

» Voilà un grand mois que tout cela dure. M{^{lle}} Jeanne règne et gouverne à l'hôtel de Chambray où M. Lucien Thibaut lui fait la cour ostensiblement, officiellement, au su et vu de toute la ville, avec l'approbation des autorités et de maman Thibaut qui ne l'appelle plus coquine.

» On a vu des marquises de cinquante ans qui prenaient chez elle des héritières. Ça sert de chaufferette.

» Mais une marquise de vingt-huit ans ! mais la belle des belles, Olympe de Chambray ! s'embarrasser d'un semblable outil ! Réchauffer dans son giron une petite couleuvre qui hérite d'elle dès maintenant, qui lui prend tout — entre vifs, — tout ! même son grand bêta de Lucien ! Dame !...

» Ma chère, il y a quelque chose là-dessous.

» Le côté gai, ce sont les trois Thibaudes.

» Les premiers jours, elles ne savaient pas du tout si c'était du lard ou du cochon. Elles flairaient au vent, étonnées, déroutées et très-froides.

» Mais cela a changé lestement. M{^{me}} la marquise a imposé son amie et cousine, et peu à peu, la maman, les deux sœurs, tout l'élément Thibaut enfin, a fait avec ensemble un quart de conversion.

» C'est réglé désormais. Mlle Jeanne est l'idole. Mère Thibaut, Célestine Thibaut, Julie Thibaut, la caressent, l'adorent comme elles caressaient, comme elles adoraient autrefois la marquise elle-même.

» Celle-ci s'est enfoncée d'un cran.

» Tout le monde s'y prête, elle la première !

» Vous seriez battue comme plâtre si vous parliez dodo ou coquine devant ces dames. Jour de Dieu ! maman Thibaut vous laisserait plutôt tutoyer Olympe elle-même !

» Vous croyez que j'exagère? Vous ne les connaissez pas, ces Thibaut ! la bonne dame a déjà levé le pied à moitié hauteur de son ancien fétiche. Fiez-vous à elle, son pied fera le reste du chemin et passera par-dessus la tête de l'idole démissionnaire.

» Et, en définitive, Mariquita, pourquoi Mme la marquise se laisse-t-elle faire ? moi, j'ai déjà jeté vingt fois ma langue aux chiens. Nous ne sommes pas dans le pays des *Mille et une nuits*. Chez nous, ce qui est a sa raison d'être.

» On s'y perd, surtout ceux qui connaissaient, comme nous, l'ancien caractère d'Olympe.

» Cette petite Jeanne a-t-elle de la corde de pendu? Ou bien la conscience de Mme la marquise?... hein?

» M. Pivert ne veut pas donner son avis là-dessus.

» Il n'est pas content, ce pauvre précieux substitut. Le parfait Lucien branlait dans le manche. Le dodo semblait devoir l'achever et M. Pivert espérait sa place. Peut-être même qu'il l'avait demandée.

» Mais maintenant, voilà que tout est régularisé. On parle très-sérieusement de la noce, et Mme la marquise doit faire des avantages au contrat. Ce n'est pas avoir de la chance, j'entends pour ce pauvre Pivert.

» Cherchez donc un peu, chère Mariquita, vous qui avez tant d'esprit pour deviner les rébus. Moi, de mon côté, je vous promets de me creuser la cervelle. S'il y avait un drame !...

» Celle qui trouvera la première instruira l'autre. Je vous tiendrai au courant des événements.

» Tous mes respects à M. le duc. A vous du meilleur de mon cœur.

» *P. S.* Est-ce qu'on meurt de bonheur? Le dadais garde la chambre. Les actions Pivert remontent.

N° 60

(Ecrite et signée par Olympe de Chambray.)

« 29 août.

» *A monsieur L. Thibaut.*

» J'apprends avec plaisir que le docteur vous a permis de vous lever demain.

» Je vous envoie une lettre de notre Jeanne. La chère enfant ne pouvant plus vous voir a voulu vous écrire.

» Êtes-vous content, Lucien? J'ai fait de mon mieux.

» S'il n'y a pas d'indiscrétion, je voudrais voir le passage de la lettre de Jeanne où elle vous parle de moi. Je pense qu'elle doit vous parler de moi.

» Ce n'est pas par curiosité. J'ai besoin de récompense. »

N° 60 bis

Incluse dans la précédente. — Ecrite et signée par Jeanne Péry.

(Même date et même adresse.)

« Cher Lucien,

» Je suis si heureuse qu'il me vient des terreurs. Tout m'effraie. Quand j'ai appris, avant-hier, que vous étiez souffrant et alité, une crainte égoïste m'a saisie. Je me suis dit : Si j'allais rester seule !

» C'est que je ne comprends rien à mon bonheur. Il y a des moments où je n'y crois pas. Olympe est pour moi plus qu'une sœur. Il me semble que ma mère elle-même ne m'entourait pas de si exquises tendresses.

» J'avais été élevée à penser qu'elle nous méprisait pour notre infortune. Comme c'était injuste ! Combien pauvre maman se trompait ! Oh ! si elle l'avait mieux connue, l'aurait-elle assez aimée !

» Lucien, nous serions bien ingrats si nous ne lui donnions pas la première place dans notre cœur.

» Mais qu'a-t-elle donc à tant souffrir, le savez-vous ? Hier, je l'ai trouvée au jardin. C'était dans un endroit obscur et solitaire. Elle ne pouvait s'attendre à m'y rencontrer. Elle était assise sur un banc, elle avait la tête entre ses mains. Ce que je voyais de son visage me laissait dans le doute et je n'aurais pas pu dire si elle était courroucée ou désespérée.

» Au bruit de mes pas, elle a retiré ses mains et j'ai vu qu'elle avait pleuré.

» Elle a voulu sourire et me dire que j'étais folle, mais j'en suis bien sûre, Lucien, ses pauvres beaux grands yeux étaient rouges de larmes.

» Elle ! Olympe ! la marquise de Chambray ! si belle ! si noble ! si enviée ! pleurer !

» Que je voudrais avoir le moyen de guérir sa peine ! Savez-vous qui cause son chagrin ? Il ne se peut pas qu'elle ait des ennemis.

» Nous parlons de vous sans cesse, elle sait qu'aucun autre sujet ne me plaît. Dimanche, elle me disait : Je l'aime à cause de vous.

» Est-ce vrai ? Non. Elle veut dire peut-être qu'elle vous aime encore davantage ; car elle vous aimait auparavant, puisqu'elle vous connaissait bien avant de me connaître.

» Quelquefois aussi, elle amène la conversation sur ma mère. Elle m'écoute parler de ma chère morte.

» Je l'aime tous les jours davantage. Je souffre à la voir triste, triste jusqu'au découragement. Et que puis-je pour la consoler, ne connaissant point son mal ?

» » L'idée m'est venue que peut-être elle aime. Mais, en ce cas, serait-il possible qu'elle ne fût point aimée ?

» Lucien, mon Lucien, guérissez-vous bien vite et ne restez pas éloigné de moi. Dès que je ne vous vois plus, je crois faire un rêve. Est-ce bien croyable, en effet, Lucien ? Vais-je être votre femme ?

» Nous nous sommes aimés dès le premier regard. Mais que d'obstacles il y avait entre nous ! Pauvre maman qui vous aimait pourtant presque aussi bien que moi, me défendait toujours d'espérer. Nous voit-elle, Lucien ?

» Si elle nous voit, elle doit être heureuse.

» Elle nous voit. Il me semble que je l'entends prier longtemps et ardemment pour Olympe.

» Oh! priez, mère chérie, portez votre prière jusqu'aux pieds de Dieu. J'ai beau regarder en arrière, je ne vois qu'Olympe qui m'ait été secourable. Priez, ma mère, payez la dette de votre fille !

» C'est si vrai, Lucien ! Sans elle, nous serions encore tout au fond de notre misère.

» Aussi, dès que je suis seule, une foule de questions se posent au dedans de moi-même. La nuit, je les écoute comme des refrains :

» Comment ai-je pu mériter de sa part cet intérêt si subit et si profond ? Cette amitié précieuse qui me relève à mes propres yeux et surtout aux yeux des autres ? Pourquoi ai-je souffert si longtemps loin d'elle ? Pourquoi est-elle venue si soudainement à mon secours ?

» Je vous ai interrogé déjà bien des fois, jamais vous ne m'avez répondu.

» Je croyais lire pourtant dans vos yeux que vous auriez pu me répondre...

» Mais je cause, je cause et j'oublie le principal objet de ma lettre. Hier, votre chère maman est venue me voir avec vos sœurs.

» Je dis *me* voir, car c'est *moi* qu'elles ont demandée.

» Cela a fait sourire Olympe, qui n'en a témoigné aucun déplaisir.

» Moi, j'en ai été un peu blessée.

» Votre bonne mère a été charmante, oh! charmante. Et vos sœurs, donc! moi qui avais tant souhaité avoir une amie; m'en voici deux. Et quelles amies! Les sœurs de mon Lucien — *mes* sœurs!

» Je vous le dis encore : je suis trop heureuse, cela m'épouvante. Je voudrais un petit chagrin pour désarmer la destinée, mais j'ai beau faire, de quelque côté que je retourne mon regard, partout, partout du bonheur !

» A bientôt, mon Lucien. Demain, n'est-ce pas ? »

Note de Geoffroy. — Cette lettre avait été lue et relue mille fois. Elle était presque effacée par les larmes.

Elle portait, au bas, cette mention de la main de Lucien : « Communiquée à Olympe selon son désir. »

Et en marge, également de l'écriture de Lucien, mais plus récente, cette autre mention : « Geoffroy est prié d'en avoir bien soin. J'ai eu de la peine à m'en séparer. »

N° 61.

(Écriture de la marquise. Sans date ni adresse.)

« Je vous renvoie la jolie chère lettre de notre Jeanne. Merci, je suis récompensée, mais prenez garde à sa curiosité d'enfant. »

N° 62

(Écriture inconnue.)

« Paris, 29 août 65.

» *A monsieur L. Thibaut, juge, etc.*

« En envoyant un bon de dix louis sur la poste à l'adresse indiquée, M. L. Thibaut recevra par le retour du courrier un renseignement qui vaut pour lui plus de dix mille francs.

» *Monsieur J.-B. Martroy, rentier, poste restante, à Paris.* »

N° 63

(Écrite et signée par Mme veuve Thibaut.)

« 29 août 1865.

» *Mademoiselle Jeanne Péry de Marannes, à l'hôtel de Chambray en ville.*

» Quelle chère petite enchanteresse êtes-vous donc, mademoiselle, pour m'avoir retournée comme cela, comme un gant? C'est que je ne passe pas pour être trop facile à retourner, au moins! Feu M. Thibaut m'appelait bien souvent entêtée. Et demandez à notre Lucien (car il est à nous deux, maintenant, bien plus à vous qu'à moi), il vous dira si j'ai mon idée dans ma poche.

» Ça se comprend. Quand on est restée veuve de bonne heure avec trois enfants, une position à soutenir et pas plus de rentes qu'il ne faut, on apprend à se défendre. Ah! mais oui, ma pauvre belle, j'ai été à rude école après le décès du papa! Mais ce n'est pas tout ça que je veux vous dire : nous sommes folles de vous, j'entends moi, Célestine et Julie, mais folles!

» Voilà le mot lâché, faites-en ce que vous voudrez ; je suis prête à en témoigner même en justice.

» On s'instruit à tout âge, vous le savez, et la preuve c'est que j'avais d'affreux préjugés contre vous. Je suis si impressionnable! Je ne dis pas une pincée de préjugés, non, ni même une poignée, mais un plein panier.

» Ils m'en avaient dit, ah! ils m'en avaient dit sur votre papa, sur votre maman, sur vous, est-ce que je sais, moi? la société est si mauvaise langue! Quant au papa et à la maman, le malheur est qu'on ne peut plus les fréquenter pour les mieux connaître. Je parie qu'il en faut bien rabattre! un quart, un tiers? Bah! la moitié, même les trois-quarts, et, peut-être le tout. La société... tiens! J'allais redire que la société est si mauvaise langue!

» Mais, pour ce qui est de vous, ma petite, je mets ma main au feu qu'il n'y a pas un mot de vrai dans tous ces cancans. Pas un traître mot! Si ça avait été vrai, est-ce que mon garçon aurait couché dans le jardin, à la fraîche, quand vous étiez dans le cabinet de toilette, pour ne pas vous effaroucher la pudeur? Il faut qu'une jeune personne inspire bien de la considération pour qu'on risque ainsi des rhumatismes, sans parler des catarrhes et fluxions de poitrine. Il l'a délicate.

» J'ai dit tout de suite : on ne fait pas de ces choses-là pour la première venue. Et ces demoiselles aussi : j'entends Célestine et Julie. Et puis d'ailleurs, vos manières ! Les manières, moi, c'est mon thermomètre pour savoir le temps qu'il fait sous la camisole d'une jeunesse. Je suis gaie. Je ne pèse pas mes mots chez l'épicier en passant. Avec des manières comme vous, pas d'inquiétude pour la conduite !

» Je le disais aux minettes, j'entends Célestine et Julie : ces manières-là ça donnerait envie d'avoir un petit vicomte à lui offrir. Je ne plaisante pas, je le disais. Mais les vicomtes ne valent pas mieux que les autres, et nous sommes de la bonne bourgeoisie.

» De la vraie, de la vieille. Si nous n'avons pas été aux croisades, c'est que nous étions libéraux un petit brin déjà dans ce temps-là. Pas des rouges, mais le drapeau de Voltaire et Louis-Philippe.

» Voilà l'authenticité : Les Thibaut étaient échevins de Lillebonne sous Duguesclin. Mon mari en avait vu les titres chez son grand-père ; malheureusement, la révolution a tout brûlé sous la Terreur.

» Je suis, de mon côté, une Pervenchois, de Bléré, près Tours, le jardin de la France : j'entends la Touraine. Pourquoi M. Thibaut avait été se marier si loin, c'est que la magistrature voyage et que je lui avais donné dans l'œil.

» D'ailleurs, le garçon est juge. De là à conseiller il n'y a que le saut d'une puce. Et alors, on est décoré aussi forcément que si on en avait apporté la maladie en naissant. Ça vaudra bien la situation de vos comtesses et marquises au tas. Quoique je ne méprise pas la noblesse.

» Il en faut dans un département.

» Voilà donc pour la généalogie.

» Quant à la fortune, outre que le garçon est le plus joli cavalier du ressort, quand il veut s'en donner la peine, nous n'avons jamais rien demandé à personne. Et pourtant ces demoiselles n'ont pas pour un sou de coton dans leurs corsets, preuve qu'on les a nourries. Je plaisante, parce que je suis gaie, mais c'est vrai tout de même. On vit bien à la maison, et rien à crédit.

» Eh bien ! quand Dieu me rappellera, vous partagerez, c'est la nature qui l'exige.

» Sans compter les appointements du garçon qui augmentent d'année en année, par suite de son avancement régulier, au choix ou à l'ancienneté. Et une conduite ! On s'en moque de lui, tant il est étonnant pour la conduite !

» J'y vas carrément, comme vous voyez ; je ne connais qu'une chose dans les affaires, c'est d'aller droit.

» On vous racontera que j'ai essayé de marier le garçon. Je parie ma tête à coiffer qu'on vous a déjà parlé de Mlle Sidonie, de Mlle Maria, de Mlle Agathe, et peut-être d'une autre...

» C'est bien entendu que ma lettre est pour vous, pas vrai, trésor ? pour vous seule ? pas d'enfantillages ! Je m'épanche et je ne voudrais pas qu'on lût ma correspondance au prône.

» C'est-à-dire, ma petite, qu'elles étaient toutes autour de lui comme des tigres. Nous ne savions à laquelle entendre. Moi, Célestine et Julie, nous ne pouvions plus mettre le pied dehors sans risquer d'être dévorées. Mais je t'en souhaite ! Les héritières avaient beau se jeter à la tête du garçon, il n'y entendait d'aucune oreille. Méchante ! vous savez bien pourquoi. L'aviez-vous coiffé assez serré du premier coup !

» Il en a passé pour imbécile, ma petite. Et il y a un Pivert substitut, qui a demandé sa place pour le jour où on le mettra à la maison des écervelés. Il est joli, le Pivert, on l'empaillera.

» N'écoutez pas les cancans. On me donne bien la migraine à moi, à force de propos. Ils sont là tous qui me chantent : prenez garde ! renseignez-vous ! réfléchissez ! et surtout ne lâchez pas votre consentement avant de savoir au juste ce que la cousine (j'entends Mme de Chambray) fera au contrat.

» Mais, dites donc, trésor, on ne traite pas quelqu'un comme elle vous traite pour la marier toute nue, pas vrai ? Vous ai-je dit qu'il fallait garder ma lettre pour vous toute seule ? Quand je veux qu'Olympe me lise, c'est à elle que j'écris. Nous causons de mère à fille, personne n'a à fourrer son nez là-dedans.

« Olympe a du bon, c'est certain. Je défie bien qu'on me trouve quelqu'un pour rapporter que j'ai jamais dit un mot contre elle. Au contraire, je soutenais Olympe, les minettes aussi ; nous disions au garçon : tu n'as qu'à te baisser pour la prendre. As-tu donc les deux yeux crevés pour ne pas voir ça ? Vas-tu passer auprès de soixante mille livres de rentes (et elle a mieux !) sans seulement leur ôter ton chapeau ?

» Mais le garçon est plus fin que nous, avec son air chérubin. Dame ! on n'est pas magistrat, on n'a pas l'estime de ses chefs les plus forts en droit pour ne pas voir plus clair que trois pauvres femmes.

» J'étais coiffée d'Olympe, j'aime mieux vous l'avouer en grand. Et ces demoiselles, donc! Ça faisait pitié. A la maison, les murs parlaient d'Olympe. Je lui ai dit une fois (au garçon) : Epouse Olympe, ou je meurs de chagrin sous tes yeux!

» C'était à ce point-là.

» Eh bien! pas de ça, Lisette! Le coquin m'aurait laissé mourir si j'avais été assez bête pour tenir ma parole. Il refusa *mordicus*. Il avait son trésor de petite Jeanne; Olympe ne pouvait qu'avoir tort. Vous voyez qu'il ne faut pas laisser traîner la lettre.

» Quoique j'aie bien le droit de dire ma façon de penser, c'est le privilége d'un cœur de mère.

» Alors donc, ma petite, en un mot comme en mille, je donne mon consentement des deux mains, risquant le tout pour le tout, dans l'espérance que votre cousine sera raisonnable. J'entends au contrat.

« Il faut bien me comprendre : si je parle intérêt, c'est pour vous, car moi, il ne m'en reviendra ni froid ni chaud. Ça saute aux yeux.

» Et je dois ajouter, parce que c'est mon opinion, que dans le cas où elle vous doterait convenablement (j'entends Olympe) ce ne serait pas encore une raison pour vous traîner à ses genoux dans des témoignages de reconnaissance ridicule.

» La place de Mme Lucien Thibaut est de se tenir droite devant n'importe qui.

» Allez! même devant la reine, s'il y en avait. C'est ce que j'appelle garder son quant à soi.

» On accepte, mais on ne s'humilie pas.

» Ah ça! ma belle, est-ce que vous croyez qu'Olympe

est née d'hier? Elle en sait long! Quand elle fait quelque chose, ce n'est pas pour le roi de Prusse.

» Vous me direz qu'un grand merci ne déshonore pas. D'accord, mais j'ai mon idée : la chandelle que vous lui devez n'est peut-être pas si longue... Enfin, je m'entends.

» Offrez-lui mes plus tendres compliments, mais brûlez la lettre.

» Je ne l'aurais pas écrite, si elle n'était pas là toujours en tiers entre nous, car j'aime mieux parler la bouche ouverte que de barbouiller du papier. Mais elle ne vous quitte pas plus que votre ombre. C'en est insupportable. On dirait qu'elle veut empêcher les gens de vous approcher.

» Enfin, qui vivra verra. Après la noce, nous aurons le temps de causer nous deux.

» La noce! quel beau jour! J'arrange déjà dans ma tête les toilettes de ces demoiselles. Moi, je serai très-simple, mais de bon goût. Cher petit ange! tenez, il n'y a pas à dire, c'est plus fort que moi : cinq nuits dans le cabinet de toilette, et le garçon sous la tonnelle! Et dans l'escalier, la fois qu'il fit de la pluie! Quel agneau! si je vous tenais, je vous mangerais de baisers.

» Votre future mère qui vous aime bien, bien, bien.

» *P. S.* J'ai l'habitude de laisser une petite place pour Célestine et Julie. Aujourd'hui, j'ai pris presque tout le papier : elles se serreront.

» Encore un gros baiser, mon amour de petite fille! »

N° 63 bis

Mot de mademoiselle Célestine.

« Ma chère... Ecrirai-je sœur ?

» C'est mon vœu le plus doux. Je n'ai jamais éprouvé pour personne une si tendre sympathie. Je vous brode un tour de cou, et je vous aime. »

N° 63 ter

Mot de mademoiselle Julie.

« Ma chère sœur,

» Moi, je l'écris tout couramment parce que je le souhaite ardemment. Si mon frère bien-aimé eût donné son cœur à telle jeune personne que je pourrais nommer, quel deuil pour mon âme ! mais il a choisi celle vers qui d'avance toute ma tendresse s'élançait. O Jeanne, soyez la plus heureuse des femmes comme vous étiez la plus jolie, la plus suave des jeunes filles ! Je vous fais des manches au crochet. Il ne me reste que la place d'un baiser, je l'y dépose.

N° 64

(Anonyme. — Écriture inconnue. Sans date.)

A monsieur Thibaut.

« Vous êtes bien près du précipice, allez-vous y tomber ? Ce ne sera pas faute d'avoir été averti.

» Une dernière fois, *prenez garde*. Ce mariage sera votre perte.

» Il est temps encore.

» Ne vous plongez pas vous-même au fond d'un horrible malheur. »

N° 65

(Anonyme. — Écriture de copiste.)

« Paris, 29 août.

» *A monsieur L. Thibaut, juge, etc., etc.*

» Mon prince, veillez au grain ! je ne m'appartiens pas, j'appartiens au *nourrissage* de l'affaire.

» L'engraissage de l'affaire exige que je vous tourne casaque pour aller un peu du côté de la dame de pique.

» C'est une gaillarde, mylord, et vous avez mis un jour votre pied sur sa gorge. Veillez au grain ! »

N° 66

(Écriture de Lucien Thibaut.)

« 5 septembre 1865.

» *A Geoffroy.*

» Je devrais écrire plutôt « à moi-même, » car c'est à moi que je parle.

» Je me marie demain. C'est demain que je serai le

plus heureux des hommes. Dire comment je l'aime est impossible. Jamais femme ne fut adorée ainsi. Je crois qu'elle m'aime également du plus profond de son cœur. Elle a peur, et moi je tremble.

» Nous sommes fous. A moins que l'excès de la félicité ne ressemble à la souffrance.

» Olympe est là, devenant tous les jours plus pâle. Ses yeux ont étonnamment grandi. Elle est belle à inspirer de la terreur.

» Ma mère... quelle étrange chose ! peut-on être à la fois bon et méchant? ma mère a écrit à Jeanne une lettre qui l'a troublée. Jeanne me l'a communiquée. Elle ne me cache rien. En lisant cette lettre, j'avais le rouge au front.

» Qu'est-ce que Jeanne doit penser de ma mère?

» Mais voilà ce qui me frappe le plus dans cette lettre :

» Ma mère semble avoir entrevu quelque chose de la situation où nous sommes vis-à-vis l'un de l'autre, Olympe et moi.

» Comment ? Je n'en sais rien et ne puis le savoir. Ma mère a l'air de connaître, à tout le moins vaguement, l'oppression que je fais peser sur Olympe.

» Elle était l'esclave d'Olympe. Le mois dernier encore, il n'y avait pour elle qu'Olympe. Maintenant tout cela est changé du blanc au noir. Elle abandonne Olympe ouvertement, cruellement. Olympe vaincue ne lui inspire ni sympathie ni pitié.

» Pour un peu, elle l'accablerait.

» Loin de s'étonner des bontés peut-être excessives qu'Olympe témoigne à Jeanne, ma mère trouve qu'il en faudrait davantage. Elle est insatiable et impitoyable. Elle ne s'en cache pas, elle s'en vante.

» Hier, c'était la signature du contrat. Olympe, accomplissant à la lettre, ou plutôt bien au-delà de la lettre les conditions dictées par moi dans notre fameuse entrevue, a déclaré ses intentions par devant notaire.

» Elle a assuré à Jeanne des avantages que je ne veux même pas énumérer.

» Je fais serment devant Dieu que jamais un centime de cet argent n'entrera chez nous. Ma femme mangera mon pain et ne mangera que mon pain.

» Pendant que le notaire écrivait, ne réussissant pas toujours à cacher sa surprise, la sueur froide baignait mes cheveux, et dix fois, j'ai cru que j'allais me trouver mal.

» Eh bien! ma pauvre bonne mère regardait non-seulement comme tout simple qu'Olympe se dépouillât ainsi de son vivant, mais elle aurait voulu davantage.

» Elle ne prenait point souci de le dissimuler. Les signes de son désappointement étaient visibles.

» Elle aurait voulu l'hôtel de Chambray, le jugeant commode et très-bien situé. Nous y eussions demeuré tous ensemble. Je crois que Célestine et Julie avaient déjà choisi leurs chambres.

» Elle aurait voulu le château à la porte de Dieppe. L'été prochain, ces demoiselles auraient été toutes portées pour prendre les bains de mer.

» Est-ce là simplement de l'aberration? ou bien savent-elles ce que j'ignore moi-même?

» En sortant, j'ai dit à ma mère, qui se plaignait tout haut et fort amèrement :

» — Mais enfin, Mme la marquise ne doit rien à sa cousine !

» Elle m'a regardé entre les deux yeux. Sa figure était à peindre ; mais je ne saurais dire ce qu'elle exprimait. Mes deux sœurs hochaient la tête en se pinçant les lèvres.

» Ma mère a enfin répondu sèchement :

» — Ne vous faites pas encore plus innocent que vous ne l'êtes. Mme la marquise a l'âge de raison, je suppose ? Si elle ne devait rien, pourquoi paierait-elle ?

» Payer ! Geoffroy, on me paye ! Et moi, du moins, je sais qu'on ne me doit pas !

» La nuit, j'ai rêvé que je voyais mon père et qu'il détournait de moi son visage. Mon père était un honnête homme.

« Et vous aussi, Geoffroy, je vous ai vu. Vous êtes venu dans mon rêve. Je vous ai reconnu d'abord souriant et heureux, comme vous vous présentez toujours à ma pensée. — Mais bientôt vos traits se sont rembrunis et vous vous éloigniez de moi avec une méprisante compassion.

» J'avais beau vous crier : tout cela n'est qu'une feinte ! Je vivrai avec mon traitement comme devant. Nous ne garderons pas une parcelle du bien d'Olympe...

» Vous ne m'écoutiez pas !

» Mes mains jointes se tendaient vers vous ; je disais encore : Il fallait bien arracher le consentement de ma mère...

» Votre dédaigneux silence m'écrasait...

» Oh ! Geoffroy, il y a un mot dégradant que nous

connaissons bien, nous autres magistrats, et qui désigne au palais le plus lâche des crimes.

» Dans mon rêve des voix murmuraient ce mot ignominieux autour de mon oreille.

» Faut-il le prononcer?... *Chantage*... Moi! un juge!

» Et de quel droit ai-je pesé sur cette femme? Tous les malheurs sont-ils donc criminels? Cette femme a un secret qui n'est peut-être pas coupable. Il y a des infortunes que l'on cache. Les lépreux marchaient sous un voile.

» Et je suis venu vers elle qui a joué avec moi enfant, qui m'a aimé jeune fille, qui, femme, m'aime encore et davantage, je suis venu — j'ai posé mon doigt sur son malheur, sensible comme une plaie, j'ai appuyé — j'ai appuyé sans précaution ni mesure, comme les bourreaux du temps passé donnaient la question à leurs victimes, jusqu'à ce qu'elle m'ait dit : je suis vaincue! Ce que vous exigez, je le ferai!

» Geoffroy, aurais-je donc mieux fait de laisser mourir ma pauvre petite Jeanne?... car elle se mourait, croyez-moi, lentement et misérablement.

» Si vous pouviez la voir relevée, rafraîchie, ressuscitée, on peut le dire, comme une fleur expirante à qui le Ciel a versé une goutte de sa rosée!

» Elle est joyeuse, elle est heureuse, malgré les pressentiments qui rôdent autour d'elle et qu'elle traite de chimères.

» Seigneur mon Dieu! s'il faut un châtiment, qu'il soit pour moi, pour moi tout seul!

» Elle n'a rien fait, elle n'a rien su, mon Dieu! Mon Dieu! elle est l'innocence même...

» Ce matin, Olympe m'a demandé encore : Lucien, êtes-vous content?

» Ah! comme elle est changée! Comme ses yeux approfondis évitent de se fixer sur moi!

» Elle a ajouté : C'est demain, Lucien...

» J'avais envie de tomber à ses genoux pour implorer mon pardon.

» Ma mère est entrée. Elle m'a remis une lettre que le facteur venait d'apporter.

» Il m'en vient comme cela tous les jours, des lettres qui menacent et ne sont pas signées.

» Je les cache, quand je ne les détruis pas.

» En les lisant, je pense à Olympe — et à cet homme de Paris, celui qui me vendit l'arme mystérieuse avec laquelle j'ai frappé.

» J'ai menacé, je suis menacé : c'est justice.

» Mais Jeanne, Jeanne !...

» Ils l'avaient attaquée. Elle n'avait pas de protecteur : je l'ai défendue.

» Hormis cette action que la nécessité commandait, ma vie a été celle d'un enfant solitaire.

» J'ai beau interroger ma conscience, je n'y trouve rien; jamais je n'ai fait le mal.

» Et elle! Depuis que je la connais, je passe mes jours à sonder la limpidité de son âme. Elle, c'est le Bien. Elle est faite de candeur, de bonté, de franchise. A toute heure, elle me laisse regarder au travers de son passé, transparent comme l'histoire d'un ange.

» Elles mentent les lettres anonymes puisqu'elles me

crient de m'arrêter comme si j'avais le pied au bord d'un précipice...

» Demain, c'est demain. Le vin de ma félicité est versé, je tiens la coupe pleine.

» Le proverbe est-il vrai, Geoffroy?

» Y a-t-il si loin de la coupe aux lèvres?...

N° 67

(Ecrite et signée par Mlle Maria Mignet.)

« Etretat, 5 septembre 186.

» *A mademoiselle Agathe Desrosier, à Yvetot.*

» Ma chère Guéguette,

» J'ai supérieurement bien compris vos adorables plaisanteries sachant par cœur, depuis le couvent, les fables de Lafontaine, et entre autres le *Renard et les raisins*.

» Etretat est trop vert, bonne petite, voilà tout.

» Je me sens incapable de vous exprimer à quel point je déteste votre précieux substitut. Il s'appelle Pivert : Dieu m'a vengée.

» Il n'y a rien de grandiose au monde comme les deux portes, percées par la tempête dans les falaises d'Etretat. Honni soit qui mal y pense : la société y est charmante. Pas un seul Pivert; c'est à peine si on y trouve trois ou quatre journalistes, dont un est mon duc, je dois bien l'avouer.

» C'est un duc littéraire de la *Revue des Deux-Mondes*.

Il a cinq ou six oncles à l'Académie française, trois au sénat et un à la caisse d'épargne, — directeur.

« Il ne ressemble en rien à un substitut, espionnant ses collègues pour passer juge.

» Vous trouvez-vous suffisamment payée de votre grève en macadam et des crevettes pêchées chez Chevet? Moi, cela m'enchante de vous battre sur le dos du Pivert.

» Quant aux *biches*, mademoiselle Agathe, il y a des mots que vous connaissez et que j'ignore. Je ne sais pas du tout ce que vous voulez dire. Passons à des sujets plus décents, s'il vous plaît.

» Tous mes compliments, chère amie, mais cette fois de bon cœur : votre histoire du beau Thibaut, de Mme la marquise de Chambray et de Mlle Jeanne Péry est intéressante au suprême degré. Je l'ai lue d'un bout à l'autre à ces dames, et M. le duc a voulu l'entendre.

» Il a applaudi des deux mains. Vous voilà en pied à la *Revue*, si vous voulez.

» Le fait est que vous racontez de main de maître. A l'unanimité, Etretat vous a pardonné Pivert et vos impertinences.

» C'est un succès. J'attendais impatiemment de nouveaux détails, car il est impossible que le drame n'ait point marché depuis le temps.

» Sont-ils mariés? La magnifique Olympe a-t-elle piqué une tête dans un monastère? Piquer une tête n'est pas de mauvais ton ici, à cause des bains de mer.

» Je parie que Mlle Célestine et Mlle Julie ont écrit à la petite les deux fameuses lettres qui commencent l'une par : « Ma chère... oserai-je tracer le mot sœur? » Et la seconde par : « Ma chère sœur, moi, j'écris le mot couramment, parce que je désire la chose ardemment. »

» Quelle jolie paire de pestes! quand je pense qu'elles ont failli nous monter la tête à toutes les deux — et à toutes deux ensemble encore !

» Mais comme les choses se rencontrent, ma chère ! Pendant que j'attendais ici la suite de l'histoire au prochain numéro, l'histoire elle-même arrivait en tilbury à Etretat, ou du moins un aboutissant de l'histoire.

» Si vous n'aviez pas été franche comme l'or avec moi, au sujet des ruses, mines et souterrains de l'ambitieux Amyntas, je vous aurais tout uniment foudroyée.

» Figurez-vous que nous avons à Etretat un ami, ou plutôt un protecteur du cher substitut, si soigneux de son petit avenir, un parisien, juge d'instruction, je crois, M. Cressonneau aîné.

» Ce M. Cressonneau qui n'est pas trop mal appartient à la jeune école judiciaire. Il protége les arts, et s'empresse beaucoup autour de monsieur le duc, à cause de la *revue*. La *revue*, en effet, peut être utile à sa santé (il a pris vacance pour sa santé) qui s'appelle Mlle Spiegelmeyer, première chanteuse du théâtre royal de quelque part.

» C'est une jolie blonde, très-bien élevée, qui ne fume pas devant le monde. Elle voudrait un engagement au grand Opéra de Paris.

» Vous concevez que M. Cressonneau traite le Pivert terriblement par-dessous la jambe, mais il a l'air de lui vouloir du bien au fond. Il dit qu'Amyntas n'est pas plus bête qu'un autre idiot de sa force.

» Il ne sait rien, bien entendu, des aventures de

Mⁱˡᵉ Jeanne dans le cabinet de toilette ni à l'hôtel de Chambray, mais il nous a parlé en grand détail de l'autre affaire : celle pour laquelle le parquet de Paris s'était mis en rapport avec le parquet d'Yvetot.

» Ma chère, voilà un drame ! C'est à faire dresser les cheveux ! N'envoyez jamais vos garçons étudier le droit ou la médecine à Paris, si vous en avez dans vingt ans d'ici. C'est trop dangereux. Quelle ville abominable !

» Vous souvenez-vous de ce beau danseur dont on disait qu'il avait les mines du Pérou en expectative, M. Albert de Rochecotte ? Vous n'avez pu l'oublier, il vous trouvait jolie. Il vint, la dernière fois, passer quinze jours justement chez Olympe. Il cousinait avec elle.

» Que son exemple lamentable serve de leçon à tous les messieurs qui n'ont pas honte de fréquenter des couturières !

» Oh ! Guéguette, ma bonne petite, j'essaye de plaisanter, mais ma main tremble. Il a été assassiné, chez un traiteur, en dînant, assassiné avec une paire de ciseaux ! Ça va faire une cause célèbre.

» Dire que nos frères et nos... oserais-je écrire fiancés (style Célestine Thibaut) ne rougissent pas de se promener et même de prendre leur nourriture en cabinet particulier avec ces petites guenons-là ! Quel goût ! Les hommes sont vraiment trop pervers !

» L'histoire de M. de Rochecotte en corrigera-t-elle au moins quelques-uns ? On devrait lui donner une énorme publicité dans l'intérêt des familles.

» Il paraît que dans tout cela l'ambitieux Pivert n'avait pas montré un coup d'œil comparable à celui du lynx. On avait eu le tort de lui donner une mission de confiance et il n'a fait que des sottises.

» M. Cressonneau dit que l'instruction a marché sans lui, malgré lui, car cette horreur de fille est cachée quelque part chez vous, ou en est à peu près certain maintenant, et ce Pivert avait affirmé dans sa réponse au parquet de Paris qu'aucune jeune personne, ni à Yvetot, ni dans les environs, ne répondait au signalement envoyé.

» C'était même mieux qu'un signalement, c'était une photographie de Nadar.

» Sans s'expliquer catégoriquement, car les juges doivent garder une grande réserve dans ces sortes d'affaires, M. Cressonneau nous a laissé entrevoir que l'instruction était mûre, et que, sous peu, notre ville d'Yvetot serait témoin de l'arrestation de cette épouvantable créature.

» Ainsi, *my dear*, vous allez encore avoir une histoire à raconter.

» Vous avez raison de le dire : ce n'est vraiment plus la peine de courir le monde pour se procurer des émotions, puisque le hasard vous les sert à domicile.

» En grâce, chérie, écrivez-moi, dès qu'il y aura la moindre des choses. Tenez-moi surtout au courant de l'arrestation de Mlle Fanchette (c'est le vrai nom de la tigresse qui se cacherait chez vous, dit-on, sous une autre étiquette).

» Peut-être que vous la connaissez. Elle vous aura peut-être taillé un corsage ou donné de l'eau bénite à l'église. Non, tenez, ça fait frémir !

» Et ne lâchez pas pour cela le drame Thibaut-Péry. La tournure que prend là-dedans l'incomparable Olympe est tout à fait incompréhensible. Est-ce qu'elle se serait aussi servie de ses ciseaux, une fois ou l'autre? Lucien est juge. Ces messieurs savent tant de choses!

» Ecrivez-moi beaucoup, beaucoup, sans négliger de bien danser à la noce. Un mot bien senti sur les toilettes qu'il y aura, s'il vous plaît.

» *P. S.* On m'apprend à l'instant que M. Cressonneau part pour Paris, mandé par dépêche télégraphique. Ça brûle.

N° 68

Extrait du journal *le Moustique*, courrier de la politique, de la littérature, du commerce, des arts et des tribunaux.

(Imprimé. — Signé Midas.)

» .... Et voilà pourquoi l'administration française et généralement tous nos services publics inspirent une pitié pleine d'admiration à l'Europe entière!

» Rien ne va, rien ne se fait. Nos bureaux sont si pleins d'employés inutiles qu'on n'y peut plus bouger.

» Dès qu'on donne un ordre, vingt messieurs plus ou moins décorés se mettent en mouvement, non pas du tout pour exécuter cet ordre, mais pour trouver un moyen administratif de charger l'exécution comme un paquet sur les épaules d'un collègue.

» Ledit collègue, aussitôt chargé, cherche un voisin sur qui déposer son sac.

» Et ainsi de suite.

» Je connais, et vous aussi, un homme de lettres qui a

fait le mois dernier quarante-sept employés, dix-neuf bureaux, seize escaliers et onze corridors au ministère des finances, pour arriver à savoir qu'il ne saurait rien.

» Mais, de temps en temps, nos organes officiels prennent la peine d'élever leur grande voix pour enseigner au monde cet Evangile : c'est à savoir que nos administrations sont parfaites, et que tout va pour le mieux dans le meilleur des gouvernements possibles !

» Ces réflexions nous sont suggérées par le mécontentement public qui commence à se faire jour par rapport aux lenteurs inexplicables de la justice dans l'instruction du crime du Point-du-Jour : *l'affaire des Ciseaux*, comme on la nomme dans le peuple.

» Voilà des mois et des mois que cette instruction dure. Au parquet, on ne paraît pas être beaucoup plus avancé que le premier jour.

» Ah ! s'il s'agissait d'un procès de presse ! à la bonne heure !

» En Angleterre dont la mode est de blâmer le système judiciaire, il y a longtemps que ce serait fini, — mais on croirait en vérité que nos magistrats prolongent à plaisir l'émotion malsaine résultant de certains drames criminels.

» Cela amuse le tapis ! disent MM. les profonds politiques.

» Voulez-vous savoir comment les choses eussent marché en Angleterre? Le coroner aurait fait la constatation du meurtre et l'enquête, ci : — un jour.

» L'intendant de police, fonctionnaire responsable, aurait institué trois agents, quatre au plus, — responsables aussi — avec charge spéciale de mettre la main sur l'accusée, ci : — un jour.

» Les agents spéciaux se seraient mis en campagne et la prochaine session du comté aurait vu le jury en face d'une coupable ou d'une innocente.

» Voilà.

» Mais c'est que, à Londres, ils n'ont pas ce congrès de vieilles perruques immorales qui dorment sur leurs siéges et ne s'éveillent que chez Mabile.

» Vous souriez? Il n'y a pas de quoi. Vous doutez? Allez y voir. Hier, chez ledit Mabile, Mlle Freluche parlait vert entre deux simarres en bourgeois.

» C'est que, à Londres, ils n'ont pas cette nuée de petits jurisprudents au biberon qui cotillonnent l'hiver et buvottent, l'été, les eaux de toutes les fontaines mal fréquentées.

» Les juges restent chez eux, en Angleterre, chez nous, les plages d'Etretat, de Trouville, de Cabourg sont sablées avec l'argent du budget.

» En Angleterre, il y a un homme pour une besogne, en France, il y a une besogne pour cent paresseux.

» Lequel est le plus grand du scandale ou du ridicule?

» Et qu'on ne nous taxe pas de malveillance. Notre indignation déborde, voilà tout.

» Vendredi dernier (nous sommes au mercredi) un de nos collaborateurs qui n'est pourtant ni substitut, ni juge d'instruction, ni même officier de paix, a parié qu'avant huit jours, par lui-même et avec ses propres ressources, il verrait le fond de cet insondable mystère : le meurtre du Point-du-Jour.

» Notre collaborateur a gagné son pari. Et il lui restait vingt-quatre heures de marge.

» Avis à MM. du parquet. En trois jours, ni plus, ni moins, *le Moustique* a trouvé tout seul ce que les armées combinées de la justice et de la police françaises cherchent en vain depuis une année. »

N° 69

(Communication du parquet de Paris.)

« 5 septembre 1865.

» *A monsieur le procureur impérial près le tribunal de première instance d'Yvetot.*

» Monsieur et cher collègue,

» J'ai l'honneur de vous recommander très-expressément cette affaire, qui doit être conduite avec énergie, mais aussi avec discrétion et discernement.

» C'est la seconde fois qu'elle vient à votre ressort par délégation. Elle y avait d'abord été confiée à M. le substitut A. Pivert, dont les recherches n'eurent pas de résultat.

» J'ai le regret de vous dire que ce jeune magistrat nous paraît être la cause du non succès dont les journaux mal pensants abusent aujourd'hui si cruellement contre nous.

» Sa réponse négative à toutes nos questions a, en effet, dérouté nos recherches, et la mauvaise presse tout entière, trouvant là une occasion d'assouvir sa haine, a produit un concert d'aboiements contre nous.

» La réponse, dis-je, de M. le substitut A. Pivert, a tourné nos efforts d'un côté où ils devaient être infructueux. Il nous avait affirmé péremptoirement que la nommée Fanchette n'était pas et n'avait jamais paru dans votre arrondissement.

» C'est une erreur que je n'hésite pas à qualifier de funeste. L'accusée est bien réellement chez vous. (Voir les dénonciations et avis ci-joints.)

» Néanmoins, et malgré ce qui précède, le soin de l'affaire doit être laissé provisoirement à M. A. Pivert, attendu qu'il a eu entre les mains, et qu'il est probablement le seul, chez vous, pour avoir eu entre les mains le portrait photographié de l'accusée Fanchette, portrait unique au dossier, et dont l'instruction a dû disposer dans une autre direction.

» Le portrait ne pourrait, par conséquent, pour le moment, être renvoyé à Yvetot. Ce détail est d'une grande importance.

» Vous penserez comme moi, monsieur et cher collègue, qu'il est urgent de mettre un terme aux attaques de plus en plus subversives des journaux. La fâcheuse erreur déjà mentionnée, leur a malheureusement donné prise en causant tout ce retard. Prenez bien vos mesures, je vous prie, en conformité des renseignements ci-annexés, et veuillez réfléchir que cette fois, la responsabilité d'une fausse manœuvre retomberait publiquement sur le parquet d'Yvetot. Je joins le mandat d'arrêt et les deux pièces dont il est question plus haut.

» Agréez, etc. »

N° 70

Copie du mandat d'arrêt, décerné, le 4 septembre, par le parquet de Paris contre la nommée Fanchette Hulot, accusée de meurtre sur la personne du sieur Albert de Rochecotte.)

N° 70 bis

Première pièce annexée au mandat.

(Anonyme. — Ecriture ronde de copiste. — Sans date.)

« *A monsieur Cressonneau aîné, juge au tribunal de première instance de la Seine, chargé de l'instruction dans l'affaire dite des Ciseaux.*

Le Moustique vous a drôlement éreinté confrère.
J'éprouve un sentiment d'honorable compassion pour vos embarras.

» Désirant y mettre un terme je vous fournis un renseignement assez précieux que je me trouve posséder par hasard. Voilà la chose :

» La nommée Fanchette Hulot, ancienne maîtresse de feu M. A. de Rochecotte, s'est réfugiée à Yvetot (Seine-Inférieure).

» Elle n'a pas quitté cette résidence depuis la fin de juillet, présente année.

» Qu'on la cherche bien, *dans la ville même*, on l'y trouvera, j'en réponds.

» Elle y est trop avantageusement occupée pour s'en aller ailleurs. »

N° **70** ter

Deuxième pièce annexée.

(Anonyme. — Ecriture inconnue. — Sans date.)

« *A monsieur le procureur impérial près le tribunal de la Seine.*

» Monsieur,

» Un ami du malheureux jeune homme, assassiné dans un restaurant du Point-du-Jour, M. Albert de Rochecotte, passant par-dessus la répugnance qu'éprouve tout galant homme à dénoncer un être humain (surtout une jeune et jolie femme) vous fait savoir que la fille Fanchette Hulot, se trouve présentement à Yvetot, sous un nom qui n'est pas le sien.

» Envoyez sur-le-champ quelqu'un qui la connaisse de vue ou qui soit nanti de son portrait.

» Que ce quelqu'un ait de bons yeux, — et qu'il passe tout uniment en revue les personnes qui assisteront au mariage de M. le juge Lucien Thibaut avec Mlle Jeanne Péry de Marannes.

» Ledit mariage est fixé au 6 septembre courant.

» Je vous signe mon billet que votre délégué ne sortira pas de l'église les mains vides. »

N° 71

(Billet écrit et signé par M. Cressonneau aîné.)

« Paris, 5 septembre, matin.

» *Monsieur A. Pivert, à Yvetot.*

» Voici une occasion de vous réhabiliter, saisissez-là aux cheveux, ou vous êtes un homme démoli à tout jamais, ma vieille.

» Ici, on voulait envoyer un agent à Yvetot. J'ai répondu de vous corps pour corps.

» N'allez pas me faire mentir !

» En suivant les instructions de la seconde lettre anonyme, c'est plus simple que bonjour. De l'œil ! et tenez le mandat tout dégaîné. »

N° 72

(Écrite et signée par Mlle Agathe Desrosier.)

« Yvetot, le 6 septembre 1865.

» *A mademoiselle Maria Mignet, à Étretat.*

» Mariquita, ma chère, je tremble comme la feuille. Voyez comme j'écris, c'est à peine si je peux tenir ma plume.

» Oh ! quelle incroyable aventure ! Qui aurait jamais pu s'attendre à cela !

» Nous cherchions le mot du rébus, nous aurions bien pu chercher cent ans, mille ans aussi, sans le trouver... mais procédons par ordre :

» C'est aujourd'hui, aujourd'hui même qu'a eu lieu la noce de M. Thibaut et de la cousine et amie.

» Peut-on dire d'abord qu'elle a eu lieu?

» Oui et non, ma chère.

» Il serait impossible de prétendre qu'elle n'a pas eu lieu, vous allez voir.

» Tout Yvetot était sous les armes. L'église était comble, jamais je ne l'avais vue si pleine, même un jour de Pâques, et ceux qui n'avaient pu entrer inondaient la place.

» Nous autres, nous avions notre banc réservé, mais nous étions bien forcées d'attendre l'entrée de la noce pour nous glisser derrière elle dans l'église.

» On se battait sur le parvis.

» Etait-ce sympathie pour les mariés, tout cet empressement? Nous n'aimons pas beaucoup les étrangers à Yvetot, et la petite est étrangère. Quant à M. Thibaut, c'est un garçon si sage! On ne s'intéresse pas à ceux qui ont trop bonne conduite. Non, ce n'était pas sympathie.

» D'ailleurs on ne peut pas souffrir les trois Thibaudes.

» C'était plutôt curiosité. Tenez, il y avait quelque chose dans l'air. Un temps superbe pourtant, mais est-ce que je sais, moi? ce beau soleil était à l'orage.

» Certes, nul ne pouvait prévoir ni de près ni de loin ce qui est arrivé. Quant à moi, je ne me déguiserai pas en prophétesse; je n'en avais pas la plus légère idée, mais il courait dans la foule des frémissements et des pressentiments.

» J'en ai eu. Et froid dans le dos, malgré la chaleur.

» On dit que les Parisiens devinent l'émeute, il se peut que les provinciaux flairent le scandale.

» Vous avez remarqué, chérie, que, chez nous, le chemin est court de la mairie à l'église*. Les deux monuments se touchent presque, il n'y a que la place à traverser.

» Comme le ciel était radieux, toute la *société* d'Yvetot faisait comme nous et stationnait sur la place, en attendant que les nouveaux époux eussent fini de passer leur examen à la mairie.

» On savait que le mariage religieux aurait lieu immédiatement après le mariage civil.

» M. Pivert, — et si je vous parle souvent de lui, ce n'est pas ce que vous croyez, au moins, quoi qu'il y ait des noms beaucoup plus ridicules que le sien, c'est qu'il a un rôle, un très-grand rôle dans l'histoire.

» M. Pivert, donc, était avec nous par hasard.

» Je l'aurais cru très-curieux de voir la mariée, car les circonstances avaient fait jusque-là qu'il ne s'était jamais rencontré avec elle, mais il ne songeait pas du tout à la mariée, ni à rien de tout ce qui nous mettait en fièvre.

« Il avait sa préoccupation à lui tout seul. Il était distrait, malheureux : sur des épines !

» Il faut bien pourtant que je vous dise pourquoi. C'est toujours la fameuse affaire : l'affaire du Point-du-Jour ou des Ciseaux, comme vous voudrez l'appeler.

» Ah ! j'ai beau vous mettre sur la voie, ne cherchez

---

* Ces détails matériels se rapportent à une autre ville de Normandie. L'auteur ne connaît même pas Yvetot.

pas à deviner, Mariquita, ma chère. Moi qui ai vu, vu de mes yeux, je suis tentée de ne pas croire.

» Il y a donc que, ce matin même, par la première levée, M. Pivert avait reçu de votre Cressonneau, retour d'Etretat, un gros paquet officiel.

« Le paquet contenait d'abord une verte semonce d'un des chefs du parquet de Paris, puis des pièces prouvant la présence de Fanchette Hulot à Yvetot, puis encore un mandat d'arrêt avec la manière de s'en servir, puis enfin quelque chose de poli et de précis qui disait à ce malheureux Pivert que s'il manquait son coup, cette fois, il serait mis à pied.

» Vous jugez s'il était à la noce ! Je méprise le jeu de mots qui pourrait jaillir de ce rapprochement.

» Dans une des pièces que je viens d'énumérer, il y avait cette indication un peu bien mystérieuse : « Fan-
» chette Hulot, qui se cache à Yvetot depuis deux mois
» sous un nom d'emprunt, *assistera au mariage de M. Lu-*
» *cien Thibaut.* »

» C'était dit sous une forme encore plus affirmative, s'il est possible.

» Or, ils n'étaient que deux ici pour avoir vu le fameux portrait photographié de Fanchette Hulot, envoyé dans le temps par le parquet de Paris (trois en comptant M. le président, mais celui-là reste dans son nuage). Il y avait M. Pivert et le commissaire de police.

» Le commissaire de police a eu de l'avancement. Il est à Mâcon, à plus de cent cinquante lieues d'ici ; impossible de le faire venir à temps pour la cérémonie.

» Donc, toute la responsabilité pesait sur ce pauvre M. Pivert. Lui seul était chargé de regarder sous le nez toutes les demoiselles présentes à la fête, pour les comparer à quoi? à un souvenir.

» On ne lui avait point réexpédié la photograpie.

» Ma chère, les substituts ne sont pas inamovibles!

» Avec l'imagination que vous avez vous pouvez vous figurer l'état violent d'Amyntas.

» Désormais, loin de marcher à la conquête du siége occupé par M. Thibaut, il sentait chanceler le sien sous lui.

» Vraiment, il n'était pas sur un lit de roses et vous comprendrez désormais que peu lui importaient la figure et la toilette de la mariée.

» Il regardait à tous les points de l'horizon, il entrait dans l'église, attrapant des bordées de malédictions, il en ressortait de même ; il nous suppliait à mains jointes de le prévenir si nous apercevions une figure étrangère, une tournure qui n'appartint pas notoirement à la localité, un jupon, un caraco, un chignon...

» Moi, vous savez, je suis bonne fille, je cherchais comme pour du pain, j'ai failli faire arrêter Sidonie, parce qu'elle n'avait pas son chignon de tous les jours.

» Néant, ma chère. Il n'y avait absolument rien de suspect.

» Yvetot tout entier était là; c'est vrai, mais il n'y avait qu'Yvetot. La France et l'étranger n'ayant point été prévenus, n'avaient pu envoyer chez nous leurs populations empressées.

» M. Pivert suait littéralement sang et eau. J'avais envie de lui prêter mon mouchoir de poche. De temps en temps le malheureux murmurait à mon oreille, du ton que devait avoir Vatel au moment de se percer le sein :

Je suis perdu, mademoiselle Agathe! Je suis déshonoré!

» Mais tout à coup la foule ondule et s'agite sur la place, comme la mer entre les deux grandioses portes-fenêtres d'Etretat. (Votre lettre est dure, Mariette, nous en recauserons.) C'est la mairie qui s'ouvre, c'est la noce qui paraît. Immense effet de curiosité. M. Pivert seul reste plongé dans son désespoir ahuri.

» Décidément, cette Jeanne Péry est une bien jolie fille! Toute gracieuse de la tête aux pieds. Je voudrais trouver un terme de comparaison parmi nous autres, mais il n'y en a pas. Elle a les traits d'une délicatesse infinie et d'admirables cheveux blonds. Je crois qu'ils sont à elle.

» Vous voulez savoir si elle est mieux que vous? curieuse! Si je vous disais la vérité, vous croiriez que je veux me venger.

» Son costume de mariée lui allait à ravir. Elle a eu un succès.

» Vous connaissez notre ancien Thibaut à nous deux, je n'ai pas besoin de vous le décrire. Il avait l'air un peu d'un lycéen qui a bu trop d'anisette pour la première fois de sa vie, mais on ne peut pas nier qu'il soit charmant garçon.

» C'est un beau couple. Il n'y avait qu'un avis sur la place.

» Au second rang venait la superbe Olympe. Superbe, c'est le mot, mais triste, mais accablée, mais vaincue. Je n'aurais pas cru qu'une femme pût être si pâle avant d'être morte.

» Ses regrets sautaient aux yeux, ma chère. Elle aurait aussi bien pu prendre le deuil. Comment peut-on se donner ainsi en spectacle !

» Au troisième rang arrivaient les trois Thibaudes...

» Mais attendez ! à la manière dont je m'exprime, vous pourriez penser que les mariés étaient ensemble et se donnaient le bras. C'eût été contre toutes les règles. La mariée avait un père d'occasion. Devinez qui ?

» M. le président Ferrand en propre original, avec sa figure de porcelaine. Ah ! monseigneur, quel honneur ! Etait-elle assez relevée, cette petite ? Tout Yvetot a pu voir cela. Et le président avait l'air très-aimable. Quel âge peut avoir un homme comme ça ? Il épouserait encore qui il voudrait, vous savez ?

» Madame la marquise avait le bras du marié, bien entendu, puisqu'elle prend les rôles de mère. C'était le moins qu'on pût faire pour elle.

» Où en étais-je ? Aux trois Thibaudes, la mère et les filles. Vertuchoux, ces trois-là n'étaient pas pâles ! Elles éclataient en rouge comme une pivoine entre deux coquelicots et leur insolent coloris faisait ressortir la blême beauté de cette pauvre Ariane, la marquise Olympe qu'un destin cruel condamnait à orner le triomphe de sa rivale.

» Je ne plaisante pas, Mariquita, Olympe me faisait de la peine. Il me semblait qu'elle allait s'affaisser sous le poids de son gros chagrin. Pauvre chatte !

» La Thibaudaille ne s'occupait aucunement de ce détail. On leur avait trouvé à chacune un bras de cousin campagnard. Vous eussiez dit qu'elles se mariaient aussi toutes les trois, tant il leur poussait de rayons autour du corps.

» Vais-je oublier M. Pivert ? C'était ici son suprême espoir : la noce ! Il avait déjà fouillé, criblé et dévisagé l'assistance plutôt dix fois qu'une. Il ne lui restait plus à passer au sas que les deux ou trois parentes et amies dont la famille Thibaut s'était nantie pour la circonstance.

» Car, du côté de la mariée, il va sans dire que personne n'était venu. Il paraît que son papa et sa maman n'avaient laissé derrière eux rien qui ressemblât à une connaissance tolérable.

» Je n'ai pas honte de mon bon cœur. J'avoue franchement que je m'employais de mon mieux à renforcer la surveillance du pauvre substitut. Ce n'était pas que j'eusse la moindre envie de contribuer à l'arrestation de cette Fanchette Hulot, non, mais je n'aurais pas été trop fâchée qu'il y eût quelque anicroche à cette noce-là.

» A cause des Thibaudes : une bonne averse pour éteindre leurs rayons.

» Je cherchais donc. Eh bien ! en conscience, j'aurais fermé les deux yeux et mis mes poings dessus si j'avais pu prévoir... mais nous arrivons à la grande surprise !

» J'avais remarqué sur la place, tout en furetant pour le compte d'autrui, un robuste monsieur, étranger au pays, porteur de lunettes d'or et qui semblait attiré là comme tout le monde par l'attrait du spectacle.

» Sa tournure était celle d'un avoué, oui, il était vraiment moins mal qu'un huissier, mais cela n'allait pas jusqu'à le pouvoir prendre pour un avocat.

» Ceci n'est pas fabriqué après coup ; je fus frappée dès l'abord par l'aspect de cet inconnu. Le soleil brillait singulièrement dans les verres de ses lunettes, et une fois qu'il se tourna vers nous par hasard, son regard aigu et coupant comme la lame d'un couteau neuf me creva les yeux.

» Il était assez bien couvert, quoiqu'il eût un pardessus noisette, malgré la chaleur, mais je le trouvais mal chaussé et son pantalon noir gardait de la crotte jusqu'au dessus de la cheville.

» En vérité, je ne saurais vous dire au juste pourquoi je faisais tant d'attention à ce brave homme. Il est certain que, pendant tout le mariage à la mairie, il m'aida à tuer le temps.

» Je me demandais d'où il pouvait sortir, ce qu'il venait faire là, et une fois... non, je ne le pris pas tout à fait pour Fanchette Hulot, mais enfin, je le mêlai dans mon esprit de manière ou d'autre à toute cette histoire-là.

» Aussi ne fus-je pas étonnée quand je le vis faire un pas en avant au moment où la noce descendait le perron de la municipalité.

» Il se campa bien en évidence au milieu de la place et toussa par deux fois d'un creux retentissant.

» C'était un rôle qui entrait en scène : un rôle mystérieux et à effet.

» Plusieurs personnes se retournèrent pour le regarder, entre autres la marquise Olympe.

» Certes, celle-là ne pouvait plus pâlir.

» Mais ses traits eurent une contraction quand son regard rencontra les lunettes d'or de l'inconnu.

» Ce fut l'affaire d'une seconde. Les yeux de Mme la marquise se détournèrent tout de suite.

» Il me parut pourtant qu'elle avait eu un mouvement

de paupières, signe presque imperceptible d'intelligence ou tout au moins de connaissance. — Mais cela, je ne saurais l'affirmer.

» Toujours est-il que la mèche prit feu à ce moment : la mèche qui allait faire sauter la mine.

» L'étincelle fut-elle communiquée par madame la marquise ? Je laisse la question irrésolue.

» Elle avait dû terriblement souffrir pour être si pâle !

» L'inconnu fit demi-tour à gauche, fendit la foule délibérément et marcha droit sur nous.

» Si droit que je crus qu'il voulait me parler.

» Mais ce n'était pas cela.

» Il aborda notre cavalier, M. le substitut Pivert, de côté, en lui lançant tout bonnement un coup de coude, puis il toucha du bout du doigt le bord de son chapeau, et demanda sans plus de façon :

» — Comment vous va, jeunesse ?

» Vous savez, chère, que M. Pivert est un jeune homme à façons et même un peu cérémonieux. Il se retourna tout scandalisé pour toiser le quidam qui l'accostait ainsi.

» Mais à peine son regard eut-il rencontré les lunettes flamboyantes de l'inconnu qu'il changea de contenance, balbutiant un bonjour timide, et un nom qui me parut être Loiseau ou quelque chose d'approchant.

» En définitive, ce brave monsieur aux lunettes d'or, malgré ses souliers-bateaux et son pantalon crotté, pouvait bien être plus qu'un avoué ou même qu'un avocat. On dit qu'il y a à Paris, parmi les gros bonnets de la police, des gaillards bien étonnants.

» Toujours est-il que M. Pivert ôta son chapeau et fit son plus joli salut.

» M. Loiseau (prenons que c'est Loiseau) se mit à rire et lui donna un second coup de coude dans les côtes, mieux appliqué que le premier.

» — Est-ce que nous jetons notre langue aux toutous? demanda-t-il.

» C'était juste la voix de Levasseur, de l'Opéra, qui vint en tournée à Rouen dans l'hiver de 64.

» La noce, pendant cela, descendait les marches et commençait à traverser la place pour gagner le portail de l'église.

» Je ne sais pas quelle piteuse réponse M. Pivert fit à la question de M. Loiseau, mais celui-ci se mit à rire en haussant les épaules.

» — La poudre est inventée, dit-il, depuis déjà du temps. On n'a plus besoin de vous pour ça. Vous rappelez-vous bien comme il faut la photographie? Jetez-moi un coup-d'œil sur ceci.

» Il mit sous le nez de M. Pivert quelque chose que je ne vis pas.

» — Ce n'est pas là l'embarras, murmura notre substitut, j'avais la mémoire parfaitement présente.

» — Alors, par le flanc droit, jeunesse! et contemplez-moi cet amour de petite dame qui vient sur vous au bras de votre vénérable président.

» M. Pivert leva les yeux machinalement. Il fit un grand haut-le-corps, et ses jambes flageolèrent sous lui comme s'il voulait tomber à la renverse.

» — La mariée! fit-il d'une voix qui s'étranglait dans sa gorge : La mariée! c'est elle!

» Mes jambes se mirent à trembler aussi quand j'entendis cela.

Je ne veux pas dire que je comprenais tout à fait, mais je sentais bien qu'il y avait là quelque chose de terrible.

» Je me reculai d'instinct parce que l'homme aux lunettes d'or me donnait le frisson comme si c'eût été le bourreau.

« Ecoutez-moi, Maria, elle était jolie comme un cœur, en ce moment, il n'y a pas à dire non. Un peu de sa tristesse passée restait autour de son bonheur, comme ces brumes légères que le soleil du matin achève de dissiper.

» Elle est plutôt petite, mais si adorablement gracieuse ! Et sa taille a des harmonies si exquises, des flexibilités si douces ! mon regard ne pouvait pas se détacher d'elle. Le vent soulevait légèrement son grand voile, sous lequel ses cheveux blonds ondulaient, étoilés de fleurs d'orangers.

» Elle ne m'a fait aucun mal à moi, cette enfant.

» Heureuse, elle m'eût paru peut-être trop belle...

» Sans les trois Thibaudes, je crois que je la plaindrais.

» Mais Marie, Marie, est-ce bien possible que, derrière ce sourire, encadré de boucles d'or il y ait l'âme d'un assassin ?

» Car c'est elle, Marie, ma chère, vous l'avez deviné de reste, c'est elle : Fauchette Hulot, la sinistre héroïne de l'affaire des Ciseaux, c'est elle qui a assassiné son amant à petit feu, presque à coups d'épingle !

» Du moins, on l'accuse de cela, on l'a arrêtée pour cela, elle est en prison pour cela.

» Oh! Marie! ce que j'en pense, moi? Il y a des monstres, c'est certain.

» Mais on dit qu'elle aime M. Thibaut ardemment et presque autant qu'elle est aimée par lui.

» Que s'est-il passé en elle au seuil de cette église où l'autel tout paré l'attendait, où sa félicité allait être consacrée? Que s'est-il passé en elle quand la main de l'homme de police l'a éveillée de son rêve en la touchant brutalement, quand elle a entendu, au milieu de toute cette foule qui écoutait et qui regardait, l'homme de police lui dire : Je vous arrête au nom de la loi!...

» Il faut pourtant que je reprenne mon récit, quoique je l'aie gâté en laissant voir le dénoûment trop vite. Je n'ai pas pu me retenir, Marie. Mon cœur me faisait mal.

» Pauvre, pauvre créature!

» Le commissaire était là tout près et tout prêt. Comme de raison, M. Pivert l'avait requis d'avance à tout événement.

» Il ne fallut qu'un signe pour le faire arriver, et M. Pivert ne lui dit qu'un mot en désignant du doigt la mariée.

» Le brave M. Loiseau avait disparu déjà avec ses lunettes d'or. On ne l'a plus revu.

» La marquise Olympe était toujours là. Pas un muscle de sa figure n'a bougé.

» M. le président, lui, a laissé quelque petit changement s'opérer dans sa figure de stuc. Un peu d'étonnement a passé dans ses yeux. Il avait l'air d'être surpris d'une façon peu agréable. Mais tout cela très-modéré. On parle d'avancement pour lui.

» Dans la ville, beaucoup de gens ont blâmé cette arrestation à grand spectacle, à la porte même d'une église, quand il était si aisé d'exécuter le mandat à domicile. M. le président s'en lave ostensiblement les mains. L'ordre venait de Paris.

» Mais la ville en parle bien à son aise ! M. Pivert, Dieu merci, était payé pour avoir peur de manquer son coup. Il eut exécuté dans la sacristie !

» Que puis-je vous dire encore, Mariquita? J'étais à deux pas d'elle quand on lui a mis la main sur l'épaule. Elle a rougi un peu, puis pâli, pas beaucoup.

» Ce qui dominait en elle, c'était l'étonnement...

» Mais Lucien !... je ne vous ai pas parlé de Lucien. Un lion, ma chère ! Il a rugi, cet ancien mouton ! Il a saisi le commissaire de police à la gorge ; j'ai vu le moment où il allait l'étrangler.

» Il a fallu que le président Ferrand lui-même vînt au secours du commissaire, prenant M. Thibaut par les deux bras et répétant :

» — Du calme, mon jeune collègue et ami, du calme ! cela s'expliquera, cela s'arrangera. Vous êtes magistrat, vous devez donner l'exemple du respect aux agents de l'autorité.

» Je pense bien que M. Thibaut ne comprenait pas. Vous savez qu'il a le cerveau entamé. Le docteur prétend qu'il est trois quarts et demi fou.

» Il s'est laissé aller dans les bras du président en pleurant comme un enfant.

» Mais ce qui était à peindre, c'était la Thibaudaille !

On leur arrachait le pain de la bouche à celles-là! J'ai cru que la maman allait rosser l'autorité, le public, Olympe, son fils et surtout sa bru, qu'elle a appelée tout de suite intrigante, coquine et le reste.

» La Célestine et la Julie secouaient l'habit de noces de leur lamentable frère en criant comme des possédées : Tu déshonores ta famille !

» Le fait est que ça ne poussera pas à leur établissement. Les voilà bel et bien emmagasinées dans la cave où moisissent les vieilles filles. Attrape !

» Mme la marquise de Chambray, splendidement froide (en voilà une commère !) les a fait monter dans sa voiture et les a emmenées toujours hurlant.

» M. Thibaut, que le président Ferrand n'a pas abandonné, a suivi sa femme à la prison.

» Je dis *sa femme,* vous m'entendez bien, car il est marié de pied en cap, ma chère. L'église n'est que du luxe, c'est la mairie qui fait tout l'ouvrage aux yeux de la loi.

» Moi, je ne pouvais pas le croire, je pensais qu'un pareil événement cassait tout, mais pas le moins du monde.

» C'est fort, un mariage.

» M. Pivert, rendu à la vie par son succès, nous a expliqué que ce mariage-ci était tout aussi bon teint qu'un autre.

» Et pour que ce pauvre Lucien Thibaut recouvre sa liberté, il faudra que la Fanchette soit guillotinée... »

RÉCIT INTERMÉDIAIRE DE GEOFFROY

Je restai sur ce mot *guillotinée*. Il y avait déjà du temps que ma pendule avait sonné six heures du matin et que j'avais éteint ma lampe, car il faisait grand jour.

Depuis une heure, au moins, la passion de savoir luttait en moi contre le sommeil irrésistible. Dans ce combat, le sommeil n'était pas sans remporter quelques avantages et la péripétie, contenue dans la lettre de Mlle Agathe, m'arrivait un peu comme en rêve.

Pour excuse, je puis alléguer que je la connaissais d'avance.

Je dois ajouter qu'éveillé ou rêvant, j'étais de plus en plus frappé.

C'était peut-être une jeune personne très-recommandable que cette demoiselle Agathe, mais sa lettre m'avait beaucoup irrité. Elle avait des prétentions à l'effet épistolaire qui me mettaient hors de moi dans des circonstances si graves.

Cela n'empêchait pas le drame d'exister. J'y assistais avec un profond serrement de cœur.

Le drame, pour moi (à ce point de ma lecture, du moins, car j'avais changé déjà plusieurs fois d'opinions, et plusieurs fois encore j'en devais changer peut-être) le drame, c'était la lutte trop aisément victorieuse, engagée par Mme la marquise de Chambray contre Lucien Thibaut et Jeanne Péry.

Ou contre Jeanne Péry et Lucien : peu m'importait l'ordre de bataille.

J'ai confessé déjà que j'avais mis au jour un roman dont la publication avait été couronnée de quelque réussite. J'ajoute que la pratique de certains métiers modifie considérablement notre façon de voir les choses.

Je ne crois pas du tout que tel romancier du genre « inducteur, » en le supposant même très-habile, pût faire un remarquable agent de police. Il se complairait fatalement dans le côté *curieux* de sa recherche. Il mettrait l'algèbre fantastique des probabilités à la place de l'observation simple qui est le résultat combiné de l'instinct et du bon sens. Il embrouillerait la piste.

Dans la chasse ordinaire, souvenons-nous qu'il y a le chien à côté du chasseur : l'instinct brutal, corrigeant sans cesse les écarts de la science qui déraisonne.

J'avais une défiance instinctive de mes calculs d'écrivain. Le peu, le très-peu que je sais en diplomatie m'avait rendu partisan de ce système abandonné et méprisé qui consiste à marcher droit devant soi.

De parti pris, je me dirigeais vers ce qui était tout bêtement plausible.

Il y avait ici deux plausibilités : l'une qui résultait du drame apparent, au point où j'en étais de la représentation, l'autre qui devait surgir peut-être d'éclaircissements ultérieurs, mais qui n'était pas encore née.

Je ne négligeais pas la seconde, je l'ajournais : elle avait trait à l'argent. Elle se résumait dans le fait d'un immense et mystérieux héritage, dont les miasmes corrupteurs viciaient l'air autour de moi. Pour moi, l'affaire des ciseaux avait odeur d'or encore plus que de sang.

Je m'arrêtais à la première apparence, à celle qui jaillissait de l'action même, des intérêts excités ou froissés, des passions mises en jeu, des événements enfin et de leurs mobiles.

C'était Olympe, il n'y avait qu'Olympe au premier plan. Derrière elle, les lunettes de Louaisot flambaient. Derrière encore apparaissait très-vaguement ce visage de marbre : M. le conseiller Ferrand.

Notez que je partais d'un point sujet à erreur : l'innocence de Jeanne. Je voulais Jeanne innocente. Quoique j'en eusse, je restais l'avocat du pauvre Lucien.

Olympe était donc devant moi, belle, ardente, forte, — ayant un secret qui la domptait, — amoureuse, vindicative, provoquée imprudemment — et, en fin de compte, poussée à bout par l'injure odieuse de ce mariage entre sa rivale et son amant, dont on l'avait fait la complice...

Je ne dormais pas puisque j'interrogeais ainsi ma pensée, puisque je calculais, puisque je m'efforçais.

Les feuilles du dossier de Lucien s'étaient éparpillées

hors de ma main. Le jour grandissait derrière mes rideaux. J'écoutais les heures s'écouler dans ce silence étrange qui remplit les matinées du centre de Paris.

J'embrassais, je m'en souviens, avec une lucidité extraordinaire les détails aussi bien que l'ensemble de ma lecture. Ceux des personnages de la pièce qui m'étaient connus venaient s'asseoir à mon chevet ; j'inventais ceux qui m'étaient inconnus.

Tous, même les comparses.

Je me souviens que je créais, par exemple, un petit substitut Pivert si abominablement frappant qu'il s'accouplait de lui-même avec Mlle Agathe, la Sévigné d'Yvetot, formant à eux deux une sandwiche matrimoniale, beurrée par dix mille livres de rentes, plus les espérances du cimetière.

Ce beau, ce joyeux enfant, c'était mon ami Albert de Rochecotte, riant à l'idée qu'on aime Fanchette à la folie, mais qu'on ne l'épouse pas...

Fanchette ! — Jeanne ! Là était le mystère. Il y avait la photographie, témoin en apparence irrécusable, et qui déposait contre Jeanne...

Et l'image de M. Louaisot de Méricourt s'asseyait dans ma ruelle, demandant familièrement à Pélagie une tranche de rôti à manger sous le pouce.

Celui-là seul aurait pu me dire ce que j'avais besoin de savoir : Quel était le secret de la marquise Olympe.

Je l'entendais murmurer la bouche pleine : « Quel secret, monsieur et cher client ? car la céleste créature en a plusieurs... »

J'en demande bien pardon au lecteur, mais je n'ai pas

tout dit encore sur l'incompatibilité des métiers de romancier et de juge d'instruction.

De même qu'en physique il y a deux puissances opposées, gardant l'équilibre de notre monde matériel : la force centripète ou attraction, et la force centrifuge ou vitesse acquise, de même, dans la cage à écureuils où tournent les conteurs, il y a deux éléments contraires : la vraisemblance qui attache, l'incroyable qui entraîne.

Ce sont là les deux sources éternelles de l'intérêt dans un récit.

Et comme l'intérêt est identique à la vérité, il doit y avoir, par conséquent, pour arriver à la vérité ou a l'intérêt, deux routes dont l'une correspond à la vraisemblance et l'autre à l'imprévu.

Dans notre cas, la vraisemblance condamnait Olympe énergiquement et sans appel.

Mais l'imprévu plaidait pour elle avec un égal succès.

En admettant purement et simplement qu'Olympe était le mauvais génie planant au-dessus de tous ces malheurs, *la chose allait trop droit.*

Ceci n'implique aucune contradiction avec le principe posé par moi tout à l'heure.

Les deux routes, en effet, ne se cotoient jamais jusqu'au moment où elles touchent ensemble le même but...

Le vrai sommeil me prit au milieu de ces méditations flottantes comme des rêves.

Quand vinrent les véritables rêves, fruits de mes agitations et de mon effort mental, ils furent en quelque sorte plus précis que mes réflexions.

Je me souviens que je vis Lucien et Jeanne — ensemble.

Ils étaient dans un endroit où il y avait du gazon et des fleurs.

Quelque part, à l'entour d'eux, un tumulte se faisait, qui avait trait au meurtre de Rochecotte. On allait, on venait, on criait. La fenêtre du restaurant s'ouvrait demi-cachée par les branches d'arbres. J'entrevoyais la forme d'un mort sur un sopha, auprès d'une table, chargée de liqueurs et de fruits.

La marquise Olympe se tenait debout, au seuil, et regardait impassible, comme dans la lettre de Mlle Agathe.

Mais tout cela était lointain et confus.

Ce qui était tout près de moi, c'était le couple doux et souriant : Lucien tenant la main de Jeanne et me la montrant comme pour me dire : « Tu n'as qu'à la bien regarder, tu sauras tout. »

Et je la contemplais en effet de tous mes yeux, de toute mon âme.

J'avais conscience de l'avoir déjà vue, la photographie animée.

C'était elle, la femme voilée qui m'était apparue sous l'auvent de l'Opéra, et dont j'avais distingué les traits au moment où elle descendait les marches.

Certes, c'était bien elle...

Les rêves sont ainsi. La forme de Lucien s'effaça. Jeanne resta seule auprès de moi, ses jolies mains croisées sur sa poitrine, comme une âme d'Ary Scheffer.

Je me mis à lui parler comme si je l'avais toujours connue.

Je lui demandai tout franchement si elle aimait Lucien Thibaut comme il croyait être aimé — et si elle était encore digne de la profonde, de l'admirable tendresse que Lucien Thibaut lui avait vouée.

Elle me regardait en silence avec ses grands yeux bleus, tristes et souriants tout à la fois.

Ses yeux me disaient :

« Ami, vous ne savez pas assez, étudiez encore. Le mystère vous échappe parce que vous ne me connaissez pas. Le mystère, c'est moi-même. Je vaux la peine d'être devinée. »

J'aurais peine à exprimer le charme douloureux de ce rêve où j'aimais Jeanne non plus à cause de Lucien, mais pour elle-même et comme une chère petite sœur.

Quand je m'éveillai, ma chambre était inondée par le soleil de midi.

Je me sentais las et même un peu malade. Ma tête lourde me brûlait.

Mais ma curiosité, éveillée en même temps que moi et bien plus fortement que la veille, me remit en main les pages du dossier, encore éparses sur mon lit.

Mon domestique était entré pendant mon sommeil, et il y avait longtemps, sans doute, car mon chocolat, placé sur ma table de nuit ne fumait plus.

Dans le plateau se trouvaient mes journaux et plusieurs lettres.

Je laissai mon chocolat, bien que je le prenne froid, d'habitude. Ceci n'était pas un sacrifice puisque l'appétit me manquait, mais ce qui peut être regardé comme un symptôme majeur d'excitation, c'est que mon premier mouvement fut de négliger tout net mon courrier pour reprendre ma lecture.

Cependant, il est une chose qui attire invinciblement ceux qui touchent à la presse, ne fût-ce que par une imperceptible tangente. Mon œil ayant rencontré parmi mes journaux un titre nouveau, je tendis le bras d'instinct, et mes doigts déchirèrent la bande malgré moi.

Voilà ce que la bande arrachée me laissa lire :

« *Le Pirate*, courrier de la politique, du commerce, des arts, de la littérature et des tribunaux... »

Je suppose que vous aimez comme moi les journaux dits « d'esprit, » qui plaisantent agréablement sur toutes choses sérieuses et préparent avec une douce gaîté le terrain où les révolutions glissent dans le sang.

Ces œuvres quotidiennes et légères sont assurément les plus jolies fleurs de notre jardin intellectuel.

Sans apprêt, sans prétention, sans études maussades, elles offrent, sous une forme aimable, tous les avantages d'une encyclopédie. On les voit en effet tour à tour apprendre l'éloquence à nos Bossuets, l'art de la scène à nos Talmas, la musique à Mozart et la langue française à l'Académie.

Ils ne doutent de rien et ils ont bien raison! un jour, vous les voyez enseigner au parquet de Paris comment il faut instruire l'affaire Troppmann, et le lendemain, ils professent pour la Compagnie de Suez l'art de percer les isthmes. La science infuse bout sous les chapeaux de leurs articliers. Demandez-leur n'importe quoi et surtout ne vous gênez pas; soyez sûrs qu'ils n'ignorent pas plus ceci que cela. Ils sont uniformément en mesure de remontrer la politique à Guizot, la diplomatie à Talleyrand, la stratégie aux Prussiens et la pharmacie aux apothicaires.

Et ils ont de l'esprit, avec cela, beaucoup, tous les jours, et quelque temps qu'il fasse.

J'ouvris *le Pirate.* Il en tomba un petit carré de papier imprimé, expliquant que *le Moustique,* courrier de la politique, du commerce, des beaux-arts, de la littérature et des tribunaux, étant obligé de disparaître par suite de nombreuses condamnations, l'idée avait germé de le remplacer par *le Pirate.* pareillement courrier de la politique, du commerce, des beaux-arts, etc.

Ceux des anciens abonnés qui seraient assez rusés pour deviner que c'était exactement la même chose, étaient priés de ne pas le dire au gouvernement.

En tête du numéro, la liste des rédacteurs : tout le monde.

Le premier-Paris disait en très-bons termes qu'en présence des rigueurs croissantes du pouvoir, on ne cesserait pas d'être scandaleux, mais qu'on le serait avec plus d'adresse.

Le second article écorchait vif quelqu'un. (On voit de ces écorchés qui s'abonnent.)

Le troisième, rédigé par un photographe de mes amis, élucidait la question du pouvoir temporel des papes.

Le quatrième... Mais vous en savez aussi long que moi sur *le Pirate.* Vous ne le respectez probablement pas beaucoup, mais vous le lirez jusqu'au dernier jour de votre vie.

J'allais le rejeter après l'avoir parcouru, quand mon regard tomba sur un *Avis au lecteur,* imprimé en caractères gras et placé bien en vue, au centre de la première page.

Il était ainsi conçu :

» Dès son premier numéro, *le Pirate* commence la publication d'une œuvre tout à fait hors ligne, due à la plume d'un jeune écrivain que son premier ouvrage a rendu tout d'un coup célèbre : M. Athanase Morin, auteur du *Viol de la rue Castiglione*.

» *Le Pirate,* qui veut avoir accès dans les familles, aurait reculé devant ce titre trop significatif, mais M. Anathase Morin a bien voulu écrire spécialement pour nous un roman de la vie moderne, palpitant sans être dangereux et qui mettra le sceau à son illustration littéraire.

» L'œuvre nouvelle de notre brillant romancier est intitulée :

LA TONTINE DES CINQ FOURNISSEURS.

» C'est une histoire véritable, où les Parisiens de Paris pourront reconnaître sous leurs noms d'emprunt plusieurs personnages bien connus du boulevard.

» Le récit est écrit sur renseignements authentiques et fournira des détails d'une vérité saisissante sur une affaire qui a récemment passionné la curiosité publique : un meurtre horrible, commis dans un restaurant des environs de Paris par une jeune fille sur la personne de son amant.

» Voir à notre troisième page le premier chapitre ou introduction de ce remarquable ouvrage. »

Je tournai la feuille précipitamment et avec une émotion que je ne saurais nier.

C'était une pièce nouvelle que le hasard glissait dans mon dossier.

J'allai tout de suite à la troisième page où, sous la rubrique *Variétés*, je lus ce qui va suivre.

Mais avant de transcrire la prose du *Pirate*, je dois dire qu'il y avait en marge de l'article variétés ces mots écrits à la main :

« Bien le bonjour, monsieur et cher client, voyez si ça peut vous servir. »

Extrait du journal le Pirate

INTRODUCTION DU ROMAN

« Il y avait une fois cinq fournisseurs qui étaient tous les cinq Normands du pays de Caux.

» C'était à la fin du premier empire, — mais ils n'avaient pas toujours été fournisseurs.

» Avant d'être fournisseurs, l'un était un gentillâtre ruiné, l'autre un mendiant à besace, le troisième un bedeau de paroisse, le quatrième un maquignon banqueroutier et le cinquième un soldat déserteur.

» Vous voyez que MM. les fournisseurs du premier empire étaient déjà des industriels assez comme il faut. Depuis lors, on a fait mieux.

» C'était en 1811, il s'agissait dès lors de monter, d'habiller, de chausser, d'équiper en un mot la grande armée qui devait geler en Russie.

» Il y avait aux Tuileries des embarras de toute sorte qui formaient l'envers d'une immense gloire : entre autres des embarras d'argent.

» Or, c'est la vraie fête des fournisseurs quand le pouvoir n'a pas d'argent.

» Dans tous les coins de la France et même au fond des campagnes, les fournisseurs sortirent de terre. Ne croyez pas que notre quart de siècle ait inventé les cocottes-fournisseuses. Il y eut, en 1811, des demoiselles qui vendirent à l'Etat bien des chevaux fourbus et bien des culottes percées.

» Ce fut au point que le bon pays de Caux lui-même voulut avoir sa part du gâteau. Le 12 juin 1811, dans un cabaret de Lillebonne, Jean Rochecotte-Bocourt, le gentillâtre, réduit au métier de facteur rural, Jean-Pierre Martin, bedeau de la paroisse, Vincent Malouais, ancien marchand de chevaux, et Simon Roux, qui se cachait sous le nom de Duchesne, en sa qualité de déserteur, signèrent, sur papier graisseux, un acte où ils s'associaient pour fournir au gouvernement tout ce dont le gouvernement aurait besoin.

» Il fut convenu que Jean Rochecotte serait le directeur de la société et ferait les démarches, parce qu'il parlait et écrivait couramment. On se cotisa même pour lui fournir un habillement présentable qui fut acheté seize francs chez un revendeur d'Yvetot.

» Avec ce bel habit, Rochecotte devait aller à l'intendance de Rouen et soumissionner n'importe quoi.

» Seulement, l'habit payé, M. le directeur était, il est vrai, superbe, mais l'association n'avait plus un denier.

» Or il fallait un boursicot, non pas pour payer la

marchandise (quand on a la commande, le crédit arrive tout naturellement), mais pour graisser la patte à quelqu'un et avoir ainsi la commande.

» Bien entendu, nous ne plaçons pas ce quelqu'un-là dans les bureaux de l'intendance. Le plus souvent ! Ça ne s'est jamais vu !

» Ah ! par exemple ! un voleur dans les bureaux !...

» Les quatre associés cauchois se réunirent de nouveau au cabaret de Lillebonne. Il y eut une délibération longue et animée dont le résultat fut qu'il fallait un banquier à l'association.

» Où trouver ce banquier? A eux quatre, ils n'auraient certainement pas pu cueillir dans l'arrondissement ce qu'il faut de crédit pour emprunter une pièce de six liards.

» Mais il y a un dieu spécial pour les Normands qui ont le goût de la fourniture. C'est connu.

» Pendant qu'ils délibéraient, un de ces mendiants qui vont le long des grandes routes du pays de Caux, chantant : *La charitais, si vous plaît, pour l'amour di bon Diais,* entra dans l'auberge déposa sa besace sur la table et demanda la soupe.

» Les associés ne le virent point, tant ils étaient occupés.

» De sorte que le mendiant put entendre toutes les belles choses qui furent dites, touchant les bénéfices certains de l'affaire.

» — Avec un billet de mille francs, dit enfin Rochecotte, je parie que nous aurions un million avant six mois !

» Le mendiant était normand aussi, et la vocation des

fournitures dormait au fond de son âme immortelle.

» Il se leva et vint mettre sa besace sur la table de nos quatre associés tous surpris de cette intrusion.

» Il dit :

» — Je m'appelle Joseph Huroux. Il y a dans la poche de cuir de ma gibecière cent soixante-six pièces de six livres, plus un petit écu de trois livres et une pièce de vingt sous, total mille francs. Je veux bien les mettre dans votre affaire, pourvu que je sois le caissier de *notre société*.

» Même quand ils se jettent par la fenêtre d'un cinquième étage, ces braves fils de Rollon n'abandonnent jamais la prudence originelle.

» Vous jugez si les quatre associés firent la petite bouche !

» Séance tenante, le premier papier graisseux fut déchiré et on en prit un second pour libeller un nouvel acte où les associés étaient cinq au lieu de quatre.

» Le lendemain, Jean Rochecotte partit pour Rouen avec Joseph Huroux qui ne lâchait pas sa caisse.

» Ce qu'ils firent dans les bureaux de l'intendance, ma foi, je n'en sais rien, mais ils revinrent sans les pièces de 6 livres et avec un petit morceau de fourniture, un rien, 50 ou 60,000 fr. de chevaux à livrer.

» Vincent Malouais, le maquignon, se mit aussitôt en campagne. Au bout de trois semaines, l'association avait fourni une centaine de rosses à l'Etat et gagné dessus cent pour cent.

» Jean Rochecotte et Jean Huroux allèrent cette fois jusqu'à Paris. Toujours même ignorance sur ce qu'ils purent bien faire chez M. le ministre. Mais ils avaient emporté 25,000 francs et revinrent sans le sou avec un plein sac de marchés.

» Marchés de salaisons, marchés de draps, marchés de chaussures.

» Alors, tout le monde se mit à l'œuvre : le bedeau qui avait été savetier se chargea des souliers, le maquignon qui connaissait tout des chevaux, même la viande, prit à son compte les salaisons ; le déserteur qui avait foulé la laine à Saint-Pierre-lès-Louviers, s'occupa des draps, et vogue la galère ! on eut des domestiques, des commis, un bureau comme M. l'intendant lui-même.

» Si bien que, non pas tout à fait au bout de six mois, mais après avoir comblé pendant deux ans l'armée française de souliers en papier mâché, de culottes et de vestes en amadou, de jambons de cheval malade et généralement de toutes autres espèces de friandises, nos cinq associés normands avaient leur joli million en belles monnaies sonnantes dans la caisse tenue par Joseph Huroux.

» L'idée leur vint de partager. En apparence, ce n'était pas très-difficile. Un million entre cinq donne à chacun deux cents mille francs.

» Un petit enfant pourrait faire le calcul.

» Mais deux Normands ne peuvent jamais partager quoi que ce soit, même une pomme de Chatigny sans l'homme de loi. Jugez quand ils sont cinq et qu'il s'agit de cinquante mille livres de rentes au denier vingt.

» On alla chez le notaire.

» Chez le notaire, on se disputa tant et si bien qu'on fut sur le point de se battre.

» Il fallut bien se réconcilier. On ne se réconcilie pas

sans boire. Il y eut un fort repas de corps chez l'aubergiste de Lillebonne, et on invita le notaire.

» Je n'étais pas là, mais j'ai connu quelqu'un qui y était.

» L'idée vint du notaire qui espérait avoir le dépôt des fonds.

» L'idée de la tontine.

» Nous voici donc enfin arrivés à cette tontine vaguement connue, et dont la mystérieuse célébrité trotte dans un si grand nombre d'imaginations !

» Cette loterie au dernier vivant qui, en 1858, époque où trois de ses membres existaient encore, comportait déjà un capital de huit millions de francs !

» Cet amas d'or autour duquel se sont ameutées depuis le temps tant de passions, dont le pied baigne dans une si profonde mare de sang, et qui a déjà coûté à l'humanité tant de crimes !

» Car outre l'*affaire des Ciseaux,* dont je parlerai tout à l'heure, il est constant que quatre des associés sont morts ailleurs que dans leur lit.

» Le cinquième existe encore...

» (*La suite à demain.*) »

SUITE DU RÉCIT DE GEOFFROY

Mes yeux restaient fixés sur la signature de romancier qui terminait ce fragment. Je cherchais en vain à faire la lumière dans ma pensée. Il me semblait voir derrière cette signature une personnalité autre que celle du romancier lui-même.

Cela avait odeur d'attaque. Ce n'était pas seulement l'introduction d'un récit populaire. Je ne sais quoi de savant et de menaçant se cachait sous ce début de prologue, lestement troussé.

Contre qui allait être dirigée l'attaque? Rien ne pouvait encore le faire deviner, à moins que ce fût contre le dernier vivant de la tontine.

Mais quelque chose me disait que cette machine de guerre dont je ne pouvais encore mesurer ni la portée ni la puissance avait un autre objectif.

Ce ne pouvait être ni Lucien, ni Jeanne. Ils étaient

trop complètement vaincus. Inutile assurément de pointer contre eux cette grosse artillerie.

L'idée me vint que c'était peut-être moi-même qui servait de cible...

Il fallait que le fragment m'eût bien vivement frappé, par ce qu'il disait, et surtout par ce qu'il promettait de dire, car je ne repris pas la lecture du dossier de Lucien. Je demeurai là, méditant, cherchant à deviner quel était le but de l'article, et surtout le but de la communication qui m'en était faite.

Il y avait trois lettres sur mon plateau : deux de forme ordinaire et une très-grosse qui ne portait pas le timbre de la poste. Par manière d'acquis, je pris cette dernière et j'en rompis le cachet. Il s'en échappa des papiers d'imprimerie.

Je sais ce que c'est qu'une « épreuve » ayant corrigé celles de mon livre, mais je n'avais rien sous presse, et mon premier mouvement fut de croire que l'imprimeur s'était trompé en m'adressant ce paquet.

Cependant, comme il y avait deux lignes écrites à la main en tête de la première feuille volante, j'y jetai les yeux pour me bien assurer du fait.

C'était encore la même écriture : celle de la note trouvée par moi à la troisième page du journal *le Pirate*.

Cette fois, M. Louaisot de Méricourt (car j'avais parfaitement reconnu mon attentionné correspondant) me disait :

« J'ai bien pensé, monsieur et cher client, qu'il ne vous serait pas désagréable de devancer la publication du second numéro. Il a du talent, ce jeune homme-là, hé ! »

Je me jetai aussitôt sur les épreuves comme sur une proie.

Epreuves du Pirate

SUITE DE L'INTRODUCTION DU ROMAN

» Le cinquième membre de la tontine, disions-nous, existe encore, si l'on peut appeler existence la misérable végétation de ce cadavre animé qui se meurt de soif et de faim auprès de sa montagne de richesses !

» Mais revenons à l'auberge de Lillebonne où nos cinq fournisseurs fêtaient leur réconciliation par devant notaire. Le cidre était bon, cette année-là, on en but beaucoup, et, après le cidre, vint le bourguignon, comme on dit là-bas.

» Au dessert, ils étaient tous les cinq ronds comme des tonneaux.

» Voilà que le notaire, au lieu de chanter des chansons, se met à remuer des chiffres. C'est bien plus amusant. Un million, ce n'est pas grand'chose, mais, en composant l'intérêt, ça rapporte un autre million en quatorze ans, — quatre millions en vingt-huit ans, — huit millions en quarante-trois ans, — seize millions en cinquante-sept ans.

» Or, le plus âgé des associés, qui était Jean Rochecotte, allait sur ses trente-cinq ans. Il pouvait donc voir cela haut la main, rien qu'en dépassant un peu ses 90 ans, et les autres encore mieux.

» Seulement, pour produire ce miracle de la multiplication des millions, il ne fallait toucher ni au capital ni aux intérêts.

» On prit le café, du café qui n'était pas très-bon, mais dans lequel on mit beaucoup d'eau-de-vie.

» Et puis, on poussa le café, on le surpoussa. La salle d'auberge était si pleine de millions qu'on marchait dessus. Le notaire les semait.

» Jean Rochecotte, qui était un grand maigre, maladif et pris de la poitrine, dit au notaire en toussant creux :

» — Expliquez-nous ça, la tontine, maître Louaisot.

» Le notaire s'appelait Louaisot, et son étude était à Méricourt, auprès de Dieppe.

» C'était un petit vieux qui en savait long. Il expliqua la tontine, et il versa de l'eau-de-vie dans les tasses.

» Après l'explication de maître Louaisot, chacun comprit très-bien que la tontine, c'était l'art de ne pas partager le million et de l'avoir à soi seul. Que dis-je un million ! Deux, quatre, huit, seize millions.

» Et pour cela, il ne s'agissait que de vivre ; or, aujourd'hui, après tant de bouteilles vidées, chacun de nos cinq Normands était bien sûr de durer au moins cent sept ans.

Cependant, on hésitait encore. Se séparer de son argent! quel crève cœur!

» Maître Louaisot se garda bien d'insister, mais il montra un bout de gazette qui représentait l'empereur comme fou de colère. On ne parlait de rien moins que de fouiller les fournisseurs!

» Vous voyez que ce maître Louaisot n'était pas le premier venu, même en Normandie, où tout le monde a de l'esprit, jusqu'à Gribouille!

» Est-ce régulier? moi, je ne suis pas notaire. Ce qui est sûr, c'est que ces messieurs ont toujours du bon papier timbré dans leur poche. L'acte fut libellé sur la table vineuse et daté de Méricourt, pour la due forme.

» Puis les cinq ivrognes signèrent avant de glisser sous la table.

» Le roman dont j'offre ici aux lecteurs du *Pirate* le prologue ou l'introduction, et qui commencera demain à cette place même, est l'histoire d'un million placé à intérêts composés pendant quarante-six années, car la tontine fut liquidée le 30 août 1859 par suite du décès de l'ancien mendiant Joseph Huroux, qui était l'avant-dernier vivant.

» L'histoire de ce million comporte sa croissance, les dangers qu'il a pu courir, la course au clocher des passions enragées autour de lui, la série des bassesses, des vols, des meurtres dont il a été l'origine.

» La cupidité n'est pas comme l'amour qui engendre le bien et le mal : notre million, dans sa longue vie, ne conseilla pas une bonne action.

» C'est peut-être parce qu'il était le fruit du vol.

» Fantaisie est venue au *Pirate* de se renseigner à cet égard, et nous avons pris des informations sur la biographie des autres millions de notre connaissance.

» Les millions sont nos maîtres comme le gouvernement, ils cousinent avec le gouvernement, nous les respectons comme le gouvernement.

» Nous ne dirons donc pas qu'ils sont tous plus ou moins le fruit du vol, comme le million qui est le héros de notre drame, mais nous affirmerons qu'après avoir interrogé séparément des douzaines et des douzaines de millions, nous n'en avons pas trouvé un seul qui eût un bel acte (gratuit) à se reprocher.

» Pas une tache dans ce livre d'or !

» — Ils ne donnent jamais et ils prennent toujours, disait le vieux maître Louaisot. On n'est million qu'à ce prix-là.

» Pour aujourd'hui, il ne me reste qu'à effleurer très-légèrement un sujet qui sera peut-être l'attrait principal de mon livre : je veux parler de l'*affaire des Ciseaux*.

» Ayant mis mon respect très-humble aux pieds de l'autorité, de l'intendance, de l'or et généralement de tout ce que j'ai rencontré de saint sur mon passage, vous pensez bien que je ne vais pas prendre la justice au collet pour lui dire maladroitement ses vérités.

» Non, je vénère l'habileté, le savoir, le flair, l'infaillibilité et même les bonnes mœurs de la justice française presque autant que l'héroïsme des millions, mais cela ne peut m'empêcher de dire au lecteur que l'affaire du Point-du-Jour est très-peu et très-mal connue.

» L'éminent et jeune magistrat, chargé de l'instruction préliminaire a paru ignorer, le célèbre avocat général qui a pris la parole aux débats n'a même pas mentionné un fait de l'importance la plus considérable et qui présente sous un nouvel aspect le crime de la malheureuse Fanchette Hulot.

» Ce fait est à lui seul un témoignage excellent et une explication complète.

» Comme il rattache étroitement la ... raphie du million à l'affaire des ciseaux, nous allons le révéler d'avance au lecteur :

» Fanchette Hulot, ou plutôt Jeanne Péry, femme Thibaut, était non-seulement la maîtresse, mais encore la cousine du comte Albert de Rochecotte.

» Le comte Albert était l'héritier légal de ce Jean Rochecotte, — l'ancien facteur rural de Lillebonne, — qui reste le dernier vivant des cinq fournisseurs.

» Et à qui appartient par conséquent le montant énorme de la tontine !

» En seconde ligne, après le comte Albert venait Jeanne Péry, — *à qui la mort de son amant constituait ainsi une colossale fortune en expectative.*

» La justice française a condamné Jeanne Péry à mort, par contumace, sans faire mention de cela !

» Que sait-elle donc, si elle ignore le fond même des causes qu'elle juge ?

» Après Jeanne, en troisième ligne, arrive...; mais pourquoi parler de cet héritier-là qui va probablement être le seul, le véritable héritier ?

» Nul n'accuse cette personne, placée dans une position très-honorable.

» Et il faudrait avoir la folie américaine d'Edgard Poe,

pour imaginer ici une main de troisième héritier, tuant le premier par le second, et le second par la loi qui punit le meurtre du premier...

» Ce troisième héritier est encore une femme.

FIN DE L'INTRODUCTION.

SUITE DU RÉCIT DE GEOFFROY

Dans ce second article, la griffe de M. Louaisot de Méricourt ne se cachait plus.

Il entamait ici, ou poursuivait une véritable bataille. Je le reconnaissais derrière l'auteur comme si le terrible rayon de ses lunettes eût blessé mon regard.

Le nom de son père, car je supposais bien que le vieux Louaisot était son père, écrit en toutes lettres sans nécessité, proclamait sa volonté de se mettre en évidence.

Le second article confirmait pour moi le premier. J'avais bien deviné. Ce roman était une machine de guerre.

Dès les premières pages, cette machine tirait à tort et à travers, sur beaucoup de gens, des vivants et des morts.

Elle atteignait Jeanne rudement en la plaçant sous le coup de la fameuse maxime juridique : *Reus is est cui prodest crimen* : « celui-là est le coupable à qui profite le crime. »

Elle atteignait Lucien dans Jeanne, elle le frappait en outre en jetant son nom en pâture à la curiosité publique.

Mais ce n'était ni contre Lucien, ni contre Jeanne que l'artillerie de M. Louaisot était pointée. Elle ne les mitraillait qu'en passant.

On dit que la pensée d'une lettre est dans le postscriptum.

La pensée de l'article était tout entière dans ses trois derniers alinéas.

La forteresse que l'on bombardait, c'était le troisième héritier, — *qui était encore une femme!*

M. Louaisot avait fait écrire l'introduction et peut-être le roman tout entier pour effrayer — ou pour tuer cette personne, dans une position très-honorable « que nul n'accusait... » jusqu'à présent.

J'avoue que cela me troublait. Quoique je ne fusse pas au bout de ma lecture, j'avais chiffré déjà les bases d'un calcul de probabilités. Dans ce calcul, M. Louaisot et Mme la marquise de Chambray étaient des quantités de même nature et placées du même côté de l'équation.

Fallait-il bouleverser tous mes chiffres et changer complétement la position du problème, maintenant que M. Louaisot mettait si ouvertement en joue Mme la marquise de Chambray?

Je mis à part le journal *le Pirate* et le paquet d'épreuves sous mon oreiller, pour les reprendre au besoin, et pendant que j'y étais, j'ouvris les deux lettres qui restaient sur le plateau.

La première dont l'enveloppe était bordée d'un large liseré noir, ne contenait que ce peu de mots :

« Mme la baronne de Frénoy présente ses compliments à M. G. de Rœux, dont elle a appris le retour, et le prie de vouloir bien la favoriser d'une visite. »

Ce nom n'éveilla en moi aucun souvenir.

L'autre lettre était aussi brève et presque semblable. Elle disait :

« Monsieur,

» Au nom de notre ami commun, M. Thibaut, je vous prie d'être assez bon pour m'accorder une prochaine entrevue.

» Signé : O. de Chambray. »

Ceci répondait à un désir qui était si vif en moi que je sautai hors de mon lit, éparpillant sur le parquet les pauvres pièces du dossier de Lucien.

Mon premier mouvement était de partir ainsi du pied gauche pour me précipiter chez la marquise.

La réflexion seule me suggéra l'idée qu'il était bon de passer au moins mon pantalon et de chausser mes bottes. Je sonnai.

J'ai un valet de chambre qui s'appelle Gusman. Ce n'est pas ma faute. J'ai peine à croire qu'il appartienne à l'illustre famille de celui qui ne connaissait pas d'obstacles. Il est né à Paris, rue Saint-Guillaume, faubourg Saint-Germain, chez mon père, qu'il servait avant moi.

Je ne lui sais qu'un défaut, c'est de s'échapper un petit instant pour faire trente points au billard de la rue Taitbout.

Ces petits instants réunis forment à peu près les trois quarts de la journée.

A part cela, c'est un modèle. Et sincèrement fort à la poule.

Guzman était là par hasard. Mon coup de sonnette l'avait pris entre deux petits instants, à la minute précise où, ayant achevé trente points, il n'avait pas encore commencé les trente autres.

La conversation suivante s'engagea entre nous.

— Habillez-moi un peu vite, Guzman, dis-je.

— Oui, monsieur, me répondit-il; ce n'est pas pour déjeuner en ville, car il est trois heures passées.

— Ces deux lettres sont-elles arrivées de bon matin?

— Distribution de dix heures.

— Et il n'est venu personne?

— Si fait, monsieur. Il est venu un homme à lunettes qui savait que je fais volontiers mes trente points, car il m'a forcé d'en enfiler soixante quand il a vu que vous n'étiez pas levé. Monsieur prend du corps. Le sait-il? La ceinture de son pantalon tire... Il joue bien, — les lunettes. Elles sont d'or, heureusement. Sans ça, je n'aurais pas été avec lui au café, rapport à son pantalon dont le bas n'est pas propre.

— Que me voulait-il?

— Rien. Il a déposé un paquet de papiers que monsieur a dû trouver.

— Je l'ai trouvé. Après?

— J'ai gagné les trente premiers et lui les trente seconds.

— Personne autre ?

— Nous n'avons pas fait la belle. Il est venu aussi la dame de compagnie de Mme la baronne de Frénoy.

— Connais pas.

— Par exemple ! monsieur a encore moins de mémoire qu'autrefois. Ce n'est pourtant pas l'âge.

— Ce sont peut-être les infirmités, Guzman. Que voulait la dame de compagnie ?

— Réponse à la lettre de sa maîtresse.

— Qu'est-ce que c'est que sa maîtresse ?

— Mme la baronne de Frénoy.

— Et qu'est-ce que c'est que Mme la baronne de Frénoy ? fis-je avec impatience, cette fois.

Guzman, qui avait achevé de brosser mon chapeau, se mit à ramasser les feuilles du dossier de Lucien, semées sur le parquet.

Il me répondit d'un ton de reproche :

— Monsieur a sorti plus d'une fois chez elle quand il était au lycée. C'est la mère de feu M. le comte de Rochecotte.

Il m'était tout à fait sorti de l'esprit que la bonne dame avait épousé en secondes noces M. le baron de Frénoy.

— Elle est re-veuve, continua Gusman, et bien seule, depuis que M. Albert s'en est allé.

Au lieu de mettre ma redingote, je passai une robe de chambre et je m'assis à mon bureau.

J'écrivis à Mme la baronne pour lui dire que j'aurais l'honneur de me présenter à son hôtel le lendemain.

Et j'écrivis à Mme de Chambray pour la prier de m'attendre chez elle, le soir même, à neuf heures.

— Prenez une voiture, Guzman, et portez ces deux lettres : celle de Mme la marquise d'abord.

— Ça doit être la plus jeune, fit Guzman.

Je ne le donne pas pour un valet de chambre de la haute espèce.

Il ajouta en sortant :

— J'avais oublié de dire à monsieur que les lunettes d'or reviendront demain.

— Pourquoi faire ?

— Pour faire la belle.

La plus jeune ! ce brave Guzman ne savait guère à quel point de pareilles pensées étaient loin de moi en ce moment.

Et pourtant, il est certain que l'idée de voir cette belle marquise m'agitait à un très-vif degré.

Il était entré dans mes projets de tout faire pour obtenir une audience d'elle, mais je croyais y trouver des obstacles, et c'était elle qui venait au-devant de moi !

La pensée de la mère d'Albert passait aussi à travers mes préoccupations.

Que de choses, mon Dieu ! moi, un oisif de la veille !

Et malgré l'énormité de la besogne qui allait s'amoncelant autour de moi, j'étais en ce moment comme un désœuvré, je ne savais que faire.

Depuis mon réveil j'étais en quelque sorte dans un autre drame, ou plutôt dans un autre acte du même drame.

Le dossier de Lucien ne m'intéressait plus autant. C'était désormais de l'histoire ancienne.

Je le repris pourtant, mais ce fut par devoir. Je le posai devant moi sur mon bureau, et j'en remis les diverses pièces en ordre.

A mesure que je rangeais les scènes éparses de cette étrange comédie qui, la veille, avait si profondément passionné mon attention, il arriva que je rentrai à mon insu dans la série de mes émotions un instant distraites.

Je ne saurais pas expliquer pourquoi le fait d'avoir un pied dans le passé, un pied dans le présent du drame doubla tout à coup l'intérêt que j'y prenais.

Ma curiosité, réveillée par les faits nouveaux qui facilitaient ou entravaient mes moyens de la satisfaire, se jeta plus avidement que jamais sur la pâture offerte par le dossier.

C'étaient là les éléments mêmes du problème. Pour en obtenir la solution, il était nécessaire de ne rien négliger.

Je repris ma lecture à la fin du n° 72, qui était, on s'en souvient, la lettre où Mlle Agathe racontait le mariage et l'arrestation de Jeanne.

SUITE DU DOSSIER DE LUCIEN

N° 73

(Billet de Mlle Agathe Desrosiers. Signé.)

« 6 Septembre, 8 heures du soir.

» *A mademoiselle Maria Mignet.*

» C'est encore moi, ma chère. Vous allez vous étonner de recevoir deux courriers de moi le même jour, mais ma lettre était déjà à la poste, et il m'est venu quelque chose de nouveau à vous dire :

» Quelque chose de vraiment étonnant. Le déta.' m'a été donné par M. Pivert. Vous allez voir comme c'est drôle.

» Vous vous souvenez bien des ciseaux ? La police avait fait photographier les ciseaux de Fanchette comme Fanchette elle-même.

» Voilà une invention que les assassins ne doivent pas prôner, la photographie !

» Figurez-vous que ces ciseaux-là n'étaient pas les premiers venus. Ils sortaient de fabrique anglaise. J'ai vu leur portrait. Ils ont une petite estampe damasquinée à la croisure des deux branches, représentant une double palme, et au centre de l'estampe, une marque poinçonnée, celle de la fabrique, probablement : un petit lévrier entre les deux initiales S. W.

» Après l'arrestation, M. le président a pris lui-même en main la conduite de l'affaire. Une perquisition a été ordonnée au domicile de l'accusée, qui était, vous le savez, l'hôtel même de Mme la marquise de Chambray.

» Là on n'a rien trouvé que des brimborions insignifiants. Vous sentez bien que Mlle Jeanne Péry (ou plutôt Mme Lucien Thibaut, ma chère !) n'avait pas été garder par exemple des lettres de son ancien Rochecotte !

» Voyez-vous, mon émotion est passée, et j'ai presque honte de m'être laissé prendre par la pitié.

» Il faut un exemple.

» Mais une seconde perquisition ayant été faite dans la chambre que l'accusée occupait dans la ferme du Bois-Biot, près de la ville, on a découvert une boîte à ouvrage en chagrin noir, pouvant dater du règne de Louis XVI, et qui aurait maintenant une certaine valeur comme bibelot.

» Pourquoi l'avait-elle laissée-là ? On ne sait pas encore. Toutes ses autres affaires étaient à l'hôtel de Chambray.

» La plaque d'acier de la boîte à ouvrage était ornée de l'estampe dont je viens de vous faire la description, et au centre de l'estampe, il y avait le petit chien entre les deux initiales S. W.

» Hein, chérie ? le doigt de Dieu !

» Ce n'est pas tout.

» On a ouvert la boîte. A l'intérieur, aucune pièce ne manquait, pas même les ciseaux, mais attendez !

» Les ciseaux étaient de fabrique française et tout neufs.

» Tandis que toutes les autres pièces, sans exception, le dé, l'étui, le poinçon, etc., etc., étaient de fabrique anglaise et portaient l'estampe, la même, encadrant le même petit levrier, entre les deux mêmes lettres S. W.

» Est-ce clair? et est-ce curieux? moi, ça m'amuserait de mener des instructions.

» M. Pivert dit que ça achève Mme Thibaut, — la jeune.

» Selon un bruit qui court, l'autre Mme Thibaut — la mère et ses deux demoiselles vont faire enfermer le déplorable Lucien dans une maison de fous.

N° 74

(Ecrite et signée par Mme veuve Thibaut.)

« 7 septembre au matin.

» *A monsieur L. Thibaut.*

» Où te caches-tu, malheureux dindon? Tu n'étais pas chez toi, hier au soir. Je parie que tu rôdais autour de la prison. C'est heureux que je ne t'aie pas trouvé, car je t'arrachais les yeux. Je l'avais promis à Célestine et à Julie.

» Oh! les pauvres, les pauvres mères! On devrait vous étouffer entre la paillasse et le matelas de vos berceaux, sacs à chagrin que vous êtes! Et dire qu'on vous aime tout de même! c'est trop bête aussi, je veux te détester et j'y parviendrai.

» Si ton père n'était pas mort, et qu'il a bien fait, le cher homme! je lui dirais casse-lui les deux bras et les deux jambes ou je me sépare de corps et de biens!

» Et je le ferais comme je le dis. Mon Dieu! que je suis malheureuse!

» Ah ça! tu ne voyais donc rien, toi! Ce n'est pas moi qui ai été trompée. Dès le premier coup d'œil, j'ai vu que c'était une petite rien de rien. Ça sautait aux yeux, mon pauvre gars. Il fallait être toi pour la gober. Les mères devraient...

» Mais non! elles ne peuvent pourtant pas vous noyer.

» Moi qui étais si fière de ta conduite! c'est du propre! j'en donnerais douze comme toi pour un mauvais sujet qui aurait le fil et qui ne se laisserait pas prendre à la première gourgandine venue déguisée en colombe.

» Qu'est-ce que je dis, une gourgandine! Toutes les gourgandines n'assassinent pas. Mon fils, mon Lucien, un juge, le jeune homme le plus sage d'Yvetot, a été donner son nom à une abomination de guenon qui tue les hommes en cabinet particulier!

» Il faut te remuer, dis donc, et plus vite que ça; il faut soulever ciel et terre, casser le mariage, piétiner dessus, le hacher en miettes, ou bien, si ça ne se peut pas, la faire guillotiner en deux temps... Miséricorde!

les mères ! c'est mon nom qu'elle porterait sur l'échafaud !

» Tu es un coquin ! tes sœurs le disent. On ne se conduit pas comme ça avec ses parents !

» Jolie ! elle ! allons donc ! Un chiffon : la beauté du diable ! Et des manières ! Je n'ai jamais pu la regarder en face. Des cheveux jaunes, des yeux de faïence, un nez... enfin, quand même elle aurait été jolie ! après ?

» Qu'avais-tu fait à Olympe ? Tu as donc un tour dans ton sac avec ton air d'innocent. Si ça avait été seulement pour t'établir avec avantage ! Que lui avais-tu promis ? De quoi l'avais-tu menacée ? Je veux savoir. Elle avait quelque chose autour du cou que tu lui avais noué et qui l'étranglait. Qu'est-ce que c'était ? Tu me le diras ou nous verrons !

» Olympe ! soixante-dix mille livres de rentes ! Les mères ! ça me revient toujours. J'aimerais mieux être domestique !

» Cherche, maintenant ! va ! fouille ! non pas soixante-dix mille francs, mais soixante-dix mille sous ! malheureux ! Il ne s'agit plus d'Olympe. Demande Mlle Agathe, on te tournera le dos, demande Mlle Maria, on te rira au nez.

» Tu n'obtiendrais même pas Sidonie !

» D'ailleurs, tu es marié, marié, marié ! Je deviens folle.

» Ecoute, je vais quitter le pays, c'est résolu, reprendre mon nom de Pervanchois qui n'ira pas du moins à la cour d'assises. Je vais me cacher quelque part en Touraine, au fond d'un puits. Et ces demoiselles sècheront vieilles filles ! Tu devrais t'empoisonner.

» Je ne sais plus ce que je dis. Tu as tué ta mère. Tes sœurs vont t'arranger, je leur cède la place. Je n'en peux plus de mal de tête. Pour un peu, je te maudirais, mais à quoi ça servirait-il ? »

N° 74 bis

De mademoiselle Célestine.

« La sympathie ne se commande pas. Je la devinais criminelle à la répugnance qu'elle m'inspirait. As-tu été assez aveugle ! et entêté ! Nous avons pu t'épargner la malédiction de notre mère.

» Nous n'avions pas envie de nous marier ; si nous en avions eu envie, nous aurions trouvé, Dieu merci, bien des occasions, mais enfin, nous n'avions pas prononcé de vœux, et nous voilà condamnées à la solitude. Nous sommes déshonorées.

» Pour mon compte, je te pardonne, mais je ne te reverrai de ma vie. »

N° 74

De mademoiselle Julie.

» Tu nous a déshonorées, c'est vrai, malheureux frère, mais je fais la part de ton peu d'intelligence. J'ai souvent souhaité d'être homme pour te soutenir et te guider dans la vie. Loin de moi la pensée d'écraser ton infortune, je trouve Célestine trop sévère.

» Hier au soir, maman voulait te maudire. Cela appartient à la catégorie des opinions surannées. Je préfère, moi, te tendre une main secourable. Si tu m'avais demandé mon avis sur cette fille, je t'aurais dit qu'elle n'avait rien pour elle. Mais il est trop tard. Tu touches au dernier degré de la honte. Moi seule te reste fidèle. »

N° 75

(Ecriture de Lucien, sans signature.)

« 8 Septembre 1865, 6 heures du matin.

(Sans suscription.)

» Je suis à Paris depuis une heure. J'ai la tête froide et calme. Je me porte très-bien. Je combattrai vaillamment, j'en suis sûr, et je la sauverai, je l'espère.

» Tout conspire pour l'accuser. Son innocence est pour moi claire comme l'existence même de Dieu.

» J'ai été frappé au milieu de mon bonheur. Je n'ai pas ressenti le coup aussi cruellement qu'on pourrait le penser. Je ne croyais pas à ce bonheur.

» D'ailleurs, moi, je ne suis rien, elle est tout : je ne songe qu'à elle.

» Quand on l'arrêta, je la suivis à la prison. Elle y entra. On ferma la porte sur moi. Je m'assis auprès de la porte, parce que mes jambes étaient faibles sous le poids de mon corps.

» M. Ferrand voulut m'emmener chez lui, je le remerciai. Je pensais être là à ma place.

» Geoffroy, je suis son mari. La loi nous a joints. Rien ne peut briser cette union que la mort.

» C'est là ma consolation, ma joie, mon espérance.

» Ils sont venus trop tard. Jeanne est à moi devant les hommes, nous étions l'un à l'autre déjà devant Dieu.

» Je ne suis pas malheureux : Jeanne est ma femme.

» Je pensais à cela, sur ma borne, au seuil de la prison où est Jeanne. Je me disais : là dedans, et plus tard, sur le banc des accusés, elle portera mon nom.

» Et je remerciais Dieu.

» Pendant cela, il venait des gens de la ville pour me regarder. On ne m'insulta pas. Je crois au contraire que tout le monde avait pitié de moi.

» Ma mère m'a écrit des choses incohérentes et cruelles, mais il y a dans sa lettre qu'elle m'aime toujours. Elle aurait pu me maudire.

» Mais c'est trop vite parler de ma bonne mère : je n'eus sa lettre que le lendemain, c'est-à-dire hier. Je restai à la porte de la prison très-longtemps — jusqu'à la nuit tombée. M. le président envoya trois fois pour me chercher.

» Louette, la femme de chambre d'Olympe vint aussi — plus de trois fois.

» A la nuit noire, je frappai au guichet de la prison. Le concierge vint. Je lui dis :

» — Ce n'est pas pour entrer. Je voudrais savoir à quelle heure les prisonniers se couchent.

» Il me répondit :

» — Elle est couchée depuis longtemps.

» Je le remerciai et je partis.

» Je sortis dans la campagne et je pris le chemin qui

mène à la ferme de Bois-Biot. J'allais vite, comme si on m'eût attendu à un rendez-vous.

» Dans l'aire de la ferme, les gens étaient rassemblés et causaient tous à la fois. Quelque chose d'insolite s'était passé, je le vis bien et je m'approchai.

» — C'est M. le juge. Il va nous dire pourquoi on a mis la petite demoiselle en prison !

» — Parce qu'on l'accuse d'avoir tué quelqu'un, répondis-je.

» Ils se mirent à rire.

» Puis un gars dit :

» — Dame ! il y a de si drôles de choses dans ce monde-ci !

» Et un autre demanda :

» — Est ce que c'est vous qui la condamnerez, monsieur le juge ?

» Je me mis rire à mon tour.

» Ils me racontèrent que la justice avait opéré une descente dans l'ancienne chambre de Jeanne. On avait trouvé et emporté une boîte à ouvrage.

» Parmi les preuves qui accablent ma chère petite femme, celle-ci est une des plus lourdes. Mais Jeanne est innocente.

» Je quittai ces braves gens, qui ne riaient plus. J'allai à notre haie. Je m'assis sur l'herbe mouillée. — Pour moi, Jeanne était accroupie parmi les feuilles et cueillait des primevères.

» Nous fûmes ensemble toute la nuit. Je ne dormis pas.

» Je me levai sans fatigue, avec le soleil. En repassant devant la ferme, je dis :

» — Non, non, mes amis, ce n'est pas moi qui la condamnerai.

» La fermière me demanda :

» — Comment ferez-vous, monsieur le juge, si elle est coupable ?

» Je me rendis à la porte de la prison pour savoir si Jeanne avait bien dormi. Le guichetier me fit un salut de connaissance et me répondit :

» — C'est elle qui voudrait bien avoir de vos nouvelles !

» Je lui mis une pièce d'argent dans la main et il me promit de dire à Jeanne que je l'aimais toujours bien.

» M. le président Ferrand ne se lève guère qu'à neuf heures. J'allai chez moi où je trouvai les lettres de ma mère et de mes sœurs. Je les lus. Je préférai bien la colère de maman au pardon de mes sœurs. Je t'assure qu'elle est très-bonne.

» Mes sœurs ne sont pas méchantes, mais elles ont envie de se marier.

» Je trouvai M. Ferrand à son bureau. Il était entouré des pièces relatives à l'assassinat de Rochecotte.

» — Mon pauvre monsieur Thibaut, dit-il en m'apercevant, c'est épouvantable. Nous avons tous été trompés indignement.

» M. Ferrand a toujours été bon pour moi. Il était l'ami de mon père.

» — Le mieux pour vous, ajouta-t-il, serait de faire un voyage. Je me charge de vous obtenir un congé.

» Je ne m'étais pas assis. J'étais auprès de son bureau, la tête penchée et mes yeux parcouraient la pièce qu'il était en train de lire. C'était une copie de l'acte d'accusation.

» — Monsieur le président, demandai-je, est-ce que vous la croyez coupable ?

» Il eut un sourire de compassion et garda le silence.

» Je pris dans mon portefeuille la lettre d'Albert qu'il m'avait écrite en réponse à mes questions au sujet de Jeanne. Tu te souviens, Geoffroy ?

» C'est la seule fois que j'aie eu un soupçon. J'étais affolé par ces dénonciations anonymes, et j'avais écrit à Albert pour lui demander s'il connaissait ma Jeanne.

» Sur ma prière, M. le président eut la bonté de lire la lettre. Quand il l'eut achevée, il me dit :

» — Mon Dieu, cher monsieur Thibaut, je savais bien que vous étiez de bonne foi. Je suis content néanmoins d'avoir eu communication de cette pièce, qui excuse jusqu'à un certain point votre erreur.

» Il me rendit la lettre.

» Cela me donna un grand coup, car cette lettre était pour moi l'évidence, et je croyais qu'après l'avoir lue, M. le président changerait d'opinion sur Jeanne.

» Je demandai encore.

» — Est-ce que vous la croyez coupable ?

» — Mon cher ami, me répondit-il très-affectueusement, cela importe peu puisque je ne suis pas chargé de l'instruction. J'ai ici les pièces parce que M. Cressonneau est arrivé hier au soir. Il repart aujourd'hui.

» Je relevai la tête. Ces choses accablantes me donnaient du courage et je sentis que ma voix s'affermissait quand je repris :

» — Monsieur le président, je vous demande la permission de voir ma femme.

» Il répéta ce mot *ma femme,* d'un ton scandalisé, mais doux et plein de compassion. Son regard était moins froid que d'habitude.

» — C'est malheureusement vrai, prononça-t-il tout bas. Si je m'étais cru hier, j'aurais battu M. Pivert qui a laissé le fait s'accomplir. Une heure plus tôt, vous étiez sauvé !

» Une chaleur monta à mon front et mon cœur battit comme de joie.

» — Je remercie Dieu de ce retard, monsieur le président, puisque ce retard a donné à Jeanne un protecteur. Je vous ai demandé la permission de voir ma femme.

» Il se leva.

» — M. Thibaut, répliqua-t-il, je suis fâché de vous refuser. Ce n'est pas à vous qu'il faut apprendre la loi. L'accusée est au secret.

» Il me salua le premier. Je me dirigeai aussitôt vers la porte.

» Pendant que j'étais en chemin, il me dit, retrouvant quelque chose de son accent affectueux :

» — Mon jeune collègue, vous me pardonnerez si j'ai mis fin à cette scène pénible. Je vous plains de tout mon cœur, et je voudrais vous servir. Faites un voyage. Vous n'ignorez pas que je quitte le ressort. A Paris, où je vais, je vous promets de m'employer activement pour vous obtenir une autre résidence. Désormais, vous ne seriez pas bien ici.

» Je l'écoutais, arrêté sur le seuil. J'attendis qu'il eût achevé pour demander :

» — Est-ce aujourd'hui qu'elle part pour Paris?
» Il secoua la tête affirmativement.
» — A quelle heure?
» M. le président me tourna le dos et je sortis.

» Je retournai à la prison tout exprès pour avoir réponse à la question que M. Ferrand avait laissée sans réplique.

» Le guichetier me donna un petit bout d'ardoise sur lequel étaient écrits ces mots avec la pointe d'une épingle :

« — Merci, Lucien, je voudrais mourir. »

» Le départ avait lieu à dix heures du soir.

» Quand je rentrai à la maison, ma mère était venue avec ma sœur Julie. Célestine me tenait rigueur.

» Je n'avais pas mangé depuis la veille au matin. Je me fis servir une soupe. Pendant que j'étais à table, Louette, la femme de chambre d'Olympe, entra sans s'être fait annoncer.

» — Eh bien! eh bien! me cria-t-elle dès le seuil, voilà de l'ouvrage! Madame la marquise deviendra imbécile de tout ça ou folle. Avez-vous jamais vu rien de pareil? Elle m'a dit : Louette, il faut que tu le voies, ce pauvre M. Lucien, quand tu devrais entrer par la fenêtre. Et dis lui bien que je ne lui en veux pas pour tout l'ennui que ça me procure. Pensez-vous qu'elle soit appelée comme témoin dans l'affaire, vous M. Thibaut? Vous mangez de bon appétit, oui! ça va lui faire plaisir de savoir que vous n'avez pas mal au cœur.

» J'appelai mon domestique et je lui dis :

» — Tu as eu tort de laisser entrer.

» — Alors, vous nous renvoyez! s'écria Louette. C'est bien fait! Il ne faut jamais s'avancer avec certaines gens... A vous revoir tout de même, M. Thibaut. Quand Mme la marquise me consultera, elle choisira autrement, voilà tout.

» Elle sortit et ne se priva pas de m'appeler grand bêta dans l'antichambre.

» Je bus un verre de vin après ma soupe, je voulais être fort.

» La visite de Louette m'avait mis dans l'esprit des pensées dont je n'avais que faire. Je me mis à rêver. D'abord, je songeai à Olympe, ensuite au président Ferrand, ensuite à l'homme qui m'avait vendu le talisman.

» Pourquoi mettais-je ici le président en tiers?

» Je lui gardais de la rancune pour son refus de ce matin, mais quant à le soupçonner capable d'une mauvaise action, non.

» L'accusation vague (le fameux fragment) que tu auras dû trouver dans le dossier ne s'appliquait pas à lui nommément.

» Pourtant, il avait servi de tuteur à Olympe, mais seulement pendant les derniers mois de sa minorité, et en remplacement du premier tuteur nommé, qui avait disparu dans une fâcheuse affaire.

» J'écartai M. le président.

» Restèrent Olympe et M. Louaisot de Méricourt...

» J'ai été juge, Geoffroy. J'ai respecté, je respecte encore sincèrement les magistrats dignes de ce nom, mais je suis payé pour n'avoir pas beaucoup de foi dans l'infaillibilité des jugements humains.

» En somme, je ne savais rien alors de ce que je sais

maintenant. Je regrettais d'avoir été dur envers Louette, c'est-à-dire envers Olympe. Il y avait un fait certain : la justice se trompait.

» Mais pour se tromper, la justice n'a besoin que d'elle-même.

» Ce sont des hommes qui la rendent.

» Je suis un pauvre esprit, tu vas bien le voir. Tout en rejetant sur la justice le fardeau entier de l'erreur, j'étais pris de soudaines et furieuses colères contre Olympe et son Louaisot.

C'étaient eux qui devaient avoir sur la conscience de ces fardeaux qu'on décharge à la cour d'assises. J'en étais sûr, je l'aurais juré.

» C'étaient eux que le banc des accusés réclamait. Je les y voyais.

» J'étais leur juge et je les condamnais...

» Puis je m'effrayais de moi-même et j'avais peur d'être fou.

» Je dois constater cependant que je n'avais éprouvé, depuis mon malheur, aucun symptôme du mal mental que tu connais. J'étais absolument moi-même. — L'*autre moi* n'avait pas parlé.

» A six heures du soir, j'avais achevé de préparer mes bagages. Tu comprends bien que ma femme partant je ne pouvais pas rester derrière elle.

» A sept heures, je me rendis au chemin de fer pour savoir si la justice aurait un train spécial. J'éprouvai un grand plaisir à apprendre que Jeanne devait prendre le convoi public, où on réservait seulement pour elle et ses gardiens un wagon à part.

» J'allais faire le voyage avec elle.

» J'avais le temps. Je me rendis encore une fois au Bois-Biot. Je priai, agenouillé au pied de la haie, sous le grand vieux châtaignier. J'emportai la dernière fleur du chèvrefeuille...

» A dix heures, nous partîmes d'Yvetot pour Paris. J'avais bien regardé tous les wagons composant le train et je m'étais mis le plus près possible de celui où je supposais Jeanne.

» A la gare de Rouen, je crus voir une petite main derrière le rideau du compartiment fermé.

» Ce fut tout. Si le train avait heurté contre un obstacle et s'était broyé comme il arrive, j'aurais peut-être sauvé Jeanne.

» Si nous étions morts tous les deux — ensemble ! je songeai à cela.

» Mais qu'allais-je donc faire à Paris? Je ne me demandai cela qu'à la gare Saint-Lazare. Jusque-là, j'allais comme un homme sûr de son fait qui croit avoir bien conscience de sa conduite et de son devoir.

» A la gare, quand je regardai au dedans moi, j'y découvris le vide. Je voulais faire, faire, faire, mais quoi?

» J'essayai en vain d'entrevoir Jeanne. On fit sortir tous les voyageurs avant d'ouvrir le wagon réservé.

» Un terrible découragement me prit dans la rue. Il me semblait que j'avais oublié pourquoi j'étais venu.

» C'était là mon erreur, je ne l'avais jamais su...

» Je descendis à mon hôtel ordinaire. Je tâchai de réfléchir. Après quoi, je me suis mis à t'écrire cette lettre que j'achève.

» Cela m'a calmé. Je sais ce que je veux faire. »

N° 76

(Ecrite par Lucien sans signature ni suscription.)

« Paris, 8 septembre, midi.

» Je sors de chez M. Cressonneau aîné, le juge d'instruction. Il est très-bien logé dans une des maisons neuves de la place Saint-Michel auprès de la fontaine. Il m'a montré tout son appartement et m'a prié de regarder « sa vue. »

» Il voit de ses fenêtres le palais, la Sainte-Chapelle et tout un panorama de monuments.

» Il y a vraiment une grande différence entre un juge comme moi et un juge comme lui. Il a un boudoir, et sa robe de chambre lui donne l'air d'un petit duc.

» J'avais peur d'arriver trop matin à cause du voyage qu'il venait de faire, mais il ne m'a pas fait attendre du tout.

» Je suis entré dans sa salle à manger où il déjeunait d'un œuf frais et d'une côtelette.

» Il est jeune encore, assez joli garçon, vif, pétulant, spirituel et un peu bavard. Sous sa calotte de velours il n'y a presque plus de cheveux. Tu vois si je suis froid, j'ai remarqué tout cela.

» — Entrez donc, mon cher collègue, entrez donc, m'a-t-il dit en me tendant la main sans se lever. On va vous donner un bon fauteuil, car vous avez passé une mauvaise nuit. Je vous voyais à toutes les gares. Pauvre cher garçon ; vous me faisiez l'effet d'une âme en peine !

Quel singulier cas que le vôtre! Voulez-vous faire comme moi? un œuf? une côtelette?

» Je remerciai et je pris le fauteuil qu'on avait roulé vers la table à mon intention. M. Cressonneau aîné, quand je fus assis, me serra de nouveau la main le plus cordialement du monde.

» — Ma parole, reprit-il, je vous attendais presque. Je suis enchanté de vous voir : sérieusement, je ne mens pas : j'ai beaucoup entendu parler de vous, comme bien vous pensez, depuis l'affaire, mais aussi auparavant et autrement. M. Ferrand vous regardait alors comme très-fort. Vous savez que nous l'avons à Paris? Sa nomination doit être au *Moniteur* d'aujourd'hui... Connaissez-vous là-bas une demoiselle Agathe? Agathe Desrosiers?

» J'aurais voulu l'interrompre, mais ce n'était pas aisé. Il y allait d'une telle abondance ! Je répondis affirmativement.

» — Voilà ! poursuivit-il. J'étais à Etretat. C'est l'affaire qui m'a rappelé ici. Cette demoiselle Agathe est une peste assez réussie. Je plains Pivert. C'est celui-là un vrai naïf! Il fait des mots! La demoiselle Agathe nous avait raconté vos fiançailles. Moi, je ne suis pas de l'école formaliste, vous savez. Les convenances sont du drap dont on habille la sottise. Je ne m'en sers tout juste que pour ne pas aller en chemise. Ne craignez donc rien de moi. Je ne vous méprise pas le moins du monde. Vous êtes un original, eh bien ! après?

» Il cassa la coque de son œuf en petits morceaux et se servit la côtelette.

» Je ne peux pas te dire l'air que j'avais, mais je ne ressentais pas encore trop d'impatience.

» Pendant que M. Cressonneau opérait son changement d'assiettes, je saisis le joint et je dis :

» — J'étais venu pour vous demander s'il me serait possible de voir ma femme.

» Il s'arrêta de découper pour me regarder.

» — Sa femme ! répéta-t-il avec une nuance de reproche amical. Comme il vous lâche cela la bouche ouverte ! Eh bien ! ma parole, je ne déteste pas ça. Nous sommes de la jeune magistrature. Toutes les vieilles précautions oratoires nous ennuient et nous dégoûtent. Moi, par exemple, si je l'appelais Mme Thibaut...

» Je l'interrompis pour lui dire :

» — C'est son vrai nom, c'est son seul nom.

» Son couteau sépara la côtelette en deux d'un geste tout gaillard.

» — Au fait, collègue, répéta-t-il, c'est ma foi, la vérité ! Seulement, je n'aurais pas cru que la réclamation vînt de vous. Mais quant à la voir, impossible ! Le secret est une de ces machines surannées qui font honte à la jeune école, mais il faut y tenir. L'accusée est au secret ici comme à Yvetot.

» Je courbai la tête.

» — Nous changerons tout cela, continua-t-il en manière de consolation. Je suis pour la méthode anglaise et toute la jeune école avec moi. Nous arrivons, les vieux glissent. Je parie qu'avant vingt ans d'ici tout le code d'instruction criminelle sera démoli. Nous avons déjà bien changé de façons et de tournures, dites donc ! Est-ce que je ressemble, moi qui vous parle, à un robin du temps de Louis-Philippe ? Excepté la barbe...

» — Permettez-moi... commençai-je.

» — La barbe ! répéta-t-il avec énergie. Voilà ce que je ne conseillerai jamais aux hommes de notre profession. Il faut à chaque état sa physionomie, son caractère. Avec de la barbe on nous prendrait pour des artistes ou des gens de lettres ! Vous vouliez faire une question ?

» — J'en voulais faire plusieurs.

» — Ne vous gênez pas ! J'écoute.

» — D'abord...

» — Avec moi, ne vous gênez jamais ! J'aurai toujours le plus grand plaisir à vous être agréable, et si vos questions ne me vont pas, je me dispenserai d'y répondre, voilà. Allez.

» Il avala un verre de vin en riant d'un air satisfait.

» — Ma première question, dis-je, est probablement de celles que vous croirez devoir laisser sans réponse. Je désirerais savoir ce que vous pensez de la position judiciaire de l'accusée.

» — Eh bien ! collègue, fit-il, en reposant son verre, c'est là ce qui vous trompe ! Jeune école des pieds à la tête ! Au Palais, je suis bien obligé de suivre une routine : les vieux me mangeraient, mais chez moi, j'agis à ma guise. A quoi bon des cachotteries ?... En premier lieu, il n'y a pas à dire, voyez-vous, elle est délicieusement jolie... Il paraît que votre président Ferrand avait vu son portrait. Pivert me l'a dit hier, après la tripotée de reproches qu'il a reçue du même président. C'est son pain quotidien. Il arrivera à force de verges. Vous voyez comme je suis sans façon dans mon langage. Jeune école, Pivert m'a dit : « Puisque M. le président lui servait de témoin, il aurait bien pu la reconnaître. » Dame !

ça paraît plausible, mais... à quoi pensez-vous donc, collègue ?

« Je pensais à ce qu'il disait. C'était la première fois que j'entendais parler de cela, car j'eus seulement beaucoup plus tard entre les mains la lettre où Mlle Agathe racontait le mot prononcé par M. Ferrand à la vue du portrait de Jeanne.

» Mais au lieu d'avouer ma préoccupation, je dis :

» — J'attends votre réponse à ma question, monsieur et cher collègue.

» — Alors, fit-il, la... distraction de M. le président ne vous frappe pas? Tant mieux ! c'est sans doute qu'elle n'a aucune importance. Je vous disais donc que l'accusée est adorable. Mais ceci n'a pas encore été classé, même par la jeune école, au nombre des circonstances atténuantes. Mon opinion sur la situation judiciaire de l'accusée, je vais vous la dire sans la mâcher. L'accusée est perdue de fond en comble. Sa culpabilité est plus claire que le jour, ceci ne serait rien, mais en même temps, ce qui est tout, plus facile à démontrer que deux et deux font quatre.

» Il repoussa son siége et prit un cure-dents.

» J'essuyai la sueur de mon front. M. Cressonneau me tendit la main pour la troisième fois.

» — Vous avez voulu savoir et j'ai parlé, me dit-il d'un ton sérieux. Il est bon de ne pas garder d'illusions. L'affaire est simple comme bonjour. C'est Fanchette qui a commis le crime, et Jeanne est Fanchette. Voilà tout.

» — Et si Jeanne n'était pas Fanchette ? demandai-je.

» Il me regarda avec une curiosité qui n'était pas sans inquiétude.

» Mais j'avais parlé au hasard.

» Il se leva. Je fis aussitôt comme lui. Loin de me renvoyer, il passa son bras sous le mien, et me conduisit voir ses richesses.

» Ses faïences lui donnaient beaucoup de fierté. Il en causait presque aussi volontiers que de « sa vue. »

» — Voyons vos autres questions, me dit-il en toquant une terre cuite qu'il affirma être de Clodion.

» — J'ose à peine formuler le désir que j'ai, murmurai-je. Cette fameuse photographie, je ne l'ai jamais eue...

» — Ah ! parbleu ! interrompit-il, la chose sera originale ! Je vais non-seulement vous la montrer, mais vous faire cadeau d'un exemplaire.

» — Est-ce vrai ! m'écriai-je tout tremblant.

» Il prit dans sa poche une enveloppe de lettre qui contenait deux épreuves du portrait dont il a été si souvent question.

» J'en avais déjà vu une chez M. Louaisot, mais il avait refusé de la mettre en ma possession. Je saisis avidement celle que M. Cressonneau me tendait. J'avais un espoir. Il y a de si singulières ressemblances !

» Mais après avoir fait subir au portrait un minutieux, un douloureux examen, je laissai retomber mes deux bras.

» — Oui, oui, fit M. Cressonneau, je n'étais pas fâché de voir votre impression, c'est vrai, quoique le plaisir de vous être agréable m'eût amplement suffi. Vous en étiez toujours à vos idées de séparer Jeanne de Fanchette ? Mais maintenant, c'est bien fini, hein ?

» Je répondis :

» — Du moins, ce portrait est bien parfaitement celui de ma femme.

» — Est-ce tout ce que vous aviez à me demander, collègue ?

» — Non, mais ceci est ma dernière requête. Je vous supplie de m'apprendre s'il y a pour moi un moyen quelconque de parvenir jusqu'à ma femme.

» M. Cressonneau fut un instant avant de me répondre.

» — Vous l'aimez bien ! murmura-t-il enfin.

» Puis il haussa les épaules et poursuivit du ton qu'on prend pour suggérer les expédients impossibles :

» — Je ne vois rien... rien ! à moins qu'il ne vous passe par la tête de donner votre démission, de vous faire inscrire au tableau, et de...

» Je ne le laissai pas achever. Je lui serrai la main fortement et je m'enfuis. »

N° 77

(Ecrite et signée par Lucien. — Copie.)

« Paris, 8 septembre 1865.

» *A monsieur le président du tribunal civil d'Yvetot.*

» Monsieur le président,

» J'ai l'honneur de remettre entre vos mains, selon l'usage hiérarchique, ma démission, adressée à M. le garde des sceaux, et que je vous prie de vouloir bien lui faire tenir.

» Veuillez agréer, M. le président, etc. »

N° 78

(Copie de la démission de L. Thibaut, adressée au ministre de la justice.)

N° 79

(Écrite et signée par L. Thibaut. — Copie.)

» Paris, 8 septembre 1865.

» *A monsieur le bâtonnier de l'ordre des avocats, à Paris.*

» Monsieur et très-honoré confrère,

» En conformité de ma démission envoyée aujourd'hui même à qui de droit, j'ai l'honneur de solliciter mon inscription au tableau des avocats près la cour impériale de Paris.

» Je joins mon diplôme de licencié en droit.

» L'acceptation de M. le garde des sceaux vous sera ultérieurement adressée, avec les pièces nécessaires que vous voudriez bien me réclamer.

» J'ai l'honneur d'être avec respect, etc.

N° 80

(Extrait du *Moniteur universel*. — Partie officielle du 8 septembre 1865.

« M. C.-B Ferraud, président du tribunal de première instance d'Yvetot, est nommé conseiller près la cour impériale de Paris. »

N° 81

(Écriture de femme, sur papier à tête imprimée, portant : Hôtel de Dieppe, rue d'Amsterdam, à Paris.)

« 10 septembre.

» *A monsieur Lounisot de Méricourt, rue Vivienne.*

» M. L. Thibaut ne pouvant ni écrire ni quitter sa

chambre, prie M. Louaisot de vouloir bien venir le trouver à l'adresse indiquée ci-dessus. »

N° 82

(Ecrite par Louaisot. — Sans signature.)

« Paris, 11 septembre 65.

« *A madame la marquise de Chambray.*

« L'agneau est bien malade, mais il guérira. Il cherche, il brûle. Il m'a proposé beaucoup d'argent, savez-vous pourquoi? *Pour retrouver Fanchette.* Je vous dis qu'il brûle.

» Ce qui reste à fabriquer doit être mis en main lestement.

» Et il ne faut pas, croyez-moi, vous faire des ennemis de ceux qui peuvent, à leur choix, vous donner un coup de coude ou un coup d'épaule.

» Une femme adroite attendrait encore un peu pour être ingrate envers un vieil esclave comme moi. »

N° 83

(Ecriture de copiste. — Anonyme. — Papier écolier.)

(Pressée et à suivre, si M. L. Thibaut est absent.)

« Paris, 12 septembre.

» *A monsieur L. Thibaut, à Yvetot.*

» Une personne qui s'est déjà mise en communication avec M. L. Thibaut, en lui proposant des révélations de première importance contre un envoi de dix louis, poste restante, revient à la charge, poussée par le besoin, —

et aussi par l'idée qu'elle pourrait empêcher de grands malheurs.

» La personne a appris que les événements ont marché. Ce n'est pas sa faute. Elle avait de quoi sauvegarder ceux qui ont été frappés.

» Ecrire poste restante à M. J. B. Martroy, sans même envoyer d'argent.

» La personne n'est pas dans une position heureuse. Elle n'a pas non plus toute liberté dans ses mouvements. Les ennemis de M. L. Thibaut sont ses ennemis. »

N° 84

(Ecriture de Louaisot. — Sans signature.)

« Paris, 13 septembre 1855.

» *A madame la marquise de Chambray, en son hôtel, à Yvetot.*

» Haute et puissante dame, il paraît que vous dédaignez maintenant de répondre aux missives qu'on se fait l'honneur de vous adresser humblement. Seriez-vous malade comme l'agneau ? Il a bel et bien une pleuro-pneumonie. Je l'ai fait visiter par mon illustre ami, le docteur Chapart, qui est le roi des ânes.

» Le docteur Chapart avait reconnu du premier coup l'existence d'un rhume de cerveau, compliqué d'un point de côté qu'il attriubait, sauf le respect qui vous est dû, à des gaz. Il a ordonné son sirop-Chapart. L'agneau n'en savait plus bien long, allez !

» Mais il se trouve que ma mule, attendrie par sa beauté touchante, a juré de le sauver. Pélagie est comme ça : elle a des goûts de marquise.

» Parmi ses honorables connaissances, elle compte un aide-vétérinaire, destiné à un bel avenir. Frauduleusement et sans m'en prévenir, elle a introduit cet artiste à l'hôtel de Dieppe où demeure l'agneau.

» Ce qui est bon pour la remonte n'est sans doute pas mauvais pour l'homme, créé à l'image de Dieu, car après avoir pris son remède de cheval, l'agneau s'est repiqué à vue d'œil.

» Il ne s'agit pas du tout de cela, vous savez, ô reine ! Envoyez du nerf, comme disait Talleyrand, — *de la braise* pour employer l'expression favorite de cet ignominieux J.-B. Martroy.

» Devinez pourquoi je vous parle de celui-là ?

» C'est que j'ai eu la chance d'éteindre, ce matin, le feu qui était déjà à la maison, madame et chère patronne. Non pas chez l'agneau, mais à l'hôtel de Chambray.

» Que payez-vous aux pompiers ?

» *Martroy est à Paris.*

» Non-seulement Martroy est à Paris, mais il cherche à se mettre en relation avec l'agneau.

» Et ce n'est pas la première fois à ce qu'il paraît. Du moins sa lettre que j'ai chipée (cachets intacts, rassurez-vous) sur la table de nuit de l'agneau, et lue d'un bout à l'autre avec le plus vif intérêt, se réfère à un autre message dont la date m'est inconnue.

» Ce premier message dut rester sans réponse. Pourquoi ? Je n'en sais rien. Peut-être parce que Martroy demandait 200 fr. J'ai appris que l'agneau donnait toutes ses petites rentes et une bonne partie de son traitement pour la toilette de ses sœurs. — Et puis, si les gens comme lui savaient s'y prendre, ne fût-ce qu'un peu, on aurait le cou cassé toutes les trois enjambées.

» Ci-joint copie de la missive de Martroy... Vous avez lu ? Qu'en dites-vous ?

» Ce serait dommage d'échouer quand on est si près du port.

» Le vieux dernier vivant baisse, baisse, baisse !

» Il ne veut plus manger de crainte de dépenser. Depuis qu'il a chassé son dernier domestique, il va chercher son sou de lait, lui-même, dans sa boîte, avec son vieux manteau de chasseur de Vincennes.

» Son chien lui fait peur, sans ça il le tuerait.

» Il ramasse des croutes de pain dans les chiffons.

» Pélagie va toujours le voir et lui porte des petits morceaux de sucre. Il les met en tas dans son armoire. Il en a haut comme moi.

» Et il tousse à faire trembler. Ce n'est plus le squelette d'un vieux coquin, c'est l'ombre d'un singe.

» J'ai l'honneur, madame et incomparable suzeraine, de solliciter vos instructions. Faut-il tendre une ratière? Martroy est un retors, mais si l'argent ne manque pas...

» Envoyez donc une bonne fois ce qu'il faut, sans liarder, ô reine !

» C'est ce Martroy qui satisferait bien la curiosité de l'agneau au sujet de Fanchette !... »

N° 85

(Anonyme. — Ecriture complètement déguisée. — Sans date.)

» *A monsieur Louaisot, à Paris.*

» Vous aurez été mon mauvais génie depuis mon enfance jusqu'à la fin. Vous ne manquerez pas d'argent.

» Puisque je ne peux pas être heureuse, je veux être riche.

» Rien ne m'arrêtera, cette fois, je le veux ! »

N° 86

(De la main d'un écrivain public, signée d'une croix, par François Bochon, valet de chambre.)

» Yvetot, 16 septembre 1865.

» *A monsieur L. Thibaut, démissionnaire, à Paris.*

» La présente est pour vous faire savoir que ça ne me chausse qu'à moitié de supporter les raisons de madame et de ses demoiselles, du matin jusqu'au soir, par la mauvaise humeur qu'elles ont de ne pas pouvoir taper sur vous.

» J'y mets encore de la patience assez, parce que je ne peux pas dire le contraire que c'est maladroit à monsieur d'avoir lâché un bon état pour se mettre à rien faire à la suite d'une bêtise comme celle que monsieur a faite. N'empêche que, trouvant une bonne place en ville, avec un particulier seul et garçon, pas marié, je prie bien monsieur de me payer mon compte en me disant qu'il n'a plus besoin de moi et un certificat.

» Rien de nouveau d'ailleurs, si ce n'est que madame et ses deux demoiselles parlent du matin au soir de vous faire interdire de vos droits dans la société. Comme elles n'osent plus sortir dans la rue, rapport à ce qu'elles croient que les polissons vont les suivre au doigt, elles sont toujours à la maison, et c'est pour ça que je m'en vas.

» Mme la marquise de Chambray est partie hier avec Louette. En voilà une qui chante partout que monsieur n'a point d'esprit. Dame! Elle a ses raisons pour ça, moi, je ne me mêle que de mes affaires. Et bien juste.

» Le nouveau M. le président est arrivé. C'est un petit sec, gravé de la vérette. Il n'y a plus rien pour ceux de Normandie. C'est un Picard.

» Quant à la chose de vos noces, ça ne faiblit pas, on en parlera longtemps.

» De cette histoire-là, ils disent que le petit M. Pivert va enfler et se marier. Ce qui casse les uns racommode les autres.

» Rien autre à vous marquer que mon dévouement et mes gages à me payer. »

N° 87

(Ecriture de Lucien, pénible et altérée. — Sans adresse.)

« Paris, 22 septembre.

» J'ai cru que j'allais mourir. C'est toi Geoffroy à qui j'aurais légué la continuation de ma tâche. J'avais fait, moi-même, à ma dernière heure de force, le paquet qui devait t'être adressé.

» Je le défais aujourd'hui. Le recueil n'est pas complet. Dieu veut que j'y ajoute encore.

» Pendant ma maladie, je n'ai pas eu une minute de trouble mental. Je me sentais mourir. J'en éprouvais une grande joie — et un inexprimable chagrin.

» Mon chagrin était pour Jeanne que je laissais en péril.

» Ma joie était pour moi. Je m'en repens. J'ai bien

souffert, mais je n'ai pas plus souffert que la plupart des autres hommes. Et j'ai fait mon devoir.

» J'ai eu autour de moi, à plusieurs reprises, pendant ma maladie, M. Louaisot, l'homme de la rue Vivienne, sa gouvernante Pélagie et un médecin qu'il avait amené. Mes papiers étaient à l'abri. Une seule lettre m'a manqué que j'avais entrevue sur ma table de nuit.

» C'était moi qui avais mandé Louaisot, mais je ne l'avais pas appelé en qualité de garde malade.

» Ma mère et mes sœurs ne m'ont pas écrit. Je n'ai aucune nouvelle de Jeanne, sinon par M. Cressonneau qui, par deux fois, a eu l'obligeance de me faire dire que la santé de ma femme bien-aimée n'était pas mauvaise.

» Je ne suis pas encore bien fort. La plume tremble dans ma main.

» Et pourtant Geoffroy, l'heure de travailler arrive. Jeanne m'attend. Je vais me mettre à l'œuvre. Je sens que je serai courageux et patient.

» Dieu est bon de m'avoir conservé pour ma tâche.

» Les assises me trouveront prêt, Geoffroy. Jeanne n'y viendra pas seule. »

N° 88

(Extrait du *Moniteur universel*, partie officielle. Numéro du 24 septembre 1865.)

« M. Pivert (A.), substitut du procureur impérial à Yvetot, est nommé juge, près du même siége, en remplacement de M. Lucien Thibaut, dont la démission est acceptée. »

N° 89

(Extrait de la *Gazette des Tribunaux*. Numéro du 24 septembre 1865.

» Le tirage du jury pour la prochaine session de la cour d'assises de la Seine a donné le résultat suivant :

(Liste des jurés.)

» C'est à cette session que doit venir, selon toute probabilité, la trop fameuse affaire du Point-du-Jour dite l'*affaire des Ciseaux*.

« On désigne pour présider la cour d'assises, le conseiller nouvellement nommé, M. Ferrand, qui passe pour un magistrat de haut savoir et d'avenir. »

N° 90

(Du bâtonnier de l'ordre des avocats de Paris, signée par lui, écrite par un expéditionnaire.)

Paris, 26 septembre 1865.

A monsieur L. Thibaut, avocat à la Cour impériale.

(Avis officiel de son inscription au tableau.)

N° 91

(Écrite par un expéditionnaire.—Signée par le président des assises.

Paris, 28 septembre 1865.

A monsieur L. Thibaut, avocat et Cie.

(Envoi d'une carte spéciale pour entrer à la prison.)

N° 91 bis

CARTE D'ADMISSION

Prison de la Conciergerie.

SERVICE DES ACCUSÉS AU SECRET.

» Laissez entrer dans la chambre de l'accusée Jeanne
» Péry, femme Thibaut, M. Lucien Thibaut, avocat, son
» défenseur. »

FIN DE LA PREMIÈRE PARTIE.

TABLE DES MATIÈRES

I. — Comment je retrouvai Lucien. — Bureau de M. de Méricourt. ... 5
II. — Pourboire de Pélagie. — Maison du docteur Chapart. ... 11
III. — Grand paysage. — L'âme de Lucien ... 17
IV. — Le cas de Lucien Thibaut. ... 24
V. — Sommeil. — Apparition ... 30
VI. — Réveil. — Mon roman ... 34
VII. — Jeanne ... 44
VIII. — Assassin. ... 50
IX. — Ce qui me resta de l'entrevue ... 57
X. — Rebelle. — Pantalon crotté ... 66
Le dossier de Lucien Thibaut ... 71
Récit intermédiaire de Geoffroy ... 195
Suite du dossier de Lucien Thibaut ... 219
Récit intermédiaire de Geoffroy ... 342
Introduction du roman ... 354
Suite du récit de Geoffroy ... 360
Suite de l'introduction du roman ... 362
Suite du récit de Geoffroy ... 368
Suite du dossier de Lucien ... 375

St-Amand (Cher). — Imp. de Destenay.

www.ingramcontent.com/pod-product-compliance
Lightning Source LLC
Chambersburg PA
CBHW052131230426
43671CB00009B/1206